本丛书由云南省文化产业发展领导小组办公室策划并组织实施

中国文化产业学术研究大系

中国文化产业集群研究

Chinese Cultural Industry： Clusters Studies

齐　骥◎著

云南出版集团
云南人民出版社

总 论

范建华

21世纪，发展文化产业已成为各国转变经济发展方式、优化产业结构的重要路径选择，中国也不例外。文化产业的鲜明特征说明，后工业文明时期要坚持可持续发展之路，文化产业这一重要的新兴经济形态和产业门类，正以其在国民经济中愈加突出的发展优势产生着越来越大的作用，正日渐成为经济战略的明日之星。

加快经济发展方式转变是适应全球需求结构重大变化、增强我国经济抵御国际市场风险能力的必然要求，是提高可持续发展能力的必然要求。鉴于文化产业在践行科学发展观、实现经济效益与社会效益双赢方面的重要作用，以及拉动就业、开辟脱贫致富新途径等方面的社会价值，文化产业被视为转变发展方式、推动经济转型的新增长点，这也为文化产业的理论研究提出了更高的起点和更严格的要求。但当前文化产业的理论体系却远远滞后于产业实际发展要求，文化产业的学理探索远远不能满足产业发展的现实需要，更不能为产业可持续增长提供智力支持和理论引导。

文化产业是一种战略产业，具有高度的战略价值。从行业特性看，文化产业的重要特点之一便是“无边界性”。文化产业渗透并融合了三大产业，整合了多种产业门类和形态。其发展过程需要资源要素的协同创新，“大产业”概念对于产业的融合和提升有着重要的作用，而打破行业和区域的划分，以产业为中心形成集聚态势和链条分工，则是文化产业发展的总体趋势。从区域角度讲，行政区域的割裂发展和单打独斗助长了我国文化产业的同质开发，使文化产品相似，资源重复开发现象严重，“大区域”概念下的错位发展、互补发展需要突破行政区域的整体规划、设计，进而打造由资源广度开发向深度开发、产品同质化向链条化发展的文化产业结构形态。从产业本质看，文化产业以创意内容为主要生产要素，其产品具有可复制、低成本、高附加值等特性，突破了传统产业资源一次性利用的桎梏，形成了资源多次性利用的新优势。这既为人们基于大众的消费提供了一种现实选择，又为企业实现资源的多次利用、降低边际成本打开了上升通道；既可以彰显文化资源利用的可重复性，培育新的经济增长点，又可以推动其他产业更加注重发挥文化效能，加快节能减排进程，从而构筑起经济发展的多元支撑，建立适应新形势新要求的现代产业体系。

全球化背景下的中国文化产业正日益融入世界、对接国际，文化产业理论的完善对产业的发展在起到重要推力作用的同时，本身也在不断吸收先进研究成果，丰富自身框架体系，对文化产业的实体建设起到源源不断的引领和支撑作用。正是因为文化产业兼具经济和文化的双重属性以及精神和物质的双重力量，使其在文化经济一体化时代迅速成为现代国家重新安排国家产业调整和建构新的产业结构布局的重要选择。[①]我国文化产业理论在实践发展中不断接轨全球，“依托国际销售渠道和发行网络走出去、

① 胡惠林：《文化产业的战略价值》，《人民日报》2009年6月18日。

基于自主知识产权输出策略走出去、以国际合资、合作生产的方式走出去”等文化产业发展模式，逐渐成为中国文化产品和服务走向世界的重要路径。

随着文化产业理论体系的逐渐丰富，理论对实践先导作用的不断增强，以提高质量和效益为中心，加快转变文化发展方式，推进文化产业结构战略性调整的理论体系逐渐构建，且付诸实践。在中国文化产业发展进程中，以大力推进内容创新、形式创新、业态创新，促进文化与科技、金融、旅游等相关产业融合发展为核心的文化产业协同创新，正推动中国文化产业为实现规模化、集约化、专业化发展总要求而产生新的积极影响。

一 中国文化产业实践的快速发展已走在文化产业理论之前

文化产业的特殊性使中国文化产业可能走在其他传统产业之前并与世界同步发展。我国文化产业发展多元化和混合型的具体特征，决定了我国文化产业发展只能采用混合型的产业发展模式，走混合型产业变革道路。只有认清这一点，才能制定正确的区域文化产业发展战略。文化产业作为一种新兴产业经济类型和文化建设形式，将深刻地影响国家的发展道路和发展模式。大力推进文化产业的快速发展，已经成为提高我国区域综合竞争力、调整产业结构、参与世界产业经济功能主动分工与优先发展的关键战略所在。[①]在这一背景下，中国文化产业既面临机遇，也存在挑战。只有以先进的理论和务实的实践，推动文化产业融合发展，重塑文化产业市场主体，优化文化产业空间布局，加速文化产业结构调整，才能使文化产业走在其他传统产业前列而与世界保持同步发展。

---

① 胡惠林：《区域文化产业战略与空间布局原则》，《云南大学学报（社会科学版）》2005年第5期。

文化产业的业态整合与协同创新将使中国文化企业可能在全球市场上率先突围并产生积极意义。作为低污染、低耗能、高附加值的新兴业态，文化产业较强的融合性，具备广泛嫁接产业形态、重塑新的产业发展格局的能力和优势。它吸纳了传统业态发展的基础和优势，转变了传统业态发展的思路和模式，创新了传统业态发展的路径和方式。从国家经济发展宏观层面上而言，文化产业的大发展必将在转变经济发展方式、实现绿色经济发展和走可持续发展道路产生重大积极的影响。而随着文化体制改革的深入，中国文化企业真正开启了由“小舢板”转向“文化航母”的历史征程。从中国文化企业发展的步调中，我们愈加清晰地看到，以市场要素的资源配置为出发点，加强资本的跨地域流动，使中国文化企业在做强做大中探寻出一条有益的路径。而随着文化与金融的有效对接，资本领域的重组正拉开文化产业整合大幕，对于市场规律的熟稔、驾驭和游刃有余的战略布局，正在成为文化市场建设的诉求。

文化产业的业态裂变与科技创新将使中国文化市场可能在世界舞台上熠熠生辉并在部分行业中起到引领作用。科技创新是文化发展的重要引擎；加快发展文化产业，必须推进文化科技创新。现代科技的发展尤其是信息技术、传播技术、自动化技术和激光技术等高科技的发展，现代科技广泛运用于各类文化艺术活动之中，在文化领域掀起了新科技革命的旋风，现代传媒高新技术革命对人类当代文化的发展和艺术文化生态格局正产生着以往所无可比拟的巨大影响。高新技术的产生和现代科技的发展，不仅导致所有传统文化形态的“升级换代”和现代更新，而且创造了大量崭新的文化形式。在这样的背景下，文化产业保留着最核心的本质，又充分挖掘着传统的文化艺术养分，通过数字技术的融合嫁接，以喜闻乐见的文化形态不断满足着人们更新的消费理念。在文化产业业态不断创新、文化与科技融合不断加强的时代背景下，现代科学技术成果对文化产业正产生着巨大的影响，不少发达国家都借此机会壮大自己的文化产业，增强本国文化产品在国际市场上的竞争力。在这一语境下的文化产业需要不断融入新的技术引导传统产业升级，创造新产业以产生新的经济增长点，以学术理论的创新来推动文化企业发展观念的革新，文化产业管理者认知观念的革新，从而引导文化产业消费者的文化消费理念的革新。

同时，我们必须清醒地认识到，尽管近年来文化产业快速发展，但文化产业理论的先导作用缺失使许多文化产业发展中的重大现实问题无法用理论来引导和诠释。尽管我国文化产业各行业发展迅速，却尚未形成现代化的文化产业体系。现代文化产业体系的鲜明特点是产业结构合理、各门类齐全、科技起着重要推动作用以及核心竞争力强。就现实我国的文化产业体系而言依然相对落后，不健全，主要表现为：一是在产业结构方面，文化制造业的比重仍然偏大，而文化服务业尤其是高层次的文化服务业比重偏低。二是产业门类方面尚不健全，更谈不上完善。例如，在西方文化产业起着重要作用的文化金融业在我国尚处于初级发展阶段，由于文化产业多为轻资产公司，相对风险较大，天使投资在文化产业中的地位就尤为重要，但是我国在文化产业方面的天使投资尚少。三是文化科技水平相对落后，我国虽然在互联网领域也有腾讯、百度等高科技公司，但是和西方发达国家尤其是与美国相比，科技水平尤其是具有独立自主知识产权的原创性科技产品远远落后，文化科技在文化产业中所起的作用较有限。四是在文化产业的核心竞争力方面，我国文化产业采取的多是粗放型的发展模式，核心竞争力较弱。[①]

我们还必须清醒地意识到，十七届六中全会以后，全国上下形成了文化建设的新高潮。但也应该看到，由于改革目标远未实现，政府职能转变还没有到位，财政资金高增幅和财政支出的软约束并存，可能诱发企业对政府的不良博弈。在财政增收较快、资金相对宽裕的情况下，重要的问题不是财政是否具备能力，而是能否创新支持产业的体制机制，使财政资金能够有效发挥作用。特别是民营资本与国有资本进入文化产业发展中，并没有享有同等国民待遇，民营文化企业与国有文化企业相比，其市场主体地位并未得到相同的认知。[②]此外，在管理方面，仍习惯于直接办文化、管文化，面对新的形势缺少相应的办法；在投入方面，基本上还在沿袭计划经济时期的做法，过分依赖政府，缺乏积极有效的、多渠道的筹资办法；在文化企事业单位方面，还没有树立起加强管理、改善服务、自我发展的观念。文化产业运行机制也缺乏内在的创新动力，一些基本的市场原则和规律仍被排斥在文化产品生产和经营领域之外，对国有文化单位运营性质的分类界定等基础性工作尚未进行。社会力量兴办文化产业的积极性还没有充分调动起来。[③]这些急迫而现实的问题，却在当前的理论研究和学术探索中鲜有对策解答和路径研究，缺少基于知识成果转化与应用的研究命题，更缺少富有实践经验、管理能力和学术判断的复合型专业人才，从而更加导致文化产业发展中的许多重大现实问题又无法用理论来支撑和诠释，理论对实践的先导性和引领性不足。

---

① 郭全中：《文化产业发展中的八大难题与对策》，《青年记者》2012年第7期。

② 张晓明、胡惠林、章建刚：《站在时代的高起点上，推动文化产业的大发展大繁荣》，《中国经贸导刊》2008年第4期。

③ 刘兴华：《文化产业的发展问题研究》，《内部文稿》1998年第24期。

这些文化体制改革与文化产业发展中的现实问题，亟须以系统的理论框架和学术建构从根本上加以解决，亟须以务实的学理研究和学术探索从基础上予以解答。

二 中国文化产业实践的快速发展急需基于理论的学术研究和学科体系建设

由于文化产业学是综合性、跨学科的边缘学科，使得现阶段中国文化产业理论缺乏完善的学科理论体系和学术背景支撑。随着文化产业成为国家经济发展的战略性产业，人们对文化消费多元化的需求更加强烈，文化产业进入迅速发展的历史时期，而文化产业理论研究却难以适应产业发展的需要，文化产业研究的历史与逻辑、理论与实践还难以做到完全统一，主要表现在以下四个方面：第一，从文化产业的基础研究上而言，对文化产业的内涵、外延、统计标准的划分难以完全统一，对文化产业的概念、范畴、标准和要素的不统一使其研究难以进行横向比较。第二，从文化产业的研究方法上而言，对文化产业研究的定性研究较多，定量分析不足，难以将文化产业的理论研究、实践探索和经验判断有机结合。第三，从文化产业理论成果的转化上而言，文化产业研究的动态反馈机制缓慢，对实践的梳理，对产业发展中的成败得失的总结，对引领产业发展的前瞻性探索不足，难以直接为宏观调控提供准确依据。第四，从文化产业的研究主体上而言，产业的快速发展催生了“快餐式”的研究者，学者往往盲目跟从产业热点和现实焦点问题研究，难以秉持“坐冷板凳”的研究精神，难以对文化产业进行跟踪式、长效性研究。

现实的产业发展迫切需要科学的学术理论发挥先导作用，各高校不断涌现的文化产业专业教育、人才培养急切希望产生研究领域既有理论体系，又有实践指导意义的学科理论体系。文化是经济社会发展的不竭动力。人才是文化产业发展的关键。但从当前文化产业发展的现实情况看，人才匮乏已成为普遍共识。人才的缺位使文化产业的创意缺失，文化产品的竞争乏力，文化品牌的塑造艰难，文化管理难与市场竞争变化相适应。如何加强人才培养、发现本土人才、引进外部人才成为文化产业可持续发展的关键所在。此外，由于“文化产业”的概念是舶来品，对文化产业的概念认知、学科建设和学术构架的历史并不长，因此文化产业研究者的学科背景相对于传统学科而言更为多元化，这对于文化产业理论体系的整体构建而言是一把“双刃剑”。一方面，由其他学科研究转向文化产业理论研究的学者在研究的过程中，更加注重将文化产业学科与原学科进行嫁接，如人文历史背景的学者更关注文化产业的历史研究和概念考证，经济学背景的学者则侧重文化产业资本运作及市场体系建设研究，传播学背景的研究者和艺术学背景的研究者更侧重从文化产业的行业门类及内容本体创作角度进行研究，文化产业理论研究本身具有多学科、综合、交叉、渗透性质，学科背景的多元化提供了较好的基础。另一方面，文化产业研究者将跨学科背景的理论经验引入到文化产业研究中，拓展了文化产业研究的方法和领域，但对文化产业学术体系的系统化构建而言，文化产业本身学科基础的薄弱却影响了学术研究专业性的纵深化推进，这也致使跨学科的文化产业理论演绎难以深入到文化产业本体层面。

在中国“五位一体”建设中，实现建设社会主义文化强国的战略目标，迫切需要以文化为基点构建科学的文化产业理论体系。党的十八大将文化建设与经济建设、政治建设、社会建设、生态文明建设并列，“五位一体”地建设中国特色社会主义，进一步表明，建设“五位一体”发展格局将为中国到2020年如期实现全面建成小康社会目标提供强有力的思想驱动、理论支撑和智力支持。而事实上，无论怎样的发展战略和思想路径，都离不开逻辑严密、富有秩序的理论体系的构建。中国文化产业的基础理论绕不开西方文化产业理论的影响和演进。西方文化产业理论由法兰克福学派对大众文化的激烈批判到伯明翰学派辩证地看待并支持文化产业，再到知识经济时代学术界开始对文化产业普遍的理解和认同，尽管从概念到内涵日益趋于发展目的的一致性，但仍未形成统一的文化产业概念，而作为舶来品，中国文化产业学术框架的构建不仅难以绕开西方文化产业理论体系，并且在很大程度上是基于西方理论体系框架下的引进与本土化延展。因此从总体上而言，在中国文化产业理论研究的初期，基础理论研究“秉承了法兰克福学派和伯明翰学派的文化研究传统，致力于对文化概念的解释，对文化工业的批判，对文化资本的阐释，对文化消费的理解，对文化经济化趋势的反思”①，尽管取得了巨大进展，但是距离具有中国特色的文化产业学术体系仍有较大差距。面对当前全球文化产业发展的时代环境和国家推动文化大发展大繁荣的历史机遇，如何科学地回答建设社会主义文化强国进程中，文化产业应当扮演什么样的角色，文化产业发展所面临的一系列战略理论并提出前瞻性的理论思考引导实践探索？这也为当前和今后我国文化产业理论研究提出了新的要求。

三　试图构建中国文化产业理论的学术研究体系既是学术担当更是历史使命

2002年，党的十六大厘清了人们对文化产品生产和消费的关系。发展文化产业成为市场经济条件下满足人们精神文化需求的

① 马健：《中国文化产业理论的系统建构》，《东岳论丛》2011年第8期。

有效途径。十余年来，尽管学术界关于文化产业的定义展开了不同的讨论，并且在不同地区也有不同的侧重点以及由此产生的不同或相关的产业名称，但最基本的就是必须体现文化的社会效益和经济效益，必须兼具文化的意识形态属性和商品经济属性，这也是文化产业概念研究的基本出发点。随着国家文化竞争力不断提高，在国际文化竞争中的地位不断提升，文化产业作为国家文化竞争力的具体体现，在国家经济社会生活的重要地位和作用已成不争的事实。对文化产业运行实务的研究开始从区域宏观领域研究深入到文化产业园区、集群等运行实体研究，随着文化产业成为区域经济发展的重要门类，针对文化产业规划的专题研究也开始成为新的研究领域。从对文化产业理论的关注和研究到记录文化产业的发展进程，建立文化产业的学术载体，梳理文化产业的学术档案，文化产业学术界不断通过搭建文化产业的学术平台的方式，已经在学理层面对文化产业有了较为系统的、完善的、科学的认识并为国家文化产业发展提供了有效的支撑。经过十余年的不断探索，我们中国文化产业领域的一批致力于中国文化产业理论与实践研究的学者有信心、有能力来肩负使命。

在这一背景下付梓出版的“中国文化产业学术研究大系”系列丛书，其总体构架涉及中国文化产业理论与实践的方方面面，既突出学科重点，又侧重学科体系的整体性，从基础理论探索到实践运用指南，形成了较为完善的学科体系。

——中国文化产业基础理论研究主要基于两点，一是西方从法兰克福学派到伯明翰学派关于大众文化消费理论的演变与嬗变过程的理论影响，成为中国文化产业理论的主要来源；二是基于社会主义市场经济的确定，在社会主义市场经济条件下，人们的价值观念的变化和精神追求的多样化，在精神文化产品生产、交换、消费过程实践的不断创新而催生的一系列对文化产品、文化消费品、文化商品的新认识、新定位引发的现实需求，和亟待回答的诸多理论问题。以上两方面正是中国文化产业理论研究的前提条件。因此，全面系统地梳理中国文化产业的概念、特征、研究对象及范畴，分析文化产业发展现状、存在问题及未来发展态势，并对其基本要素构成和生态系统生成与相关产业的相互关系等等基本问题，便是我们所需关注和回答的基本理论问题，这也便是中国文化产业发展通论所要回答的主要内容。

——撇开“文化工业”的角度，综观历史，我们不难发现，人类文明进程中的两大产品生产，即物质资料的生产和精神文化产品的生产是古已有之的，人类的基本消费需求也是维持人类生命并得以繁衍生息的物质必需品和愉悦人们精神需求的文化艺术品亦是古已有之的。因而，从文化产品的生产、交换、消费的文化经济学角度入手去研究中国文化产业的发展历史，是中国文化产业研究领域的新课题，我们力图运用历史学理论去分析中国文化产业发展的历史，对历史上的文化产品作为商品进入市场的经济现象作出经济学的解释，力求做到文化思想、历史理论、文化政策与文化产业发展历史进程的统一；社会经济发展与政治、文化进程的统一；把文化产品进入流通、交换、消费到文化产品进行大规模的复制和批量生产进而成为一种商品的历程放到世界经济现代化的历史进程之中，使其不仅具有文化经济学的特征，而且还兼有历史学和政治、社会、文化学科的特征，涉及文化史、科技史、艺术史、商品贸易史等领域。

——中国现行的文化体制，虽经历了改革开放30多年的洗礼，亦与中国社会的改革开放大势相伴行，但迄今为止，从其宏观管理体制到微观运行机制，依旧是以计划经济时代的苏联模式为基础的。在一定意义上说，中国文化体制的改革远远落后于经济体制的改革，这种带有浓厚苏联式文化体制对解放和发展中国文化生产力是一种束缚，为此，始于世纪初迄今仍在深化的这一轮文化体制改革，无论从其广度和深度均是历次文化体制改革所无法比拟的，这一轮改革关乎中国文化体制如何真正适应社会主义市场经济的主流需要，关乎能否真正实现文化强国目标的重要战略。因此，深入研究中国文化体制改革的思路与路径，正是本学术大系的又一重要课题。

——文化产业作为一种带有浓厚意识形态属性的产业门类和精神产品的生产方式，其特殊性决定了国家宏观政策对其产生的巨大影响。文化产业的发展离不开国家文化政策的大力支持，发展文化产业必须在国家有关法律、法规的约束和保护下进行，要充分利用国家现行的法律、法规及其优惠政策，依法保护自身的合法权益。我们将立足于中国文化产业实现可持续发展和升级转型的时代背景，对新中国成立以来国家文化政策和文化产业政策不同时期的不同变化进行认真梳理，探求其政策变化的规律性；特别是当前文化强国建设战略背景下，在梳理目前国家支持、引导和推动文化产业发展的各类政策基础上，从文化产业政策在消除制约经济增长的瓶颈、有效转变经济增长方式、弥补市场机制的缺陷和转变政府职能，提高政府驾驭市场经济的水平和能力等方面展开深入探讨，对文化产业的产业发展政策、产业组织政策、消费政策以及人才培养与就业政策等相关配套政策进行系统的研究，从而为科学发展观视域下的文化产业发展提供基本保障。

——当前，中国文化产业的快速发展呈现出几何级数增长态势，从而对文化产业人才提出了更高的要求。就目前而言，文化产业经营管理人才的缺乏，成为制约文化产业实现可持续发展的最大瓶颈之一。因而立足文化产业的市场需求，全面阐释文化产业的政策管理、市场机制管理、环境管理、人力资源管理等内容，从政府管理文化产业的职能和组织体系、政府管理文化产业的方式、政府与文化单位之间的关系，合理规范文化单位之间与社会其他经济组织、团体之间关系所确定的制度、准则和机制等方面，进行深入研究，从而使其在具有理论深度和学理价值的同时，兼具较强的实践指导意义。

——如何建立健全完善的社会主义文化市场服务体系和现代文化市场管理体系，从而构建完善的现代文化市场体系，是完善社会主义市场经济体系的重要内容，培育文化消费市场，提高文化商品购买力，以消费刺激再生产，从而起到扩大内需、提高社会劳动生产力的作用，是中国文化产业能否健康、有序、快捷发展的重要因素。以健全的文化消费市场为杠杆撬动和扩大国民的文化消费，是我们推动中国文化产业发展的重点和难点，我们力图从国际、国内两大市场和国内城乡两大消费人群的角度去探求中国文化市场与消费的内在规律，提出建立与完善社会主义文化市场，提高消费水平的战略性思考。

——资本是文化产品生产的基本要素之一，金融资本对于推动文化产业的规模化、集约化、专业化发展起到关键性作用。在文化产业发展中，如何形成有效的资本投入与高效的产出，如何构建一个科学、合理、有利于推动文化产业发展的完善的文化产业投融资体系，是摆在我们面前的重大现实问题，无论是国家宏观金融政策的扶持，还是吸纳社会资本的投入，这都需要在理论和实践层面进行科学、严谨的学理说明和实践操作指导，因此，增强对中国文化产业投融资体系建设的研究是中国文化产业人责无旁贷的义务。

——文化产业要实现规模化、集约化、专业化发展，实现做强做大，产业集群是必不可少的重要路径选择，试图通过探讨文化产业集群的演进模式、形成机理、分布规律等基础理论命题，是推动文化产业纵深发展的重要路径。探讨和分析不同类别和不同形态的文化及相关产业选择和确定以产业集群这一空间组织发展时，文化产业的发展规律与集群成长的基本规律之间存在的共性及不同，不同范畴和行业的文化产业是否适合集群式发展以及它们各自的发展特征和分布规律对其路径选择产生的影响，是转变文化产业发展方式的核心思路。

——富有前瞻性和创新性，具备务实性和操作性的文化产业发展规划，是引导文化产业科学发展的基础。当前我国文化产业发展迫切需要我们从基于区域发展与城市开发背景下，对文化产业规划编制的思路、方法和路径全过程的系统论述。结合具体而翔实的文化产业规划案例，以理论与实践结合为导向，对文化产业规划的知识背景、基础理论、区域分析、定位与目标设计、空间模式与产业模式及规划的保障措施进行了基于规划框架的流程解析。将“规划”作为一种工具，旨在通过倡导一种融通文化建设、经济发展、城市设计、区域开发的思想，使其贯穿在区域城市总体及详细规划的各个阶段与不同层次，以期对当前区域文化产业规划编制和实施提供参考。

——我国是一个地区差异大（东、中、西部）、民族文化多元的国家，在推动文化产业发展的总体布局上，必须立足于区域分布和特色产业分布。要总揽全局、统筹兼顾，更要突出特色，体现区域和民族文化产业发展的特色。国家在制定相关文化产业政策时，必须从区域实际和产业发展现状出发，突出现实性和可操作性，切忌一刀切。我们力求从中国文化产业的布局现状出发，针对中国文化产业的区域分布，从区域特色出发，研究有利于推动当地文化产业发展的区域发展思路，提出建设性学术思路。在充分发挥东部地区创意人才云集、资本雄厚、市场广大的优势，和西部地区民族文化资源丰富、特色文化产业突出、特殊人才聚集的特点，以及中部地区区位与地缘经济的优势的基础上，研究区域和民族文化产业特色化发展道路，从而通过强化系统研究，做到科学决策，对东、中、西部不同区域的文化产业发展状况，进行深入研究，科学定位，从而推动中国文化产业的可持续发展。

——21世纪要实现中华民族伟大复兴的中国梦，中国文化必须“走出去”，中国文化产品必须要占有国际文化消费市场的较大份额，扩大中国文化的国际影响力和辐射力，从而提升中国文化的国家软实力，这就需要有中国特色、中国创造、中国气派的系列中国文化精品和中国文化商品，去占领国际文化消费市场，要做到这一点，就要求我们的产品必须有国际视野、现代意识和世界语汇。如何在全球化背景下，使中国文化能够在经济文化一体化中保持自我，并立足于世界文化之林，这是中国文化走出去的关键所在。强化对中国对外文化贸易的研究既是一个文化生产、推介的问题，更是一个国家对外形象塑造的问题，这一重大问题，亦是我们研究的又一重点。

透过上述涉及中国文化产业学术研究的重大理论与实践问题，我们不难看出，“中国文化产业学术研究大系”工作从本质上说是一项全面、系统地研究中国文化产业发展的浩繁工程，也是一项总结前人经验、开拓未来研究路径的拓荒工程，虽然对中国文化产业的专题性研究的成果已出版不少，但迄今为止，仍无一套完整的就中国文化产业学科建设的系统化教科书和学术性大系，我们这个团队虽然学识、功力尚不足承担如此重大的责任，但中国文化产业现实的紧迫要求与呼唤，我辈学人的责任感、使命感，使我们鼓起勇气来自觉承担起这份责任，好在我们坚信，抛砖引玉的奠基工作必定会为未来的学术大家支垫一块有用的基石，虽说这块基石还是十分粗糙的。

“知行合一”是王阳明哲学思想的精髓，也是中国哲学思想的精髓之一。我们的“学术大系”正是基于这样一种哲学理念，走理论联系实际之路，力图在学理上构建一个较完善的中国文化产业学术体系和学科建设体系，在实践层面能对中国快速发展的文化产业现实提出启示并加以实际运用，故而这是一套既倡导学术独立的个人学术著作的聚合，又是一套能给实际工作者以参考的教科书和工具书。

建设社会主义文化强国，需要既面向全球又接地本土的文化产业的顶层设计。它以中国悠久的历史文明为背景，以中国特色社会主义建设几十年的实践经验为基础，以当下世界各国或地区当代文化建设的经验与教训为参照，以中国改革开放的理论与实践为前提，以中国特色社会主义的核心价值观为指导，以广大中国人民的精神需求、现实诉求与理想追求为根本目标及动力，以民族大众精神的培植为己任，以社会自由个体内在素质的培育与理想境界的提升为最终目标。[①]

建设社会主义文化强国，需要以强大的学术研究提供积淀和营养，需要以繁荣的理论体系提供支撑和保障，需要认真研究当前文化产业发展面临的现实问题、存在的困境、积累的经验，通过理论研究总结文化产业发展中的成败得失，归纳文化产业市场建设中的成功经验，提炼适应未来文化产业发展的创新模式和发展路径，需要把文化产业的基础研究和应用研究有机结合起来，以应用研究促进基础研究，以基础研究带动应用研究，加强文化产业研究成果的转化和创意成果的孵化，通过知识转移平台、创新孵化平台、文化发展平台等搭建文化产业理论研究与现实生产之间的桥梁，使文化产业理论体系的建设在具有国际视野、中国

① 李静、林少雄：《文化建设需要“顶层设计”》，《新华日报》2013年1月15日。

特色的基础上，形成引领文化产业发展“高瞻远瞩、体系完备、科学严谨、博大精深、兼收并蓄”的社会主义文化强国建设的强大支撑。

文化产业学术研究的根本目的是指导和引领产业的实践。诚然，文化产业学术研究可以帮助人们解释、描述或预测许多文化经济现象和问题，但不可能直接用于解决文化产业发展中面临的所有问题。况且文化产业发展的时代背景和发展要素是错综复杂和变化无常的，但是，如何有效提高文化产业的学术成果转化率和理论研究的应用性，则是学术界的使命和责任所在。云南文化产业的发展一直在我国处于领先地位，不管是从民族文化强省理论的提出，还是中国文化产业“云南现象”被业界广泛认可的实践探索，云南省为中国文化产业的发展提供了有益探索。同时，当前中国文化产业理论研究领域内系统性探究的空白和学理性的薄弱，不但为云南提供了抢占文化产业理论研究制高点、填补中国文化产业学术界研究空白的机遇，而且作为理论和实践领域都超前于国家文化产业平均发展水平的民族文化强省而言，承担这一基础研究性工作责无旁贷。

周密研究策划组织编辑出版本丛书，是云南省文化产业发展领导小组办公室的战略构想，在广泛征询多方专家意见的基础上，我们对丛书提出了总体框架和编写要求：一是每本书充分发挥作者独立研究、独立思考的原创性功能，使其学术性与思想性高度统一，进而强化了作者的自由度和学术思想性、理论性，为学科建设提供一个相对完善的学术标准；二是作者遴选强调了目前国内文化产业研究领域较为活跃、具有较深学术理论素养又有一定社会实践经验的中青年学者为主要骨干，强调本丛书作为构建中国文化产业学科体系的历史责任感和使命感，为中国文化产业发展的理论与实践提供系统、完善的学术支撑；三是强调了中国文化产业构成体系的科学分类，而不是对文化产业具体门类的专题研究，其理论的普适性从专业的角度去指导和引领各文化产业具体门类的发展；四是强调了全书纳入统一体例，即按教科书式的章、节、目结构撰写，统一版式，统一装帧，使之呈现出风格的相对统一。作为主编，我并不要求每位作者都要按照统一的行文方式来阐述自己的学术观点，而是充分尊重每位作者的个性和原创性，从而使得本丛书呈现出统一风格，又彰显个性；既有规范性表述，又有独创性思考；既有理论性学术观点，又有实践经验总结。为了提升丛书的学术质量，作者成稿后，又由编委会特聘国内文化产业学术研究领域几位德高望重的著名学者对书稿进行认真审读，并提出修改意见，作者在此基础上再进行认真修改，经编委会审定，出版社组织强有力的编辑班子，按严格编辑制度进行编辑，最后付梓，以确保质量。

“中国文化产业学术研究大系”系列丛书将立足于建设社会主义文化强国的战略目标，大力推进中国文化产业又好又快发展的现实机缘，从文化产业基本原理、发展历史、体制改革、集群发展、区域发展、规划方法、消费市场、管理体系、对外贸易等角度，对中国文化产业进行全景式深入的学术剖析，在较高的起点上对未来中国文化产业的发展路径进行深入的思考。“中国文化产业学术研究大系”的策划和出版，旨在构建相对完善的文化产业学科体系和基于文化产业实践应用的学术框架，以期通过学术创新和理论思考，影响中国文化产业的改革创新，为建设社会主义文化强国贡献绵薄之力。

目　录

第二章　文化产业集群的类型特征

第三章　文化产业集群的演进模式

第四章　文化产业集群的分布规律

第五章　国外文化产业集群发展的经验

第六章　文化产业集群发展的思考和建议

导 论

当前，全球现代化、信息化、城镇化、市场化与分权化的加速，中国城市群蓬勃快速成长与丰富多样发展，产业集群在新经济地理空间上不断形成新的城市聚落，为集群研究提供了更为广阔的空间，也为文化产业发展提供了新的栖居地。在世界发达国家的经济构成中，文化产业贡献突出，它们往往以高度的集聚性，实现集约化、专业化和规模化的发展，以发达的产业体系和成熟的市场体系，构成世界经济版图上色彩斑斓、块状明显的“经济马赛克”[①]。全世界财富的大多数都是在“经济马赛克”区域创造的，这一区域是全球创新活力最强劲的地区，也是资本、技术和人才等要素流通最迅速的地区，它们通过经济文化发展轴线相互串联，星罗棋布地构成了全球文化经济的空间网络。以产业集群的方式实现资源共享，有利于有效节约成本、提高效率、推进文化产业的集成创新能力，有利于文化产业文化价值和经济功

① “经济马赛克”现象的核心就是在一个地区，围绕一种主导产业，形成了原料、销售、科研、教育培训、文化、专业咨询、广告、商务中介等服务体系，这种产业丛群、企业集群的经济现象像一片马赛克镶嵌在土地上。经济马赛克现象的最大特征是系统集成，强大产业。据统计，美国新兴财富的绝大多数都是在“经济马赛克”分布的块状区域被创造出来的。20世纪90年代中期，美国380个产业集群生产了全美近60%的产出。

能的发挥、文化市场要素的流动、文化资源的共享与整合。文化产业集群既具有一般产业集群演进机理和分布规律的共性，又因其具有因专注甚至依赖于“独创性”的特点，研究文化产业集群的发展兼具理论和实践意义。

文化产业集群作为文化产业的空间组织形态和产业集聚的战略形态，是基于产业空间组织的研究命题。文化产业集群是以文化及相关产业为主营产业的企业，按照一定关联集中在特定空间范围内，形成基于分工与合作的有机产业群落。集群代表着介于市场和等级制之间的一种新的空间经济组织形式。从产业结构和产品结构的角度看，产业集群实际上是某种产品的加工深度和产业链的延伸，在一定意义讲，（集群）是产业结构的调整和优化升级。[①]从文化产业集群的发展基础、发展规律、管理特点和参与国际竞争的制度障碍等方面出发，可以判断，对文化产业集群的研究，需要跳出集群本身的区域范围，甚至跳出城市行政区划的经济藩篱，以跨区域的视野，创造新的研究视角，塑造新的空间组织模式，进而避免中国计划经济体制下条块管理为主要特征的中国式行政特点。基于此，本书研究的重点突破口在于，从产业研究和区域研究出发，从集群规划的角度分析文化产业集群的类型特征、演进模式和分布规律，提出基于破解集群成长客观障碍和制度瓶颈的路径；本书研究的背景和视野在于，从全球化背景下，中国城市群广泛参与国际产业分工与合作，加速推进新型城镇化建设所诞生的新产业集聚形式考量，从城市群和城镇化背景下，中国产业升级政策与制度创新战略形态所诞生的新产业组织路径考量，从产城融合模式在城市建设、更新和改造中和集群发展中日趋鲜明的发展轮廓考量，以期从动态、量化的角度实现对文化产业集群成长过程进行精准把握。

① 刘茂松：《经济发展方式转变的“集约化、集群化、集聚化”战略》，《湖湘论坛》2001年第1期。

城市群化

在全球范围内，城市群已经成为人居环境与生产要素深层次融合的新空间组织形式，这一组织形式演绎出产业集群化的新方向，使产业集群功能与区域产业空间和生活空间有机联系在一起。随着城镇化加速，城市之间的联系更加紧密，跨区域、跨行业、跨所有制的产业集群，逐渐跳出单一城市行政归属的框架束缚，向城市群进行扩张，形成了更加具有市场竞争力的文化经济体。可以说，产业集群就犹如“平滑空间上的黏滞点”吸收集聚了稠密的经济能量，培育了一大批具有世界影响的产业。[①]它们承担了全世界主要生产要素的专业集聚和市场资源的优化配置功能。

随着中国加速推进城市建设，制度改革日趋深化，市场经济趋于成熟，城市群空间机构不断适应市场经济发展方向和市场资源配置方向，并演绎出愈加丰富的形态和模式。城市群是中国城市空间结构演变的动力因素，也是产业集群生存和发展高度依存的空间载体。因此，本书研究的背景和出发点是，在城市群视域下对文化产业集群发展进行系统研究，将产业集群与城市群空间组织形态进行统一分析，可以更好地实现城市群与产业群互动整合的“双重整合”，进而提高文化产业的地域系统组织能力和经济文化竞争力。

城镇化

作为国家工业化和现代化的重要标志，城镇化在我国正处于加速阶段，发展势头迅猛。随着城镇化率的提高，我国城镇化过程中也不断涌现出一系列问题，诸如东部地区与西部地区的不平衡，大城市与中小城市发展的不平衡，城镇化过程中经济增长与成本加大的不平衡以及城镇化的数量与经济发展的质

① MARKUSEN A.Sticky places in slippery space: a typology of industrial districts[J].Economic Geography,1996,72(3): 293 ~ 313.

量的不平衡等。而由于对城镇化率增长的盲目追崇，城镇化常常呈现出“离土不离乡”和“进厂不进城”状态，“半城镇化”或“空心城镇化”等一系列弊病随之涌现。产业集群是城市群之间以及大都市圈连绵带上的重要节点，是推进新型城镇化和消弭城界、统筹城乡的特殊空间。文化产业集群以创意为核心要素，以文化价值为凝聚中心，是文化产业集群与城镇化建设融合过程中重要的根基、城镇化过程中人的内在精神动力，表征着城镇化进程的软实力。

新型城镇化是“资源节约、环境友好、经济高效、社会和谐、城乡互促共进、大中小城市和小城镇协调发展、个性鲜明的城镇化。”新型城镇化对城乡发展过程中文化的传承、文脉的延续和历史的记忆提出了新的使命和要求，以文化产业集群为研究对象，综合考量集群建设在推动城市化进程中，现代城镇与传统城镇发展理念、发展战略和发展思路的根本性变化，具有重要的理论价值和实践意义。以特色文化资源的市场化与资本化进程驱动特色产业集群的形成，为新型城镇化提供了有益的实践和有效的模式。

产城融合

作为一种产业与城市融合发展，产业集聚与城市人群集聚，产业、城市、居民之间人居和谐、富有活力、持续向上的发展模式，产城融合是全球经济文化一体化背景下，产、城、人紧密融合先行的城市聚落。产城融合的发展模式，破解了传统工业推动城镇化的旧有模式无法使城市持续更新并富有竞争力的瓶颈，破解了旧城改造和新城建设中城市复兴、环境再造和文化重生难以协同发展的瓶颈，破解了产业集群单打独斗、破坏城市整体规划和宜居宜业难以并行的中国特色式集群障碍。

产城融合的实质是产业集群与城市融合在一起的发展模式。在这一模式下，产城融合的发展模式将文化产业作为区域经济社会跨越式发展的先导、动力和源泉，把城市作为载体，让两者相伴而生、共同发展，互动融合，为城乡统筹的城市化路径提供了新的实践。在产城融合的开发模式下，以产业集群的方式实现资源共享，有效节约了城市运行成本，提高了产业发展效率，推进了文化产业的集成创新能力和消化吸收再创新能力，有助于文化功能的发挥。文化产业在分工、合作、重组中，不断形成基于地方、具有专业化特征的生产系统或创新系统的空间载体，有利于生产要素的流动、文化资源的共享和文化产业的整合，因而成为文化产业增加值的主要集中区域，这些空间载体逐渐演变为文化产业试验区和城市主体功能区，成为城市群和城镇化的重要节点。

从总体上而言，全球经济文化一体化进程的加速，我国城市群快速发展，城镇化愈加迅速，城市形态不断丰富和产城融合的开发建设模式，催生了文化消费的活跃和文化市场的繁荣，为文化产业的健康蓬勃发展提供了广阔的空间。随着文化产业集群在区域发展中的主导和引领作用愈来愈突出，集群组织方式所具有的资源共享便捷、要素流通高效、地缘文脉相通等特点，为文化产业的发展提供了良好的空间，并有效节约了产业发展成本，提高了文化资源的产业化效率，拓展了文化产品贸易流通的市场。因为文化产业集群既具有一般产业集群演进机理和分布规律的共性，又因其具有因专注甚至依赖于“独创性”的特点，研究我国文化产业集群发展，既是对产业集群理论研究的深化，也是对我国文化产业发展中产业组织形态的延展，兼具理论探索价值与实践先导意义。

值得注意的是，文化产业是介于有形与无形之间的产业，文化独创性的智力成果是无形的，但经济价值需要通过有形的产品或产业以及有形的市场来体现。文化产业集群发展模式的成功与否是基于创新的引发或变革、知识的积聚和基于竞争的淘汰机制。诚然，“产业创新往往存在于产业集群的区域，然而产业集群的地区却未必催生创新[①]。”从产业的角度看，不是所有的产业部门都受到集群化过程的影响，即集群仅起源和发展于特定的产业部门（例如，包含着产品多样性的价值链长的产业行业，以及具有较高创新能力的产业行业）[②]，也不是所有的企业都应当进入集群发展，“集群战略不是实现区域快速发展的唯一途径，也不是在任何地区都能催生新产业集群”[③]。因此，研究文化产业集群旨在寻找适合文化产业发展的产业组织形式和空间分布方式，为文化产业的成长提供最优化的解决方案。

本书的整体框架如下：

第一章，文化产业集群的基础理论。本章对与产业集群相关的理论进行梳理和审视，从理论和流派等不同角度进行归类、综述和评价，提出本书研究的基础理论。基于当前学术界缺少对“文化产业集群”的系统性研究，本章对文化产业集群的概念进行了界定，并对文化产业集群的相关研究成果（包括产业集群相关理论研究中与文化产业集群关联度较高的创新集群、与文化产业分类中具有行业相同和相似的文化产业集群和创意集群）以及文化产业的综合价值进行了评判和研究。

第二章，文化产业集群的类型特征。本章以知识理论切入点，分别基于知识的宽度、强度和深度三个层面，从区域发展、产业发展和企业发展三个维度，对文化产业集群的形成过程进行了分析，以文化产业集群在区域协调发展中的作用、对产业资源优化配置的作用以及对企业隐性知识创新的作用

① 王缉慈：《超越集群——中国产业集群的理论探索》，科学出版社2010年版，第217页。

② Steinle C & Schiele H. When Do Industries Cluster A Proposal on How to assess an Industry's Propensity to concentrate at a Single Region or Nation [J]. Research Policy, 2002,31: 849 ~ 858.

③ Bramwell,A.,Nelles,J.and Wolfe,D.A.(2004): Knowledge,Innovation and Regional Culture in Waterloo's ICT Cluster.Paper Presented at the Innovation Systems Research Network(ISRN)National Meeting in Vancouver, 12 ~ 15.

为落脚点，分析了基于知识的文化产业形成机理和发展路径。

第三章，文化产业集群的演进模式。本章从集群驱动的角度，分别从要素驱动、资源驱动和成本驱动等文化产业集群形成过程中最为核心的因素，分析了集群这一新的经济地理现象、实践经验和产业空间组织对于文化产业实现集约化、专业化和规模化的作用，并提出基于不同生命周期、以资源配置、资源开发利用和资源整合等为不同驱动方式的文化产业路径选择。

第四章，文化产业集群的分布规律。本章从宏观、中观和微观三个层面，对文化产业集群在城市群（区域之间）、区域内部和集群内部三个空间维度中，分别按照点网结构、圈层结构和线性结构进行空间分布的规律及产业集聚的方式，分析了不同空间维度中，经济发展和区域格局、人文地缘和城市文脉因素、制度环境和企业战略选择等对集群形成和发展产生的影响和作用。

第五章，国外文化产业集群发展的经验。本章从集群规划、集群设计、集群治理和集群制度四个文化产业集群发展中最核心的视角，对国外（发达国家）具有典型特征和发展代表性的文化产业集群进行了分析和思考，其案例选取基于笔者对日本、澳大利亚、英国、韩国和新加坡等多个国家文化产业和城市建设的系统调研获得的数据与认知。

第六章，文化产业集群发展的思考和建议。本章基于第二、三、四章中对我国文化产业集群发展的全面分析，从集群的形成类型、演进模式和分布规律等角度，对集群发展的问题和瓶颈进行了系统梳理和深刻剖析，结合第五章对国外文化产业集群发展经验和发展特点的综合考量和分析，从认知和标准、产业策略、空间策略与制度和政策等四个角度，提出未来文化产业集群发展的路径建议。

结语基于理论研究与实证研究，对文化产业集群可持续发展及优化升级的路径进行了总结规划，并针对未来发展趋向做出了基于集群规划和集群管理的重点建议。

第一章　文化产业集群的基础理论

第一节　概念综述

一　文化产业

在全球文化产业发展中，1986年，联合国教科文组织文化统计框架使用了文化产业的概念，将其定义为“按照工业标准生产、再生产、储存以及分配文化产品和服务的一系列活动。”2000年又提出：“文化产业这个概念是指那些包含创作、生产、销售‘内容’的产业”，“一般包括印刷、出版、多媒体、视听、录音和电影制品、手工艺品和工艺设计等行业。在一些国家，这个概念也包括建筑、视觉和行为艺术、体育运动、乐器制造、广告和与文化有关的旅游业。”2009年，联合国教科文组织发布该统计框架的修订版本，继续延用文化产业概念。芬兰、韩国、加拿大等国使用这一概念。①

在我国文化产业实践中，2002年，党的十六大第一次从党的文件角度，理清了人们对文化产品生产和消费的关系。发展文化产业成为市场经济条件下满足人们精神文化需求的有效途径。十余年来，尽管学术界关于文化产业的定义展开了不同的讨论，并且在不同地区也有不同的侧重点以及由此产生的不同或相关的产业名称，但最基本的就是必须体现文化的社会效益和经济

① 孙志军：《我国文化产业发展的实践与思考》，《时事报告》2012年8月14日版。

效益，必须兼具文化的意识形态属性和商品经济属性，这也是文化产业概念研究的基本出发点。2003年，中宣部会同国家统计局等有关部门组织开展文化产业统计课题调研，从经济社会发展全局的角度，第一次明确提出了文化产业定义，即：为社会公众提供文化、娱乐产品和服务的活动，以及与这些有关联的活动的集合，并于2004年正式编制出台了《文化及相关产业分类》和《文化及相关产业统计指标体系框架》，2012年，中宣部、国家统计局正式印发了《文化及相关产业分类（2012）》，具体分类标准吸收了近年来发展较快的一些新的文化产业门类，包括创意产业、文化新业态、相关软件服务及部分地方特色文化产业等相关内容，将文化及相关产业定义为"为社会公众提供文化产品和文化相关产品的生产活动的集合"。本书对文化产业的研究和分析以此定义为标准。根据以上定义，我国文化及相关产业的范围包括：以文化为核心内容，为直接满足人们的精神需要而进行的创作、制造、传播、展示等文化产品（包括货物和服务）的生产活动；为实现文化产品生产所必需的辅助生产活动；作为文化产品实物载体或制作（使用、传播、展示）工具的文化用品的生产活动（包括制造和销售）；为实现文化产品生产所需专用设备的生产活动（包括制造和销售）。

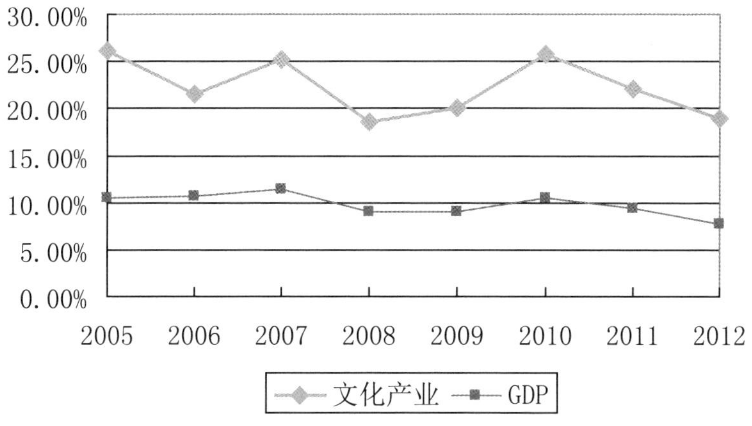

图1-1 文化产业增速与同期GDP增速对比

近年来，随着文化体制改革的深入推进，文化产业发展迅速，从2007年来，文化产业增速保持在24%以上，远远超过了同期GDP增速。在国内文化产业前景良好的格局下，构建现代文化产业体系，形成公有制为主体、多种所有制共同发展的文化产业格局，推进文化科技创新、扩大文化消费等文化产业发展框架被纳入国家战略。十七届六中全会和十八大报告进一步提出了加强对以数字电影产业为代表的新兴文化业态的支持力度，包括降低准入门槛、加大政府投入、落实税收政策、加大金融支持力度、以多种资本运作方式提供政策扶持等。

表 1-1　与文化产业相近的产业分类体系

符号文本模式	同心圆模式	联合国贸发会议	世界知识产权组织版权模式
核心文化产业 广告 电影 互联网 音乐 出版 电视与广播 视频与电脑游戏 **外围文化产业** 创意艺术 **边缘文化产业** 消费型电子产品 时尚用品 软件 体育	**核心创意艺术** 文学 音乐 表演艺术 视觉艺术 **其他核心文化产业** 电影 博物馆与图书馆 **泛文化产业** 遗产服务 出版 录音 电视与广播 视频与电脑游戏 **相关产业** 广告 建筑 设计 时尚用品	**遗产** 手工艺品、节庆活动、考古遗址、博物馆、图书馆、展览 **艺术** 绘画、雕塑、摄影和古董 现场音乐表演、喜剧、舞蹈、歌剧、杂技和木偶戏 **媒体** 图书、报纸、其他出版物 电影、电视、广播和其他形式 **功能创意** 室内、平面设计 时尚用品 珠宝和玩具 软件、视频游戏、数字化创意内容 建筑、广告、文化和娱乐活动、创意研发、数字及其他相关创意服务	**核心版权行业** 广告 著作权集体管理组织 电影与录像 音乐 表演艺术 出版 软件 电视与广播 视觉与平面艺术 **相互依赖的版权产业** 空白录制材料 消费型电子产品 乐器 纸张 复印机、照相器械 **部分性版权产业** 建筑 服装、鞋袜 设计 时尚用品 家居用品 玩具

二　产业集聚

经济全球化背景下发达或者高速增长的经济圈通过区域内高度发达的城市群、集群产业或者产业区主体构成国家参与国际竞争的集聚经济圈[①]。产业集聚是文化产业集群形成的现象之源和机制之源。研究文化产业集群，首先需要关注并研究集聚产生的动力。产业集聚不仅对于认识文化产业集群的形成规律和发展动向具有积极意义，而且对于认识城市、产业区以及集群产业等其他类型产业集聚规律也有裨益。

根据联合国工业发展组织的定义，产业集聚是由一系列相关或相互补充的产品，面临着相同的机遇与挑战的企业在特定经济部门和地理区位上集中的一种现象或机制。产业集聚的显著特点是，在地理上相互靠近、相互联系的企业和关联的机构，它们同处于一个特定产业领域，并存在竞争与合作关系，且由于共性和互补性而联系在一起。

以往有关产业集聚原因的研究很多，但对产业集聚动力类型没有进行严格区分。一般而言，产业集聚动力应该包括源动力、外部动力与集聚机制三方面：源动力是产业集聚的根本动力；政府是产业集聚的外部动力；集聚机制是产业集聚的自驱动过程[②]。在上述驱动因素中，以政策驱动为核心的集聚机制是当前文化产业集群形成并具有决定方向意义的重要因素。而从确立一个相对稳定的管理和运行机制的需要出发，基于产业集聚的文化产业集群的管理模式将沿着两个方向发展，一个是行政事业管理模式，明确专门的代行政府部门行政管理职能的管委会负责管理，同时安排指定一个开发运营管理公司辅助提供运营服务；一个是在政府相关管理部门的指导下，直接授权由

---

① 胡晨光、程惠芳、杜群阳：《集聚经济圈集群产业的扩散与转型——基于多元化集群产业结构演化视角的分析》，《经济学家》2010年第7期。

② 胡晨光、程惠芳、陈春根：《产业集聚的集聚动力：一个文献综述》，《经济学家》2011年第6期。

企业负责开发运营管理①。而对于一个独立的文化产业集群而言，则需要在具体的发展基础、发展条件、禀赋特征和制度环境下进行独立考量，而这一切的前置条件则是对产业集聚理论的把握。

三　文化产业集群

对文化产业集群的定义建立在对产业集群和文化产业概念和理论的理解与分析基础之上，即，汲取产业集群的一般性规律和特点，结合文化产业的定义、特征以及发展的特殊规律和对知识价值的紧密关联。产业集群的理论最早由迈克·E.波特于1990年在《国家竞争优势》一书中正式提出。在该书中，波特从产业和国家竞争优势的角度对产业集群现象进行了理论分析，并由此提出了国家竞争优势的“钻石模型”。波特认为，产业集群或簇群是一种相关的产业活动在地理上或特定地点的集中现象②，产业集群包括一批对竞争起重要作用的、相互联系的产业和其他实体，经常向下延伸至销售渠道和客户，并侧面扩展到辅助性产品的制造商，以及与技能技术或投入产业相关的公司，还包括提供专业化培训、教育、信息研究和技术支持的政府部门和其他机构③。根据波特对产业集群的定义，可以认为，产业集群是一个类似于生物有机体的产业群落，它是企业及其相关机构有组织的综合体，它强调子相关产业中相互依赖、相互合作、相互竞争的企业在地理上的集中，这种集中是在竞争环境中产生和形成的，它不仅仅是一种生产组织形式，更是一种

① 孔建华：《北京文化创意产业集聚区发展研究》，《中国特色社会主义研究》2008年第2期。

② Porter M.E.Clusters and the New Economics of Competition [J]. Harvard Business Review, 1998.77 ~ 90.

③ Porter M E. The Competitiveness Advantage of Nation[M]. New York: Free Press, 1990.

经营组织形式[①]。文化产业即文化可发挥显著作用的活动或产业。本书对文化产业的界定采用WIPO的相关定义和分类。因此，对于文化产业集群而言，一方面，它是文化产业和产业集群的集合体，是关注与文化产业形态的产业组织形式；另一方面，它与其他行业性产业集群相比，作为一个复杂适应性系统[②]，文化产业集群具有鲜明的特点。

因此，文化产业集群可以定义为：以文化及相关产业为主营产业的企业，按照一定关联集中在特定空间范围内，形成基于分工与合作的有机产业群落。具体而言，文化产业集群在形式上、组织方式和系统结构上呈现出三个突出特点：在形式上，文化产业集群是与文化相关产业的企业以及该产业的相关产业的企业在地理位置上的集中，是文化相关产业产业高度集中于某个特定地区的一种产业成长现象；从组织结构上看，文化产业集群作为一种中间性体制组织，具有企业网络的性质。但由于文化产业本身涵盖的行业门类众多，各行业之间的特点和运行规律差别较大，因而文化产业集群不是一般的企业网络，而是具有互补性、共享性和排他性的密集型创新网络；从系统结构上看，文化产业集群是一个文化相关产业种群生态系统，是在一定区域内的各种生物群相互有规律结合在一起的结构单元。同样由于其行业的丰富性，所以文化产业的生态系统中，常常会诞生主导产业和与之相配套的关联性产业，与其他产业集群不同的是，文化产业集群内的主导产业和配套产业大多数来自其自身分类中的不同层次，这些产业在特定区域范围内，相互依存、竞合，并形成一个动态变化的有机整体。

① 沈玉芳、张超：《加入WTO后我国地区产业调控机制和模式的转型研究》，《世界地理研究》2002年第1期。

② 复杂适应性系统理论是J.Holland教授于1994年提出的，其主要内容是指按一定规则进行非线性相互作用的行为主体所组成的远离平衡的动态系统，这个系统通过自组织、自学习、自适应不断进化。

第二节 研究理论

对文化产业集群类型特征的研究、演进模式的归纳、分布规律的考究和发展路径的探索，需要站在基于产业集聚的产业集群理论基础上，对产业集群产生的机理和机制、集群现象伴随的区位和分布的空间规律、集群地缘、文缘等多元要素条件以及对集群治理和运行的多元机制路径进行具体分析。

一 机理和机制

（一）分工—合作

分工与专业化的合作是经济社会不断发展的根源。亚当·斯密在《国富论》中提出，分工是经济增长的源泉，并指出“分工取决于市场容量”，第一次暗示了专业化依赖于全球化——扩大的市场是专业化能够提高劳动生产率，要求协作的前提。这一经典论述不仅用于解释随着产业的发展带来的产业链上的纵向分工，也可用于解释本地市场上不同程度的分工[①]。在提出分工理论同时，亚当·斯密进一步既强调了劳动分工对提高生产率的重要性，同时也强调了科学技术（即机器的发明）对提高生产率的重要性。前者是协调分工的知识，也称为管理的知识；后者则是科学技术的知识，是一种物化的知识，构筑了知识经济理论的基础。马克思以“分工与合作”为出发点阐释了其对产业集群存在的作用。马克思认为分工可以提高工作效率，协作可以带来规模效益，建立在协作基础上的企业生产，可以产生比分散生产更高的

① BAUMGARDNER J R. The division on labor, local markets and worker organization [J]. Journal of Political Economy, 1988, 96(3): 509 ~ 527.

效率。即，对高效率和低成本的追求，成为产业集聚形成的内在动因。

专业化分工是促进经济社会发展的重要源泉。经济的发展是生产力变革的结果，而分工和专业化则是这一变革的主要特征。阿林·杨格对专业化问题做出了阐释。杨格认为，只有当市场对某种产品的需求足够大时，生产这种产品的中间环节才可能被分离出来。而市场范围又取决于劳动分工。“劳动生产力上最大的增进，以及运用劳动时历表现的更大的熟练、技巧和判断力，似乎都是分工的结果。其中技术变迁以分工加速知识积累的形成，成为报酬递增永不枯竭的源泉[①]。”杨小凯利用分工与专业化的理论对产业集聚和经济发展过程做了阐述，并在充分融合当代经济学主流观点与方法基础上，从数理角度构建了一套从微观基础到结构绩效的分析框架，系统描述了分工与专业化在推动社会经济运行与发展中的作用机制。杨小凯认为，“分工与合作”既可指同一生产单位中不同经济主体之的协作关系，又可指全社会范围内不同生产单位的不同经济主体之间的协作关系。他的分工与专业化解释了产业集聚和经济发展过程，所提出的“在一些竞争力强的新产业区内，由于地理上接近的专业化企业之间形成了长期合作的关系，使信任基础得以建立，导致监督成本和机会成本降低，同行业企业之间的协作竞争能力增强”，有效地解释了产业集聚促成知识资源共享、对控制产品成本的有效作用，但“基于信任”的负面作用也有可能长期存在，例如其所引发的“认知锁定”将影响产业集群的创新。在国内学者中，仇保兴对小企业集群从历史与现实、理论和实践的多视角，分析其形成过程、制约因素及其创新意义和深化趋势。从专业化分工角度分析了企业集群的形成机制[②]。分工是合作的基

① Allyn A.Young: Increasing returns and economic progress,The Economic Journal,volume 38(1928),pp.527 ~ 42.

② 仇保兴：《小企业集群研究》，复旦大学出版社1999年版。

础，分工—合作为产业集群研究提供了核心基础理论，是产业集群形成的动因。

（二）外部经济

任何产品的生产规模的扩大所产生的经济效应划分为两类，第一类经济取决于产业的一般发展，第二类经济取决于从事工商业的单个企业的资源、它们的组织以及它们管理的效率。前者称为外部经济，后者称为内部经济[①]。从纯经济学角度，（外部经济）主要着力于外部规模经济和外部范围经济，认为不同企业分享公共基础设施并伴随垂直一体化与水平一体化利润，大大降低了生产成本，形成产业集群价格竞争的基础；其次从社会学角度，主要从降低交易费用角度，人为建立在共同产业文化背景下的人与人之间信任基础上的经济网络关系[②]，极大地提高了经济发展的规模和效率。

随着城市化进程的加速，城市尤其是中心区域的生活和生产成本开始迅速提高，不可避免地使产业发生了转移，由此导致了集群内企业的外迁。对此，亨德森对外部规模经济的研究模型有效阐释了集群在城市中的集聚和分散的基本原理。在亨德森的模型中向心力来自生产中假设存在的本地化经济，而离心力则是城市地租[③]。亨德森的理论对于研究区域内产业集群集聚和分散的成因提供了有效的路径。阿弗里德·马歇尔基于英国工业生产地理集聚现象提出了“产业区”的概念和理论。马歇尔提出，“产业区作为与大企

① 马歇尔：《新帕尔格雷夫经济学大辞典》中文本第2卷，1920年版，第281～282页。

② 魏守华、王缉慈、赵雅沁：《产业集群：新兴区域经济发展理论》，《经济经纬》2002年第2期。

③ Henderson, J. V. (1974) , The types and sizes of cities, The American Economic Review, 64 (4), 640 ~ 646.Henderson, J. V. (1977) , Economic theory and the cities, New York, Academic Press. Henderson, J. V. (1986),Efficiency of Resource Usage and City Size， Journal ofUrban Economics, 19, 47 ~ 70.Henderson, J. V. (1988), Urban development: theory, fact, and illusion,New York, Oxford University Press.Henderson,J. V. (1994),Where Does an Industry Locate? Journal of Urban Economics 35 (1) : 83 ~ 104.Henderson, V. J. , A. Kuncoro, andM. Turner(1995). IndustrialDevelopment in Cities, Journal of Political Economy 103 (5):1067 ~ 1085.

业相对应的产业组织模式，是同一产业中大量小企业的地理集中，这种集中同样能够获得大规模生产的许多好处，并且这种地方产业系统与当地社会具有强烈的不可分割性”[①]。在马歇尔看来，同一产业的大量企业的地理集中可以产生地方花的外部规模经济。这与杨小凯关于“分工与合作”理论中提出的“监督成本和机会成本降低”具有相似之处。马歇尔认为，“集聚能够产生地理接近的优势，降低运输和交易的成本，容易获得专业化的投入，如劳动力、服务和技术诀窍等[②]。”成本的降低是企业选择区域进行集中的原因，中心城市的区位优势促使越来越多的集聚现象发生，并形成了星罗棋布的产业集群。除了外部经济理论对成本的关注外，区位理论中关于对成本的控制和降低也成为经济学家们关注的重点，尤其是运输和交易成本的降低。而它们也是产业集群集聚的重点要素，构成了要素驱动和成本驱动两种类型的文化产业集群主要的形成力量。

二　区位和空间

（一）区位比较优势

集聚理论研究的是资源的空间配置和经济活动的空间区位问题[③]。因此，区位理论（Location Theory）是区域经济学的理论基石，它是研究经济行为的空间选择及空间内经济活动的组合理论[④]。威廉·劳恩哈特创立了“节点原理”，他应用“区位三角形”的概念，以生产成本最低原则来分析理想的工业设厂地址。哈特认为影响企业区位决策的因素是“运费率、商品效率和竞

① Marshall A. Principles of economics[M] . Cambridge University Press ,1961(Fist published in 1890) . 15 ~ 20.

② 苗长虹：《马歇尔产业区理论的复兴及其理论意义》，《地域研究与开发》2004年第2期。

③ 梁琦：《分工、集聚与增长》，商务印书馆2009年版，第19页。

④ 郝寿义：《区域经济学原理》，上海人民出版社2007年版。

争者”，它们决定了市场区的大小。阿尔弗雷德·韦伯对工业区位进行了系统研究，第一个提出集聚经济概念并用解析式来表达。韦伯从经济区位的角度探索资本、人口向大城市移动（大城市产业与人口集聚现象）背后的空间机制，并提出了“区位因素”这一概念。韦伯认为，“一个区域对于工业的吸引力不仅由运费最低决定，还要求劳动力费用最低。集聚一方面表现为工厂生产规模的扩大而带来的单位产品生产成本下降和利润增加；另一方面又表现为那些在生产或分配上有着密切联系或在分布上指向性相同的企业按一定比例规模集中分布在特定优势的区位上会产生比分散布局更大的效益①。”韦伯有效解释了劳动力密集型产业集群的形成和发展。韦伯认为，集聚的产生是自下而上的，通过企业对集聚产生的有事的追逐而自发形成的。这有效解释了一部分基于比较优势自发形成的集群现象。但韦伯理论提出的时代背景是20世纪30年代凯恩斯宏观理论诞生之前，那时政府的干预仍不明显，自发的产业集聚和市场调节往往居于主导，但市场失灵的现象时有发生。胡佛的区位论强调运输费用的降低与产业集聚的互相作用。和韦伯相似，胡佛在研究经济活动区位时也非常重视运费的影响。在完全竞争和生产要素具有完全的流动性以及成本决定区位选择三个假定前提下，运输距离、方向、运输量和其他交通运输条件发生变化都会直接影响到运输费用，从而造成产业区位的变化。

城市内各种经济活动的区位主要是决定于与中心位置的接近性这一利益的追求和地租支付能力，也就是说各种活动是按照距离摩擦抵抗最小化为原则决定各自的区位选择。所谓距离摩擦是指为了克服空间距离需要支付的时间费用和货币费用。城市的中心位置一般是交通费用支出最小的地点，但同

① Weber,A.1929.Theory of Lacation of Industries.Trans.C.Friendrich,Chieago:Unibersity of Chicago Press.

时也是地租最高的地点。实际上，地租（位置级差地租）和交通费都与空间摩擦相关联，两者合计的费用即距离摩擦费用最小点是所有经济活动追求的最佳区位点[①]。冯·杜能农业区位理论的要点是，由土地位置不同，即距离城市市场远近的不同，导致农业成本在空间上的差异，从而对地租发生不同的影响[②]。杜能农业区位论提出的背景，是基于19世纪初德国农业制度改革，农业开始向商品化、大型化发展，这一背景下的农业生产空间布局问题的提出，对位置、地租和土地利用三者关系做出了清晰地阐释。事实上，城市经济学认为"城市住房（和通勤）的土地租金是离心力"[③]，这又与区位理论和增长及理论在集群动因的部分研究中达成共识。但"它只揭示了经济活动从中心向外扩散的离心力，并没有考虑到将经济活动拉在一起从而形成中心的向心力[④]。"区位比较优势揭示了产业集群在区域空间内的分布规律。

（二）增长极

"增长及理论"认为经济增长在空间上并非均匀分布，而是以不同强度首先出现在一些增长点或增长极上，然后通过不同渠道向外扩散，并对整个经济空间产生不同的影响，当然，增长极可以由大至小逐级传递。它强调在经济总量有差异化的同时，还必须关注结构性的差异化：并不是所有产业都具有相同的发展速度，而是在不同时期，快速增长往往相对集中在主导产业和创新企业上，然后波及其他产业和企业。[⑤]快速增长的区域中心相对于其他地区产生了非均衡性，这一中心便是产业的增长极。

---

① Evan s A W. U rban E on om icos[M] . Blackwell , 1985.

② 蔡孝箴：《城市经济学》，南开大学出版社1998年版，第215～217页。

③ 陈秀山、汤学兵：《新经济地理学研究新进展》，《经济学动态》2008年第11期。

④ 李小建、李庆春：《克鲁格曼的主要经济地理学观点分析》，《地理科学进展》1999年第2期。

⑤ 魏守华、王缉慈、赵雅沁：《产业集群：新兴区域经济发展理论》，《经济经纬》2002年第2期。

增长极理论最初由法国经济学家弗朗索瓦·佩鲁提出，其主要表现为资金、技术、人才等生产要素的极点集聚作用。布代维尔对其进行了深化研究，使增长极不但具有产业含义，并具有空间含义。以增长极的极化和扩散效应可以带动周边地区和产业的发展。后来，缪尔达尔继续丰富了这一理论，提出“经济发展过程在空间上并不是同时产生和均匀扩散的，而是从一些条件较好的地区开始，一旦这些区域由于初始优势而比其他区域超前发展，这些区域就能通过累积因果过程不断积累有利因素，从而进一步强化和加剧区域间的不平衡。”增长极理论认为，经济增长通常是从一个或数个增长中心逐步向其他部门或地区传导。增长极理论所强调的“区域产业不均衡发展”以及“对优势资源和产业要素的集中和集约发展”对产业集群的形成起到了一定的促进作用。增长极所产生的“扩散效应”和“回波效应”可以有效地解释产业集群基于“向心力”产生集聚以及基于“离心力”产生回波的现象，与亨德森对外部规模经济的研究在区位空间和产业空间发展上具有类似之处。增长极理论阐释了非均衡发展因素对文化产业集群形成所产生的作用。若干经济“增长极”现象在文化产业版图上已经呈现，但均衡发展是产业发展的整体目标，因此，“增长极”理论有助于制定分地区、按照发展水平确定区域文化产业发展的战略。集聚理论延续了古典经济学中关于分工与合作的基本思想，并在此基础上演变和深化。而产业区位理论对产业集群的关注由来已久。增长极理论解释了产业集群带动区域发展、形成点网布局的空间分布现象。

（三）中心地

克里斯塔勒提出了城市规划布局的“中心地”理论。他认为，中心地的等级越高，其所提供的商品和服务的种类就越齐全，而低等级中心地仅限于供应居民日常生活所需的少数商品和服务（点）[①]。廖什运用抽象和演绎方法探讨了企业区位的决定因素，并提出，单一市场区以正六边形形状环绕每一生产中心或消费中心。尽管“中心地”理论的提出具有一定的时代局限性，在当今城市体系和空间结构复杂性与交融性空间布局中，简单的“中心地”等级结构难以解释复杂的社会经济关系，但是“中心地理论却适用于研究城市体系、零售业、集市和以个人为对象的服务业”[②]，这为文化产业集群在区域之间圈层分布的空间布局提供了一定的借鉴，基于社区的文化产业集群整个产业圈层中某种意义上扮演了“中心地”的角色。克鲁格曼认为，规模经济和企业区位存在密切关系，规模经济存在的前提下，由于前向和后向联系，企业具有集聚的趋势，而且经济规模越大，集聚越明显；运输成本和产业集聚的区位存在密切关系，运输成本越低，制造业在经济中所占的份额越大，则厂商水平上的规模经济就越明显，也就越有可能产生集聚现象；贸易成本越低，越有可能形成产业集聚，基于这个结果，克鲁格曼就把最初的产业集聚归因于偶然的集聚及其后的“历史依赖性”，即一旦产业开始了集聚就会发生累积循环的作用[③]。中心地理论是产业集群地理空间选取的基本依据和集群成长发育程度的重要决定因素之一。

（四）积累循环

历史的一次偶然事件导致了在某个地区建立了一个行业，在此之后，累积过程便开始发挥作用。这一集群形成方式在文化产业集群中并不少见，其发展的要义在于如何将“偶然”因素变成必然积累的循环过程——数量微小的优势如何扩展。缪尔达尔提出，“积累因果关系说明，任何一种形式的循

① 沃尔特·克里斯塔勒：《德国南部中心地原理》，商务印书馆1998年版。
② 张文忠：《大城市服务业区位理论及其实证研究》，《地理研究》1999年第9期。
③ Krugman P.A Dynamic Spatial Model[M].NBER Working Paper W4219, 1992.

环，或互为因果，或相互作用都是积累的，从而也是失衡的。一系列互为因果的事件，在经过一次波动之后，会迅速地收敛到最初的稳定均衡，或收敛到其他的稳定均衡点。而且这种相互作用随着时间的变化而变化，使最初的偶然事件发生大而持久的影响的就是累积过程①。”积累循环是产业集群长期发展和更新的基本条件，解释了基于历史偶然因素形成的产业集聚可持续发展的原因。

三　分析和治理

（一）战略管理学与技术模型

波特作为战略管理学派的代表，把产业集群看作竞争优势的源泉。波特认为竞争力来源有利于竞争的国家和区域环境，更加强调经济基础的作用和企业的主体作用。以波特为代表的战略管理学派通过对十多个国家进行研究形成了著名的“钻石模型”来解释哪些因素会影响产业集群的发展并进而影响一国的竞争优势。这些因素包括：生产要素条件、需求条件、相关支撑产业和厂商结构、战略与竞争，同时，政府与机遇因素的作用也很重要。这样，波特就把产业集群纳入了竞争优势理论的分析框架，创立了企业集群的新竞争经济理论。波特认为，有三个原因可以解释为什么企业集群对竞争优势的影响：第一，能提高集群内企业的生产率；第二，能提高集群内企业的持续创新能力，并日益成为创新的中心；第三，企业集群能降低企业进入的风险，促进企业的产生与发展。

帕德莫尔和吉博森（Padmore，Gibson 1998）分析提出了以产业集群为基础的区域创新系统构成三要素六因素，即“GEM模型”。三类要素分别是环境（Groudings）、产业（Enterprises）和市场（Markets），并称之为GEM

① Myrdal, G: An American Dilemma, New York, Harper & Brothers, 1944.

模型。环境要素是整个创新系统的供应要素，即生产过程的投入要素，具体包括两个因素：要素资源和基础结构设施。企业要素是整个系统的结构要素，它决定了集群生产效率。该要素由两个因素构成，一是供应商和相关产业，二是企业结构、战略和竞争。市场要素是整个集群的需求要素，该要素也包括两个因素：外部市场和内部市场。帕德摩尔和吉博森的三要素、六因素分析对提示集群创新系统有很大的借鉴，基本涵盖了集群的构成要素。该模型在是钻石模型的基础上形成的，对产业集群竞争力的诊断具有较强的应用价值。与钻石模型一样存在忽视资源动员的嵌入性和产业集群内部的合作竞争关系等问题。库克等对欧洲11个地区的区域创新系统从聚集经济、制度学习、联合治理、相近性资本和互动性创新五个方面进行研究，并总结出区域创新系统的构架。该系统认为区域创新系统由两个子系统构成：知识应用和开发子系统，以及知识产生和扩散子系统。拉托塞维克从决定性要素、组织者和联盟三个维度对中东欧的区域创新系统进行了分析，给出了区域创新系统四个决定性要素框架模型。他认为，国家的、区域的、行业的和微观的决定性要素互动产生区域创新系统，区域创新系统不等同于创新系统的支撑系统，支撑系统只是创新系统的一个子系统。区域创新系统包括四类要素：一是国家层次要素，二是行业层次要素，三是区域层面要素，四是微观层面要素。拉托塞维克认为产业集群的竞争力取决于上述要素的动员能力，因此，培育企业网络和网络组织者就成为提高产业集群竞争力的关键。该模型指出了不同层次的要素对产业集群创新系统的影响，并认识到培育企业网络和网络组织者是提高集群创新力的途径，这些都具有启发意义。而该模型同样存在过于宏观的问题，对影响集群创新的微观机制缺乏足够的分析[①]。集群

① 孙沛东、徐建牛：《国外产业集群技术创新研究综述》，《广州大学学报：社科版》，2004年第7期。

的模型研究提供了集群观察的切入点。应用经济学成为文化产业及相近行业领域进行理论研究的重要工具。例如对文化创意产业集群类型、动力机制、发展模式、集聚区管理、集群指数、金融支持等问题做了探索性的研究。其重点放在文化创意产业集群的形成机制特征、内在共生机理和金融支持等方面[①]。对文化创意产业集群发展的主体、模式、体制、机制、布局、对策等方面进行了科学、全面、系统、深入地研究，其对文化创意产业集群的产业模式划分为政策主导型、区位诱导型、垂直关联型、水平关联型和龙头企业带动型物种集聚模式[②]。集群的模型为分析产业集群提供了多维视角和技术框架。

（二）集群分类与治理路径

集群治理是实现集群升级的重要路径。以集群的分类研究为出发点，是更具针对性地制定集群政策，提高集群效率和政府能效，提供有效的集群规制的前提。集群理论对企业区位问题提出了新的视角。在存在集聚区域时，集聚因素成为首要考虑的区位因素，从提高竞争力的这个根本要求来看，集聚区域的综合环境比交通、资源等区位因素重要。这一环境因素的实现很大程度上又决定了政府的公共服务和配套建设实现。波特认为，政府在国家竞争优势中的真正作用在于它影响四个基本要素，“政府”可以对这四者之中的每一个因素施加积极或消极的影响，从而对产生竞争优势的过程施加积极的或者消极的影响。这种影响是非常重要的，尽管其作用是有限的。但毋庸置疑，波特明确了政府在建立集群方面的职责。

在产业集群的分类研究上，联合国贸易与发展会议根据集群内企业技术

① 蒋三庚、张杰、王晓红：《文化创意产业集群研究》，首都经济贸易大学出版社2010年版。

② 张京成、李岱松、刘利永：《文化创意产业集群发展理论与实践》，科学出版社2011年版。

的总体水平、集群变化的广泛性以及集群内企业间相互协作与网络化程度三个标准，将集群分为非正式集群、有组织集群、创新集群、科技集群、孵化器及出口加工区五个类型①。克罗林家和梅耶—斯塔莫把产业集群分为以下三类：轮轴式产业集群、意大利式产业集群、卫星式产业集群②。这三种类型经常被作为集群的三条发展路径。王缉慈通过对新产业区的研究将企业集群分为以下五类：沿海外向型出口加工基地、智力密集地区、条件比较优越的开发区、乡镇企业集聚而形成的企业网络、由国有大中型企业为核心的企业网络③。魏后凯按照集群的产业性质，将产业集群分成三种类型：传统产业集群、高新技术产业集群、资本与技术结合型产业集群。由于产业集群延伸的地域范围差别较大，目前各国在产业集群的研究中，实际存在三种类型：微观导向的集群分析、中观水平的集群分析和网络分析。第一种侧重考查相同生产企业之间的联系和某些供应链特征，第二种侧重于研究整个区域范围内主要产业内企业的联系和产业的竞争优势，第三种侧重考查集群内企业或部门间的网络联系和价值链体系。④文化产业的行业范围广泛，行业之间的特色鲜明，差异性突出，“独创性”和“价值链”在文化产业集群中的作用较为突出，集群类型即形成机理之间往往存在交叉和融合，因此，避免重复是分类的关键。

产业群政策的目标应该是鼓励集群内企业的合作和网络化，提供更好的公共计划和投资。在产业群发展中，企业是主导者，而政府则是催化剂和润

① 骆静、聂鸣：《发展中国家集群比较分析及启示》，《外国经济与管理》2002年第3期。

② Peter Knorringa/J örg Meyer-Stamer. NewDimensions in Enterprise Co-operation and Development: FromClusters to Industrial Districts. 1998, (10).

③ 王缉慈：《创新的空间——企业集群与区域发展》，北京大学出版社2001年版，第67 ~ 68页。

④ 魏后凯：《中国产业集聚与集群发展战略》，经济管理出版社2008年版，第231 ~ 236页。

滑剂，是信息平台、服务机构和规划制定者。产业群战略作为一种新的思路将帮助政府重新定义和设计区域经济发展的途径和目标。政府不仅要为产业群发展提供高质量的公共物品，关注产业群的区位选择和产业定位，还要为集群内企业培育形成战略协同的软环境[①]。R·马丁、P·萨雷等认为，“特定地区的产业集群政策不能进行简单移植、复制。同一个大都市区内也可能存在着相互重叠的多个集群[②]”，但世界上大部分区域并不具备产业集群产生的前提条件，集群战略也不是实现区域快速发展的唯一途径。统一的集群政策未必符合各地实际情况，世界上很多大都市区的快速发展主要得益于城市化，而非产业集群的发展。例如，滑铁卢是加拿大高技术产业发展最具活力的地区之一，但该区域并不存在基于特定价值链而相互联系的企业集群，发展的过程也与集群发展过程明显不同[③]。D·乌尔夫、M·格特勒认为，“成功的区域产业集群政策不仅取决于区域内的文化环境，而且还取决于国家、跨国家的制度环境[④]。”M·恩瑞特的研究表明，“区域政策对集群建设初期具有巨大的促进作用[⑤]。”T·布瑞斯纳恩等学者对世界不同区域产业集群进行研究后发现，“新集群建立的条件不同于维系已经存在的集群的条件，政府政策对集群形成没有明显的影响，对外开放的经济和接近大型外部市场是

---

① 鲁慧君：《产业群战略与区域经济发展》，《体制改革》2003年第9期。

② Bathelt,H.and Boggs, J.S.(2003): Towards a Reconceptualization of Regional Development Paths: Is Leipzig's Media Cluster a Continuation of or a Rupture with the Past?In: Economic Geography 79: 265 ~ 293.

③ Bramwell, A., Nelles, J.and Wolfe, D.A.(2004): Knowledge, Innovation and Regional Culture in Waterloo's ICT Cluster.Paper Presented at the Innovation Systems Research Network(ISRN) National Meeting in Vancouver, 12 ~ 15 May.

④ Wolfe, D.A.and Gertler, M.S.(20040): Clusters From the Inside and Out: Local Dynamics and Global Linkages.In: Urban Studies 41: 1071 ~ 1093.

⑤ Enright, M.J.(2003): Regional Clusters：What We Know and What We Should Know.In: Br cker, J., Dohse, D.and Sohwedel, R.(Eds.): Innovation Clusters and Interregional Competition.Berlin and Heidelberg,Springer: 99 ~ 129.

决定新集群产生的关键因素[①]。”

四　新经济地理

（一）区域专业化

克鲁格曼把空间经济思想引入经济分析。克鲁格曼在《报酬递增和经济地理》中提出的中心—外围模型的动态空间模型表明，聚集是收益递增、运输成本、要素移动之间相互作用的结果[②]，克鲁格曼认为，“当运输成本下降一些以后，公司会在一些地方集中布局，以实现生产或运输成本的规模经济。生产商偏好的区位，往往是需求较大或投入品供应便捷的区位，这通常也是其他生产商选择的区位”[③]。这从区域非均衡层面为劳动力和企业在城市的集聚提供了一种解释。显然，其产业集群的模型基于企业和产业倾向于在特定区位空间集中地实施。然而文化产业集群的现实分布结果表明，不同行业类别的产业群以及不同特质的产业群又倾向于集中在不同而非特定的区域。这一现象说明，空间产业集聚和区域专业化同时存在发生，文化产业集群的发展除了显性成本之外，还存在着隐性成本因素。

从新经济地理的视角，城市可以被看作是人口和经济活动集聚的某个空间范围。而城市集聚理论则是要为城市的形成和演化提供基本的解释。从这个视角来看，区域要素的集聚包括三个层面。首先是城市群的整个区域的层面。在这一层面上，中心区域在最初的匀质区域中，通过吸纳人口和各种经济活动，促进自身发展和影响周围地区发展，产生了围绕中心布局的增长

① Bresnahan, T., Gambardella，A.and Saxenian, A.(2001): Old Economy' Inputs for New Economy' Outcomes: Cluster Formation in the New Silicon Valleys.In: Industrial and Corporate Change 10: 835 ~ 860.

② Krugman P.A Dynamic Spatial Model[M].NBER Working Paper W4219, 1992.

③ Krugman P. Geography and Trade[M].Cambridge: MIT　Press, 1991.

极。第二是城市系统层面，城市作为经济的空间载体，城市内部的集群之间相互联系并发生作用。第三是从城市内部，也就是以城市为独立单元，企业围绕中心城市以向心力实现集聚，但又因地租和劳动力等成本因素产生离心力。所以在这一层面上区位理论与增长极理论在对产业集群的生成机制上存在着共性。

（二）产业空气

同一产业的区域专业化能够刺激外部经济和新的企业家精神的形成，将企业融入相互依赖的地方生产系统，并为其提供必要的市场机会。马歇尔本人认为经济学研究的是“集经济、社会、个人变化于一体的复杂进化过程”，并最终“随着社会习俗、市场和生产及通讯技术的发展，每个人的能力、性格、偏好和知识也一起发展，而对自我利益的追求普遍指引着这一进化过程”[①]。因而，产业集聚不仅仅是一种经济现象，整个社会的发展能够对区域产生特定的“产业空气”，这种产业空气有利于创新的诞生和流动，赋予集群企业共有的外部资源，这是区域企业集群创新实现所必需的最为基本的物质联系，集群企业共享特定区域带来的物质资源的外部性；更为重要的是，它们可以共享知识和信息资源的外部性[②]。“产业空气”使区域内企业能获得区外生产者无法拥有的区位优势，这种优势很难度量[③]。由“产业空气”的无法度量引发的隐性知创新，成为研究集群竞争力的重要的维度。隐性知识包括部分技术能力——一种非正式的、无法明确表达的技术诀窍。有多年

---

① Marshall A. Principles of economics[M] . Cambridge University Press , 1961 (Fist published in 1890) . 15 ~ 20.Marshall A. Elements of economics of industry [M].London Macmillan , 1910. 19 ~ 48.

② Marjolein.C.J Caniels, Bart Verspagen.Barriers to Knowledge and Regional Convergence in An Evolutionary Modal [J].Journal of Evolutionary Economics, 2001(11): 307 ~ 329.

③ Marshall, A.(1927): Industry and Trade.A Study of Industrial Technique and Business Organization;and Their Influences on the Conditions of Various Classes and Nations.3rd edition. London, Macmillan.

经验的手艺师傅积累了独特的手艺，但是他无法明确表达其中隐含的科学或技术原理。与此同时，隐性知识有一种重要的认知度，它包括心智模式、信仰和一些我们认为理所当然的视角，因此，它们难以明晰化。这些隐性的模式彻底塑造了我们怎样认知周围的世界①。隐性知识的多元与多源是形成知识强度型产业集群的重要路径，既发挥了集群中创意要素协同创新的作用，又实现了企业间知识的传播、共享、吸收和整合，使集群弥漫着“产业空气”。

除了知识因素之外，“产业空气”的形成还与制度环境密切相关。环境是一种发展的基础或背景，它使得创新性的机构能够创新并能和其他创新机构相互协调。社会文化环境把产业的空间集聚现象与创新活动联系在了一起。②集群的制度因子与产业集群形成时间长短、集群内企业之间的生产和再生产过程密切相关。制度条件一方面来源于业已存在的先进社会关系，另一方面也是支撑区域可持续发展的前提③。区域产业集聚过程将促进区域形成特有的、有形和无形的道德、法规体系，从而降低经济合作交流的风险，提高合作前景的预见性。正式和非正式的制度条件为区域内相互交流、集体学习、联合攻关提供了可靠的保障。没有相应制度的保障，区域内企业之间的分工与合作是不可能的。制度条件还能进一步促进区域共同利益的实现，促进区域稳定的、相互信赖的环境的建设④。

创新环境理论重申了马歇尔关于产业区的核心主题，即创新存在于某

① Ikujiro Nonaka. The knowledge2creating company [J].Harvard Business Review, 1991(Nov ~ Dec): 96 ~ 104.

② 由法国、意大利、瑞士等国区域科学家组成的GREMI（Groupement Recherche de Eupopeen surles Milieux Innovalieurs）小组（区域创新环境研究小组）提出的主要概念是社会文化环境(Milieu)。

③ North, D.C.(1990): Institutions, Institutional Change and Economic Performance. Cambridge，Cambridge University Press.

④ Granovetter, M.(1985): Economic Action and Economic Structure: The Problem of Embeddedness.In: American Journal of Sociology 91: 481 ~ 510.

种无形的氛围中，但相对于马歇尔对企业家个人自由主义的发展和反对政府干预，创新环境更加强调集群内创新主体的集体效率，强调创新集群的协同作用。这一点在国内学者的研究中以及文化产业集群的发展实践中得到了印证。例如王缉慈将集群创新能力的核心归结为文化力。王缉慈指出，“智力密集、风险资本、基础设施、信息服务等因素并不与创新过程发生必然联系。所谓创新，是很多行为主体通过相互协同作用而创造（生产）技术的过程，因此要高度重视创新网络（innovation network）和社会文化环境（milieu）的建构。发达的区域存在着新的产业文化——创新主体相互依存的集体学习环境。”同样，“只有存在创新环境的地方，才能达到知识的创新和弥漫（不仅是扩散或传播）”[①]，集体学习环境正是一种基于知识创新的产业空气。产业空气理论解释了产业（企业）选择以地理邻近的空间分布对产业发展的促进和带动作用。

第三节　研究现状

一　西方产业集群研究

文化产业集群通过分工专业化与交易的便利性，有效地结合起来，通过吸引人才、资本、技术等文化产业集群发展的必要条件在一定地理空间和区域内实现集聚，是文化产业发展的重要载体。诚然，产业集群是经济发展中的重要现象，但产业集群本身的形成和发展不仅与经济的发展紧密相连，而且与地理、社会、文化和资本的发展密切相关，因而在关于产业集群的基本理论研究中，呈现出不同视角和不同学派下的多元格局。但事实上，研究文化产业集群的形成机理、成长模式和分布规律，其核心问题是研究文化产业

① 王缉慈：《知识创新和区域创新环境》，《经济地理》，1999年第1期。

的产业布局和空间布局。它既符合产业集群发展的一般规律，又因为文化产业具备的对于“内容独创性”的要求而独具特色。

在有关产业布局的研究中，关于分工、集聚和增长的基本理论是本书研究的基本出发点。社会发展离不开经济的增长。在亚当·斯密、杨小凯的古典经济学和新兴古典经济学中，分工是经济增长的源泉[①]。在经济学领域，从韦伯的区位理论、马歇尔的产业区论述、佩鲁的增长极理论、社会经济网络理论、创新理论、波特的集群学派，到新产业区学派等在分析集群的形成和发展动因的同时，也探索了集群竞争优势的产生和积累过程[②]。而“产业空气”的研究成果将广泛地运用到集群机理的分析中。经济学家对集群的关注着力于“主外部规模经济和外部范围经济。（集群内部）不同企业分享公共基础设施并伴随垂直一体化与水平一体化利润，大大降低了生产成本，形成产业集群价格竞争的基础；而从社会学角度看集群又对降低交易费用发生着作用，基于信赖的合作网络逐步形成；从技术经济学角度，集群促进知识和技术的创新和扩散实现产业和产品创新”[③]赋予集群内生性机制的探索空间。

在有关在空间布局的研究中，经济学家的研究成果在一定程度上表明，产业集群的形成是多元作用下的结果。“一些产业在某个地区的形成并不是由于该地区的要素禀赋优势所致。在初始禀赋条件相类似的地方之间，经济活动的分布却是不均衡的，空间经济理论认为这是由于积累循环因果关系和路径依赖所导致的。积累循环因果关系可以说明区域经济的演化。市场潜力是积累循环因果关系中的重要组成部分[④]。”另有学者对集群的意义和价值进

① 梁琦：《分工、集聚与增长》，商务印书馆2009年版，第424页。

② 刘恒江、陈继祥：《产业集群动力机制研究新动态》，《外国经济与管理》，2004年第7期。

③ 王缉慈等：《创新的空间——企业集群与区域发展》，北京大学出版社2001年版。

④ 梁琦、刘厚俊：《空间经济学的渊源与发展》，《江苏社会科学》2002年第6期。

行了反思，并非所有的区域适合集群的诞生，也并非集群才能够实现经济增长，正好比“产业创新往往存在于产业集聚的区域，然而逆定理却不一定正确——产业集聚的区域不一定能抚育产业创新[①]。”

从当前产业集群研究的现状来看，西方产业集群理论立足于发达国家的区域发展实践，在具有一定的经济发展水平和工业基础的背景下，围绕产业经济、经济地理、城市规划和管理等学科对产业集群进行了相对系统的研究。从中可见，发达国家研究者通过反思20世纪50年代以来的增长极、产业综合体等研究，更关注全球化和技术变化背景下地理邻近性的新内涵强调隐含经验类知识、社会根植性、制度结构等因素。而有关发展中国家的集群研究，则更加关注对其实践意义更加具有指导性和针对性的外部的市场和技术创新源对集群的产生和发展，因此特别强调了集群发展中全球联系与本地联系的关系[②]。20世纪80年代中后期以来，随着发达国家对自主创新和研发环节的逐步重视，传统产业集群面临着以技术创新为先导的产业升级。随着在意大利、法国、德国、丹麦、瑞典和挪威的纺织、服装、鞋、家具等产业区里，中小企业通过专业化分工以及企业互动和合作而形成典型的“创新性集群”越来越普遍，“产业政策”开始向“集群政策”转变，政策的导向由支持产业转变为支持产业的空间组织。新世纪以来，发达国家开始实行集群战略，“用组织的方法将区域内的企业、政府和研究共同体结成伙伴，共同促进集群的发展[③]。”随着国际性组织（如联合国贸易与发展委员会、联合国工业发展组织、经济合作与发展组织）对集群现象的关注及展开的调研逐渐增

① 王缉慈：《超越集群——中国产业集群的理论探索》，科学出版社2010年版，第217页。

② 王缉慈、王敬甯：《中国产业集群研究中的概念性问题》，《世界地理研究》2007年第12期。

③ Howkins John. The Creative Economy[M] . London: Penguin Press. 2001.

多，全球经济文化一体化时代，不同国家和地区具有各自特色的产业集群开始积极参与全球竞争，产业集群所形成的“经济马赛克”现象愈加突出，对产业集群的研究和关注成为一个长期的课题。

二　我国产业集群研究

最近十余年集群概念从发达国家流传到发展中国家，逐渐变成了一把“大伞”，涵盖了很多似是而非的集群现象，也逐渐遮住了提出集群理念的初衷。由于中国大多数中小企业集聚现象并不具备创新性产业集群和创新集群的特征，集群概念的泛化也是理所当然[①]。在对当前文化产业集群的研究中，学术界“基本吸收了一般产业集群的概念、话语和理论，偏重于从制度经济学、演化经济学和新经济社会学角度去解释。如集聚规模效应、外部性、交易成本理论、知识溢出效应等”[②]，但在当前国内关于产业集群的理论研究中，以现状综述和案例解读的为多数，缺少对现实发展困境的思考和发展模式的反思；另外，对于产业集群的表现形态和业态布局更缺少深入的分析。这一研究现状延续到文化产业集群的研究中，使针对文化产业这一产业空间组织形态的研究缺少系统性，对文化产业的集聚化现象缺少关注性。

随着文化产业成为国家经济发展的支柱性产业，其在经济发展中的贡献逐渐增大，人们对文化消费多元化的需求更加强烈，文化产业进入迅速发展的历史时期，而文化产业理论研究，尤其是针对文化产业集群的相关研究却难以适应产业发展的速度，文化产业集群研究的历史与逻辑、理论与实践还难以做到完全统一。例如，从文化产业集群的基础研究上而言，对文化产业

① 王缉慈、王敬甯：《中国产业集群研究中的概念性问题》，《世界地理研究》2007年第12期。

② 李蕾蕾、彭素英：《文化创意产业集群的研究谱系和前沿：走向文化生态隐喻》，《人文地理》2008年第2期。

的内涵、外延、统计标准的划分难以完全统一，对文化产业集群的概念、范畴、标准和要素的不统一使其研究难以进行横向比较。从文化产业的研究方法上而言，对文化产业集群研究的定性研究较多，定量分析不足，难以将文化产业集群的理论研究、实践探索和经验判断有机结合。从文化产业集群理论成果的转化上而言，文化产业集群研究的动态反馈机制缓慢，对实践的梳理，对产业发展中的成败得失的总结，对引领产业发展的前瞻性探索不足，难以直接为宏观调控提供准确依据。从文化产业集群的研究主体上而言，产业的快速发展催生了“快餐式”的研究者，学者往往盲目跟从产业热点和现实焦点问题研究，难以秉持“坐冷板凳”的研究精神，难以对文化产业集群进行跟踪式、长效性研究。

由于“文化产业”的概念是舶来品，文化产业集群作为一个新业态的空间组织方式，对其概念认知、学科建设和学术构架的历史并不长，甚至处于模糊阶段，因此文化产业集群研究者的学科背景相对于传统学科而言更为多元化，这对于文化产业理论体系的整体构建而言是一把“双刃剑”。一方面，由其他学科研究转向文化产业集群理论研究的学者在研究的过程中，更加注重将原有学科（例如经济学、经济地理或管理学）与“文化”的特征进行嫁接，如人文历史背景的学者更关注于版权产业集群对传统文化资源和开发和利用，经济学背景的学者则侧重版权产业集群的区位分析与市场研究，传播学背景的研究者和艺术学背景的研究者更侧重从文化产业各个行业门类及内容本体创作角度进行研究。基于文化产业集群的特殊性，针对文化产业集群的理论研究本身需要具有多学科、综合、交叉、渗透性质，学科背景的多元化提供了较好基础，但另一方面，研究者将跨学科背景的理论经验引入文化产业集群研究中，拓展了研究的方法和领域，但对文化产业或产业集群的研究关注点始终难以统一，例如对文化的研究往往关注文化贸易、文化制度、文化消费的相关分析，对产业集群的研究则关注产业经济、经济地理和管理战略研究。

文化产业集群的研究目的是如何实现文化产业的经济增长，但其核心目的并非“经济增长”而是“福利增长”，因此，不断创造和制作出满足人民消费需求的多元化的文化产品和文化服务形态，以集群发展实现分工和专业化，拉动经济社会全面增长，是集群发展的目标，也是研究的落脚点。产业集群理论的相关研究可以帮助人们解释、描述或预测许多文化产业中因产业集聚产生的经济现象和问题，但不可能直接用于解决文化产业发展中面临的所有问题。况且文化产业发展的时代背景和发展要素是问题错综复杂和变化无常的，但是，如何有效提高文化产业的学术成果转化率和理论研究的应用性，则是学术研究的责任和归宿。基于此，本书的定位是基于产业集群理论的文化产业的应用性和对策性研究。以期对文化产业集群的产业形成机理、演化模式及空间分布规律进行梳理，为文化产业集群的发展提供路径参考。

综上所述，尽管产业集群在学术研究中划分为不同的流派，但从其对集群认知的共性中可以发现，基于创新和变革的知识获取、知识共享、知识创新和知识应用是集群可持续发展的共同要素，也是提高产业集群竞争力的基本元素。尤其是对于“文化产业”这一高度依赖知识密集与创新集成的产业形态而言，基于知识价值理论的产业集群研究将提供理论研究的新视角。而新经济地理学视角下，产业集聚理论及区位理论则为集群机理的分析提供了理论基础，并打破了思维定式。这让本书能够在更加客观的研究基础上，审视文化产业集群的发展，从而超越集群发展中的定势或误区。“产业集群并非导致区域经济的发展”以及“产业集群未必是创新的空间”决定了选择什么样的空间激励区域创新和经济增长，和选择怎样的路径作为集群创新和产业创新的规制。

第二章　文化产业集群的类型特征

产业集群的核心竞争力体现在对知识的综合利用和知识的积累与共享上。即知识价值理论是集群形成和发展的关键性要素。同时，产业集群又是由于该产业相近或相关的若干企业进行地理集中和产业链分工与合作的汇集，而企业知识理论则是企业理论最新的研究和发展方向之一。企业知识理论是在探寻企业竞争优势根源及对主流企业理论反叛的过程中产生并逐渐发展起来的一种全新的企业理论。这一理论旨在对企业存在、企业成长、企业边界和企业组织结构等问题进行分析基础上提出企业发展的战略框架。知识所具备的诸如“有多次利用率和不断上升的回报；散乱、遗漏和需要更新；不确定的价值；不确定的利益分成、组织中的知识可区分为个人知识和组织知识两个层次。个人知识是开发组织的知识库所必需的知识；组织知识是通过组织中的员工之间的交流、组织和员工之间的互相作用而形成的、不能被其他组织轻易地模仿”①四个方面的特征，是企业知识创新的基本依据。本书中的知识不是一般意义或哲学意义上的知识，而是指一种可以作为投入的资源，参与企业的生产经营过程或通过交换，能够带来更多价值的产品或服务的智慧资产，如知识产权、核心技术、管理方法、品牌等。从知识角度对产业集群的演进模式进行分析，可以将集群的形成和发展划分为宏观层面的区

① 中国国家科技领导小组办公室：《关于知识经济与国家知识基础设施的研究报告》，1998年3月颁布。

域经济发展角度、中观层面的产业配置角度和微观层面上的企业运行角度进行研究。其中，知识宽度型文化产业集群的形成是基于协调区域经济发展的要求，知识强度型集群则是基于优化产业资源配置的要求，知识深度型则以推动隐性知识创新为核心。

第一节　知识宽度型

知识宽度在文化产业集群发展中的核心在于知识的获取、共享、创新和应用建立在开放的平台基础上。区域发展的宏观调控旨在能够在较大空间范围和市场半径内对要素资源进行有效的配置和流通。文化产业集群的形成对经济增长和区域发展转型具有较强的促进作用。首先，对于一个地区而言，经济增长必然意味着区域内经济活动的增加，或者说经济密度的提高；同时地区经济活动密集程度的提高本身也必然是经济增长的一部分。其次，现代经济增长是一种不平衡的增长，国家与国家之间、地区与地区之间都存在着巨大的差异，因此从空间角度看增长差异必然会导致经济集聚程度的差异。而从动态来看，经济主体间的交流和影响往往对地区经济增长产生巨大影响。产业集群内部的分工和创新激励就充分证明了这一点[①]。正是基于产业集群对经济发展的巨大推动作用，以集群方式聚合文化企业，以文化创意和技术创新为驱动要素，实现资源的整合与市场的配置，成为宏观经济调控的战略重点。

① 魏后凯：《中国产业集聚与集群发展战略》，经济管理出版社2008年8月版，第131～132页。

一　基于破解区域经济发展瓶颈的出发点

文化产业集群的形成对经济增长和区域发展转型具有较强的促进作用。首先，对于一个地区而言，经济增长必然意味着区域内经济活动的增加，或者说经济密度的提高；同时地区经济活动密集程度的提高本身也必然是经济增长的一部分。其次，现代经济增长是一种不平衡的增长，国家与国家之间、地区与地区之间都存在着巨大的差异，因此从空间角度看增长差异必然会导致经济集聚程度的差异。而从动态来看，经济主体间的交流和影响往往对地区经济增长产生巨大影响。产业集群内部的分工和创新激励就充分证明了这点①。正是基于产业集群对经济发展的巨大推动作用，以集群方式聚合文化企业，以文化创意和技术创新为驱动要素，实现资源的整合与市场的配置，成为政府经济调控的战略重点。

（一）优化经济结构，缓解经济压力

当前，世界经济政治格局出现新变化，国际金融危机影响深远，世界经济增长速度减缓，全球需求结构出现明显变化，围绕市场、资源、人才、技术、标准等的竞争更加激烈，我国工业化、信息化、城镇化、市场化、国际化深入发展，人均国民收入稳步增加，经济结构转型加快，市场需求潜力巨大，但不可避免的是，发展中不平衡、不协调、不可持续问题依然突出，经济增长的资源环境约束强化，投资和消费关系失衡，收入分配差距较大，科技创新能力不强，产业结构不合理等问题依然是中国经济社会发展中普遍存在的问题。文化产业的发展，尤其是以文化产业集群为载体的功能区建设，成为许多地区破解发展瓶颈，缓解经济压力的战略选择。

① 魏后凯：《中国产业集聚与集群发展战略》，经济管理出版社2008年8月版，第131～132页。

1. 优化区域发展空间

当前，随着全球经济文化一体化的日益深化，区域之间的竞争日渐转变为文化软实力的竞争，文化产业是文化软实力建设的重要载体。以集群的形态发展文化产业，不仅是提高文化产业增加值，优化文化产业布局的路径，更是提高区域产业竞争实力的重要手段。产业集群实际上是把产业发展与区域经济，通过分工专业化与交易的便利性，有效地结合起来，从而形成一种有效的生产组织方式，这一组织方式具有较强的吸纳能力，能够吸引人才、资本、技术等文化产业集群发展的必要条件在一定地理空间和区域内实现集聚，而集聚本身又会产生外部经济，从而成为更多外部企业进入的动力。另外，集群内的龙头企业往往对产业发展起到引领带动作用，这也进一步强化了产业集群的蜂聚效应，由此吸引与其产业具有业务关联或产业链延展行业关联的企业与单位便不断向该集群集聚，新增的集聚企业与单位又继续增大集群效应，从而不断扩大着产业集群，形成了区域创新网络，不管是从投资拉动还是在消费和出口领域的拉动上，均对区域经济的发展起到了极大的带动作用。文化产业集群正在或趋于成为区域经济发展的驱动器。

随着文化产业趋于称为国家战略性支柱产业的发展态势，其集群化、集约化和规模化发展的载体——文化产业集群愈加被政府战略决策部门重视。例如针对当前经济形势的观察和未来经济走向的判断，《国民经济和社会发展第十二个五年规划纲要》（以下简称《纲要》）提出促进区域协调互动发展的整体思路。“实施区域发展总体战略和主体功能区战略，把实施西部大开发战略放在区域发展总体战略优先位置，充分发挥各地区比较优势，促进区域间生产要素合理流动和产业有序转移，增强区域发展的协调性。”针对文化产业的可持续发展，《纲要》进一步提出要“鼓励文化企业跨地域、跨行业、跨所有制经营和重组，提高文化产业规模化、集约化、专业化水平。”党的十七届六中全会后，《中共中央关于深化文化体制改革推动社会主义文化大发展大繁荣若干重大问题的决定》和《国家“十二五”时期文化改革发展规划纲要》均指出要“加快转变文化产业发展方式，促进从粗放型向集约型、质量效益型转变，增强文化产业整体实力和竞争力，完善文化产业分工协作体系，鼓励有实力的文化企业跨地区、跨行业、跨所有制兼并重组，推动文化资源和生产要素向优势企业适度集中，规划建设各具特色的文化创业创意园区，加强文化产业基地规划和建设，规范建设一批全国文化产业示范区，发展文化产业集群，提高文化产业规模化、集约化、专业化水平。”

在行业发展领域中，建立文化产业集群已经成为加快文化产业结构调整的重要战略和路径。从国家文化宏观管理层面上，《新闻出版业“十二五”时期发展规划》[①]在进行产业结构调整的发展思路中提出要“进一步加快新闻出版产品结构、产业结构、企业组织结构、所有制结构、区域布局结构、技术结构的调整，鼓励有条件的新闻出版企业跨区域、跨行业、跨所有制经营和重组，推动新闻出版资源适度向优势企业集中，加快建设新闻出版产业带、产业园区和产业基地，继续推动长三角、珠三角、环渤海等新闻出版产业集群、产业带建设，重点发展数字出版、版权创意、印刷复制产业等产业园区和基地，提升新闻出版产业集中度。”国家《版权工作十二五规划》也明确表示，“未来五年要着力‘推进版权示范城市’、‘示范单位和示范园区（基地）’建设，通过建立‘国家版权贸易基地’、‘国家版权相关产业基地’、‘示范园区’等形式，加大对版权创造和运用的投入，进一步促进版权相关产业发展。”《文化部“十二五”时期文化改革发展规划》（以下

① 新闻出版总署关于印发《新闻出版业“十二五”时期发展规划》的通知，2011年4月20日。

简称《规划》）指出“十二五”时期以“建设文化产业基地、园区和特色产业群”为文化产业的重点任务之一。《规划》指出，“文化部与各级文化主管部门将继续加强对文化产业基地、园区的规划、认定、调整和指导工作，加强文化产业集聚区的公共服务平台建设，推动文化产业结构升级。推动文化产业结构调整，促进文化产业转型升级，提高文化产业规模化、集约化、专业化水平。”

在城市发展实践中，打造符合区域发展优势、传承区域资源禀赋、破解区域发展瓶颈的文化产业集群，是城市规划与布局中有效的战略选择。以温州市为例。《浙江省城镇体系规划（2008～2020）》提出，到2020年，浙江将率先在国内建成国际化程度高、创新能力强、城乡共同富裕、生态环境友好和文化全面繁荣的现代化大省。作为长三角区域中心城市，温州城市定位为生态型、国际性、现代化大都市。改革开放初期，温州形成了以家庭经营为基础，以家庭工业和联户工业为支柱，以专业市场为依托，以购销员为骨干的一种经济格局，从经济社会发展现状看，温州轻工产业发展初具规模，特色产业群初步形成集聚优势，但由于小商品经济发展的无序性和盲目性，温州城市建设水平和产业发展质量与建设生态型、国际性和现代化的大都市不匹配。加快建设一大批上规模上档次的文化产业园区和项目，能从根本上改变温州现有文化产业低小散的尴尬局面，催生一批文化大企业、大市场和大品牌的诞生和涌现，从而吸引资本、人才和其他重要生产要素向文化产业聚集，使产业链更加齐全。《温州市文化产业发展“十二五”规划》指出，在“十二五”期间将加快建设十大文化产业园区和十大重点文化产业项目，形成各类配套完整、产业链齐全的产业集群。拟重点建设的十大文化产业园区包括：温州报业文化创意城、温州广电传媒集团创意园、温州市工艺美术大师园、温州电子商务园区、温州（鹿城）文化创意园区、温州市大学科技园工业设计城、乐清文化创意园、瑞安创意文化产业园、永嘉桥下教玩具文化产业基地、浙南海西文化创意产业园；拟重点建设的十大文化产业项目包括：温州传媒大厦、温州国际会展中心第二期、江心屿整合提升工程、温州百工城、温州文化商品市场四期、瑞安大剧院综合体、泰顺茶文化城、楠溪江金珠瀑文化休闲中心、文成旅游配套提升工程等。

2. 创造并拉动城市人口就业

在联合国教科文组织对“创意城市”的研究表明，创意在城市中扮演了重要角色，艺术和文化培育了城市的宜居性、社会凝聚力和文化特色。创意部门对城市经济活力的贡献可以根据其在产出、增加值、收入和就业机会方面的直接贡献，及更进一步地通过引发的间接效果来衡量（如表2-1所示）。文化产业将“独创性”作为核心竞争力，强调创意阶层的智力成果。正如理查德·佛罗里达对“创意阶层”概念的提炼一样，“创意可以来自任何一个用创新方法解决问题的人，可以是一个社会工作者、一个商人、一个工程师、一个科学家或一位公务员。城市是一个联合团队，集合了不同见解的人，激发出最有趣的观念和计划。这也意味着创意城市既有富于创造性的政府，也有创新的个人、组织、学校、大学等。公共、个人和社会领域通过鼓励创意并合法运用想象力，将极大地丰富解决城市问题的可能和潜在方案的智库。”[①]创意阶层以或者固定、或者灵活的方式实现了就业。综观世界上文化产业经济贡献率较高、创意氛围良好的城市或地区，它们云集着大量的创意阶层，文化产业以原创为核心，以智力为引擎，拉动了城市的就业，推动了城市的升级。

① 参见《2010创意经济报告》，三辰影库音像出版社2011年版，第12~13页；Florida, R. (2002), The Rise of the Creative Class —And How It’s Transforming Work, Leisure, Community, &Everyday Life, New York: Basic Books; Charles Landry (2000),The Creative City: A Toolkit for Urban Innovators, Earthscan Publications Ltd., London。

表 2-1　联合国教科文组织创意城市网络[①]

城　市	国　家	主　题
爱丁堡	英　国	文学之都
爱荷华市	美　国	文学之都
墨尔本	澳大利亚	文学之都
博洛尼亚	意大利	音乐之都
根　特	比利时	音乐之都
格拉斯哥	英　国	音乐之都
塞维尔	西班牙	音乐之都
哈尔滨	中　国	音乐之都
柏　林	德　国	设计之都
布宜诺斯爱利斯	阿根廷	设计之都
神　户	日　本	设计之都
蒙特利尔	加拿大	设计之都
名古屋	日　本	设计之都
深　圳	中　国	设计之都
上　海	中　国	设计之都
阿斯旺	埃　及	手工艺品和民间艺术之都
金　泽	日　本	手工艺品和民间艺术之都
圣达菲	美　国	手工艺品和民间艺术之都
成　都	中　国	美食之都
波帕扬	哥伦比亚	美食之都
里　昂	法　国	媒体艺术之都
布拉德福德	英　国	电影之都

积极的文化生活可以为城市其他行业吸引直接外来投资，因为投资方往往寻找中心城区落地，希望能为员工提供一个愉快、刺激的工作氛围。以伦敦为例，创意产业是伦敦经济发展的第二大部门，1995～2001年间，伦敦创意产业的发展比其他主要产业（除金融和商业服务之外）发展更为迅速，

① 资料来源：联合国教科文组织秘书处，2010年6月。

并且在此期间，城市就业人口20%～25%的增长归功于创意产业的发展[①]，到2007年，在伦敦，版权产业从业人员占全国从业者的23.8%，在蒙特利尔、纽约和巴黎分别是16.4%、8.9%和45.4%（如表2-2所示）。2010 年，核心版权产业解决了美国近510 万人的就业问题，也就是说它解决了全美3.93% 劳动人口的就业问题，占美国民营企业雇佣率的4.72%。2010 年，版权核心产业领域服务为雇员们发放的补偿金年平均数额高达78128 万美元，而全美雇员所获的平均补偿金数额达61404 美元，前者比后者要高出27%。整个版权产业解决了1060 万美国人的就业问题，占整个国家就业人口的9.91%，占民营企业雇佣人员的9.91%。此外，整个版权产业为雇员发放的补偿金年平均数额高达70513万美元，同比超过了全美年平均补偿金数额的15%[②]。在我国，上海市版权产业的经济贡献调查数据同样表明，版权产业有效地促进了剩余劳动力人口的转移，拉动了就业并创造和激发了城市的创意活力。2004年至2009年，上海版权产业的从业人数从60.75万人上升到88.68万人，占当年上海全社会各行业从业人数的比重从7.26%上升到8.33%；其中核心版权产业的从业人数从42.13万人上升到64.33万人，占当年上海全社会各行业从业人数的比重从5.03%上升到6.04%；上海版权产业从业人数年均增长速度为7.86%，其中，核心版权产业年均增长速度为8.83%。由此可见，版权产业集群有效拉动了区域就业，缓解了经济压力，创造了产业空气，形成了经济发展的增长极。

① 数据来自GLA Economics，英国职业基金会（The Work Foundatoni）的报告Staying Ahead: The Economic Performance of the UK's Creative Industries（2007:48）中加以引用；转引自《2010创意经济报告》，三辰影库音像出版社2010年版，第11页。

② COPYRIGHT INDUSTRIES in the U.S. Economy, By Stephen E. Siwek Economists Incorporated, Prepared for the International Intellectual Property Allianc.

表 2-2　文化相关产业的城市就业人口估算（2007 年）[①]

城　市	参考年份	城市人口（以千人计）	城市人口占国内人口的百分比（%（	城市文化相关产业就业人口（千人）	城市文化相关产业就业人口占国内文化就业人口的百分比（%）
伦敦	2002	7371	12.4	525	23.8
蒙特利尔	2003	2371	7.4	98	16.4
纽约	2002	8107	2.8	309	8.9
巴黎（大巴黎区）	2003	11130	18.5	113	45.4

文化产业集群的诞生，使相关产业范畴内的大量企业蜂聚在地理位置相对集中的空间范围内，提供了大量的就业岗位，也加速了人才的流动，对于文化生态系统的优化和更新起到了重要作用。有资料显示，1959～1992年，美国硅谷高科技产业集群数量成倍增加，就促进了当地就业水平的显著提高（如表2-3所示）。

表 2-3　美国硅谷地区高科技产业集群数量与就业人数情况表[②]

产业集群类型	1959 年		1975 年		1990 年		1992 年	
	企业个数	就业人数	企业个数	就业人数	企业个数	就业人数	企业个数	就业人数
计算机和办公设备	7	3811	87	25837	294	57143	317	45668
通信设备	22	2532	110	17270	150	18239	162	17138
导弹和航天飞机	38	10241	216	33109	661	73446	679	66472

① 来源：John C. Gordon ，Helen Beilby-Orrin, International Measurement of the Economic and Social Importance of Culture），OECD，2007.

② 资料来源：根据安纳利·萨克森宁著《硅谷优势》（上海远东出版社，2000年）相关材料整理。

（续表）

产业集群类型	1959年		1975年		1990年		1992年	
	企业个数	就业人数	企业个数	就业人数	企业个数	就业人数	企业个数	就业人数
电子元件	–	–	4	17850	5	37675	9	37675
仪器	42	992	228	17218	468	39459	518	37113
软件和数据处理	–	–	186	5387	1653	41569	2378	45193
总计	109	17376	831	116671	3231	267531	4063	249259

作为高科技产业集群的硅谷属于核心文化产业集群。从硅谷地区就业人数的变化情况可以看出，文化产业集群对于就业的拉动作用十分显著。产业集群不仅提高了当地劳动力的素质，而且专业化的人才要求与其专业和能力匹配的工资之间，形成了良性循环，从而吸引了更多优秀人才的聚集，也促进了劳动力的优化和配置。

（二）优化空间布局，加速城镇化进程

作为国家工业化和现代化的重要标志，城镇化在我国正处于加速阶段，发展势头迅猛。随着城镇化率的提高，我国城镇化过程中也不断涌现出一系列问题，诸如东部地区与西部地区的不平衡，大城市与中小城市发展的不平衡，城镇化过程中经济增长与成本加大的不平衡以及城镇化的数量与经济发展的质量的不平衡等。此外，由于对城镇化率增长的盲目追崇，城镇化常常呈现出“离土不离乡”和“进厂不进城”状态，“半城镇化”或“空心城镇化”等一系列弊病随之涌现。城市是政治、经济和文化的集合体，城市的发展是系统化、综合化、可持续和不间断的发展过程。城镇化不仅仅是城市面貌的改善，农民身份的改变，更是现代城镇与传统城镇发展理念、发展战略

和发展思路的根本性变化[①]。

在区位理论中，成本优势是产生集聚的重要因素。文化产业集群出于成本因素的比较优势，往往选择城市边缘或城乡接合部作为地理集中的空间。集群的拓展依托市场经济的活力和内生动力在某种程度上消弭了城乡边界，集群的商业配套与住宅配套又推进了城镇化进程，使城乡之间诞生了产业特色鲜明的特色小城镇，一方面转变了农民身份，使农民在文化产业集群的发展过程中，实现了自身生产方式、生活方式、思维方式的根本性转变，迈向了城镇化。另一方面，农民在集群中不断通过知识共享，实现在“干中学和学中干”，提高了自身的技艺，无形中提高了集群产品的创意能动力，增加了产品的附加值，进一步激发了文化产业集群的创造活力，使集群不再是城市边缘的发展空间，而逐渐变成以创新和创意为主体，以文化产品和文化服务为特色的城市发展功能区。

1. 以集群推动城镇空间集约化

集约化发展是与粗放型生产方式相对、旨在实现低耗能、高附加值的发展方式。文化产品的集约化发展要求进一步提高产业的发展质量，增加文化产品的要素含量，加强产业的要素投入，增进产业的要素组合。在现代文化产业集群的发展中，集群往往成为城镇空间集约化发展的载体。现代集群建设往往以市场需求为导向，创新生产方式、工艺流程和适应市场消费特点的创新设计，以及以文化技艺传承为核心，不断整合技术、资金、人才的过程，在“运用经济规律配置民族文化资源,通过商品性的劳动或服务进入市场,实现民族文化的生产、流通、交换、消费各环节市场化运作”[②]的过程中，文

① 范建华：《不离本土的城镇化之路——云南大理新华村的启示》，《红旗文摘》2013年3月7日版。

② 周红：《民族文化产业化中的社区主体建构》，《楚雄师范学院学报》2008年第1期。

化自觉意识有效引导着产业集中度和产业效能的提高。

从生产方式来看，城乡之间的区别在于，农业、农民是家庭经营为主，城市和工业则是以企业经营为主。城镇或乡村具有丰富的文化资源和特色鲜明的传统产业基础 ，因此，在城乡统筹实践中，常常延续“一镇一品、一村一品”的产业布局思路，在家庭经营基础上形成了地区规模经济。随着市场经济的发展以及处于控制成本而形成的集约化生产方式，城镇产业分工体系开始更偏向于专业化的分工与合作形成特色文化产品生产制作集群。城镇化过程中大量农民外出所依靠的社会资源更多的是亲缘或地缘等网作为产业集群，建立以现代企业制度为核心的市场运营机制。作为区域经济发展的驱动器，产业集群把产业发展与区域经济，通过分工专业化与交易的便利性，有效地结合起来，从而形成一种有效的生产组织方式，这一组织方式具有较强的吸纳能力，能够吸引集群发展的必要条件在一定地理空间和区域内实现集聚，而集聚本身又会产生外部经济，从而成为更多外部经济体进入的动力。从当前我国城镇化的现状来看，由于我国尚处于工业化中期阶段，第二产业产值比重整体上升且在三次产业中占绝对优势，但是其就业弹性低于产值比重仍然较低的第三产业。显然,这也使得中国目前的产业结构优化升级对于农村剩余劳动力的有效转移还缺乏真正的带动力，对城镇化的拉动作用还不是很大[①]。探索专业化集群的建设，在集群发展中提高文化创意的产业转化效率，融入文化经济的发展特点，推进三次产业的融合发展，是以文化特色驱动城镇集约化发展的有效路径。

2. 以集群推动城镇空间专业化

文化产业集群以文化内容原创为核心要素，聚集了创意阶层和创新人才等专业人才以及基于人才工作和生活配套形成的创意集聚环境，进而在集群

① 杨文举：《中国城镇化与产业结构关系的实证分析》，《经济经纬》2007年第1期。

演进过程中形成了生产和生活相融合的创意社区。这些产业集聚的基本要素和高等要素，为城镇空间的专业化发展提供了良好的禀赋。

在当前我国城镇化发展进程中，促进三次产业融合发展，强化产业支撑，是新经济发展的内在要求。城镇化不仅转变了农民的身份，而且转变了农民的观念，使市场意识和商业意识逐渐渗透到集群生产者的生产和生活中。产业集群的形成和扩大，有效刺激了产业内部的竞争，进而推进产业之间的合作，提高了产业的生产效率。随着生产规模的扩大和市场需求的激增，简单的分工与合作已经难以满足产业发展的要求，技术的革新应用与专业的订单式、标准化生产一并迅速介入以文化产品制作为核心的专业集群的生产过程。由传统一人一品转向按工艺需求的专业化分工，多人完成一件作品的现代生产方式的转化，在机械技术和电源技术的应用上，有效地降低了文化产品的生产成本，并为其市场销售带来更大的利润空间。西藏拉萨大北郊的手工艺品集群、深圳大芬村的商品油画产业集群都是专业化分工模式应用的典型代表，以集群分工为先导，推进了大北郊的异地城镇化和大芬村的就地城镇化。

产业集群的诞生，使大量行业相似、业务范围相近、生产要素相关的中小企业集聚在一起，进一步加深了文化产业集群的分工和协作。由于专业化分工与合作的自觉实践，个体文化相关产业的从业者不但分享了因分工细化而带来的高效率，而且还由于空间的临近性，大大降低了因企业间频繁交易而产生的交通成本实现了利率的提升。随着集群在城镇化版图中的功能日益突出，经济价值日益显著，品牌影响力不断增加，在生产加工过程中，集群的专业化使大量订单慕名而来，进而市场对“订单式”产品的生产提出了进一步专业化和规模化的要求，文化与科技融合开始成为新一轮版权产业集群发展的重要驱动力。

二　基于符合区域经济发展的行业匹配度

文化产业集群是推动区域[①]经济增长的重要方式。文化产业集群以文化创意为核心驱动，以文化创意产品的生产制作为载体，依靠产业链条之间和产业内部联系的网络，把文化产业发展与区域经济成长通过分工专业化与交易的便利性，有效地结合起来，进而形成了一种有效的文化产品生产组织方式，有力推动了该区域经济的迅速发展。

（一）与区域经济发展定位正相关

从我国区域发展的实践来看，文化产业集群建设与不仅与区域经济社会发展密切正相关，而且与区域社会发展、战略性新兴支柱性产业的成长、与旅游、科技、金融、房地产、建筑等行业密切相关。这一方面来自于国家产业发展的整体战略性调整，即，依托文化产业低污染、低耗能、高附加值的产业特性，利用文化经济对产业链条的延展性和辐射性，使其成为经济转型和产业结构调整的重点产业，另一方面则来自于全球产业发展与竞合的基本趋向，即，无边界产业愈来愈成为主导型产业，消弭行业界限，融合创意与创新特性的产业形态正不断成为或趋于成为新的经济增长极。

1. 盘活传统优势产业，重塑城市文化品牌

作为新型的地方发展模式，自下而上形成的中小企业集群正在挑战自上而下规划建立增长极的传统区域发展模式。[②]文化产业集群的形成不仅推动了资源、要素以较高生产效率的形态集约式发展的运行方式，创造出巨大的经

① 区域的概念作为一个地区的泛称，既是相对抽象的空间概念，又是相对实体的概念。因此本书对区域的界定如下：区域是指由于人的经济活动所造就的，具有特定地域的社会经济要素以及由此所形成的空间要素所构成的、不可分割的综合整体，它是对不同地区间关系和经济景观的抽象。本研究主要就版权产业集群分布规律所对应的区域范畴进行重点关注。主要包括版权产业带/圈、版权产业园区/基地、跨地区版权产业功能区等。

② 王缉慈：《关于发展创新型产业集群的政策建议》，《经济地理》2004年第7期。

济贡献，而且在一定程度上还有效塑造了城市名片，使一些发展基础较好、具有悠久历史和优越竞争条件的产业集群成为一个国家和城市的经济文化地标，并且这些集群反过来又有效推动了跨区域空间中资源和要素的加剧集中，进而形成良性循环，拓展了产业集群的市场空间与发展载体。

传统资源的盘活可能成为区域经济发展的重要推动力，以资源为引导，以文化为特色塑造城市文化品牌，已经成为国际众多文化名城成功的实践与探索。在文化产业集群发展中，“资源”往往是产业生存的基础，文化创意元素的融入与提升，则是产业振兴的引擎。在美国版权产业集群的版图上，聚集着以工业生产为主要形态，兼具观光体验功能的产业集群。西雅图波音公司的747、767和777大型飞机组装车间、亚特兰大的可口可乐博物馆与可口可乐的生产线、底特律的福特汽车生产流水线、休斯敦的美国宇航局地面控制中心、奥兰多的肯尼迪发射中心、硅谷的诸多高科技企业、哈里斯堡的好时巧克力厂、费城的国家造币厂、拉斯维加斯的胡佛水坝、加州纳帕峡谷的葡萄酒厂等，一方面不断创新着工业集群的功能，延长了工业产业链，另一方面，强化了品牌认知，延展了文化产业的服务功能，它们不仅创造了巨大的文化经济价值，而且使所在城市或区域因文化产业蓬勃发展而兴市。

在文化产业集群发展中，“资源”往往是产业生存的基础，文化因子的融入与提升，则是产业振兴的引擎。以辽宁省沈阳市为例，作为以装备制造业为主的老工业基地，沈阳市在经济社会发展中面临诸多转型困境，如经济结构不够优化、高新技术产业比重低、资源消耗高、环境污染重等矛盾突出。实现由产业链的低端向高端转变、由“沈阳制造”向“沈阳创造”转变，推进经济发展方式从要素驱动向创新驱动转变，提高自主创新能力，已成为当前和今后一段时期沈阳市加快产业升级，加快转变经济发展方式的必然选择。在《沈阳市创建国家创新型城市总体规划（2010～2015年）》提出大力发展文化产业集群，“推进华强文化科技产业基地、棋盘山国际创意谷等一批特色文化产业园区建设，做大做强沈阳杂技集团、沈阳出版发行集团等一批大型文化企业集团和著名品牌，提升壮大传媒出版、演艺娱乐、艺术培训业，重点扶持创意设计、数字动漫、数字游戏、影视制作等行业，做大做强创意产业、传播产业和文化服务产业等文化产业集群。”产业集群的建设和创新要素的集聚得益于创新型城市整体战略的布局和规划。在《沈阳市城市总体规划（2011～2012）》中对沈阳市城市发展目标进行了明确的定位，即，“推进东北金融中心、综合性枢纽城市建设，提升城市实力，把沈阳建设成为立足东北、服务全国、面向东北亚的国家中心城市；推进生态文明建设，把沈阳建设成为人与自然和谐共生的生态宜居之都；坚持走新型工业化道路，集约发展、合理布局，把沈阳建设成为具有国际竞争力的先进装备制造业基地；加强历史文脉保护和特色风貌建设，把沈阳建设成为历史文化与现代文明交相辉映的文化名城；加快向经济开放、文化包容的东北亚国际大都市迈进。”沈阳文化及文化产业的发展依托区域整体发展布局，通过“抱团发展”的方式走产业集群化道路。

文化产业集群的发展在区域发展的空间逻辑中往往以产业功能组团的方式呈现。沈阳市推进产业集约化、规模化和专业化发展的整体做法正是如此。“十一五”时期，沈阳由“东西南北”空间布局形成的4个文化产业基地已产生强大的集聚效应，对周边地区的文化产业带动作用和辐射能力逐步增强，初步形成了四大文化产业集聚区。“十二五”时期，沈阳将加速完成文化产业集聚区建设，形成文化产业集群。按照初步规划，沈阳将依托东部棋盘山国际文化旅游产业集聚区，开发集旅游文化、创意设计、数字动漫、影视传媒、会议会展、物联网于一体的创意产业群项目；立足南部浑南动漫产业集聚区，规划建设动漫产品的发布、展示、销售、制作平台，打造完整的产业链，进而将沈阳打造成中国“动漫之都”；建设西部胡台包装印刷产业集聚区，发展原材料供应、产品设计、排版制版、包装印刷、物流交易等整个供应链紧密结合的综合产业集聚区，使之成为北方包装印刷产业重点区；在北部，围绕沈北华强文化科技产业基地、沈阳（法库）陶瓷文化产业园、沈阳“123”文化创意产业园，做大产业规模，打造产业集群。文化产业集群的空间布局不仅体现了与城市发展目标的一脉相承和空间落实，而且在文化产业的具体项目上，也与其城市性质——“辽宁省省会、国家中心城市、国家先进装备制造业基地、国家历史文化名城”相辅相成。

2. 挖掘传统优势资源，打造特色产业集群

传统资源既深深根植于区域社会生活中，又长久影响区域战略定位的主体选择。挖掘传统优势资源，以文化经济驱动区域经济，打造特色产业集群，是当前经济发展转型升级的重要路径。文化产业集群的发展具有较强的“根植性”，因此，在区域发展规划和战略的制定中遵循的基本原则是依托比较优势，强化资源禀赋特征，发展优势产业。

以中山市为例。《珠江三角洲地区改革与发展规划纲要》对中山市未来的战略定位是“一个枢纽、两个基地、三个试点”，即，珠三角三大经济圈重要交通枢纽，沿海产业带先进制造业基地,珠江口西岸重要的服务业基地，全国统筹城乡发展综合改革试点，全国创新审批方式改革试点，广东省产业集群升级创新试点。基于该定位，以产业集群升级带动区域经济转型成为中山市文化产业集群发展的核心战略。在集群发展建设中，中山市着力开发建设都市核心文化产业带、乡镇创意设计文化产业带、社区休闲娱乐文化产业带，形成特色鲜明、结构合理、与中山城市发展规划相适应的文化产业发展格局。依托中山市的文化资源优势和传统产业优势，中山市着力加强四大文化产业基地、三大文化产业集聚区、两大特色文化产业工程建设。

中国（中山）国际游戏游艺博览交易会是游戏产业的行业重要展会，展会所在地中山市港口镇以此为契机着力打造国家级游戏游艺产业基地，以文化贸易促进经济交流合作，整合国际资源和国内项目，初步建设成为了集游戏游艺研发中心、内容鉴定和创新中心、展示交易中心、技术鉴定中心、产品和技术进出口服务中心、文化保护中心、产品标准制定中心为一体的国家级游戏游艺产业基地。家具设计、加工和制作在珠三角诸多乡镇产业中均具有较长的历史和较强的基础。为了更好地整合产业资源，盘活区域市场，中山市集中打造了国家级红木家具文化产业基地，整合三乡、大涌、沙溪等地在红木家具行业已形成的生产技术和专业市场资源，加强在文化创意、产品设计、品牌宣传、技术研发、市场推广等方面的合作，促进文化创新与制造业创新相融合，提升红木家具产品文化附加值。作为部分文化产业，为了实现家具业“文化因子”的提高，红木家具文化产业基地的技术重点集中在产品的创新和国家标准的制定上，对于文化产业的可持续发展具有重要的探索和实践意义。小榄镇作为中国可持续发展小城镇试点和第一批全国发展改革试点小城镇，具备县级制造业和现代服务业等产品的生产制作基础。其历史的悠久、文化的丰厚和景观资源的优质，也使小榄镇成为复合型文化旅游目的地。小榄镇文化产业的发展在充分利用优势资源的基础上，挖掘传统，形成特色，以小榄镇文化艺术品产业基地为载体，构建完善的文化产品和服务产业链条，优化提升文化艺术品交易中心，培育发展具有创新创造氛围的青年创业孵化平台，重点开发美术品生产与销售、古董和钱币交易、旅游产品经营、演出经纪、艺术培训等文化产业项目，形成了具有特色竞争力的外向型产业集群。[①]

从中山市文化产业发展的整体布局中可以明确，在区域资源传承和发

① 参见《中山市关于“十二五”文化产业发展规划》。

展的过程中，以“文化”的方式规范产业发展，以“市场”为导向，以“集群”为物理空间和集聚中心，以“项目”引擎和载体，有效地激活了区域经济创造活力，催生了特色产业集群的繁荣，也带动了文化产业的快速增长。目前，中山在古镇灯饰、隆都红木家具、沙溪服装、港口游戏游艺等现有区域特色经济的基础上，提升特色产业文化的内涵和价值，推动制造业的“产业文化化”，并以“一镇一品”为单位实现在全市空间上的聚合，形成“镇级产业集群”，构成了文化产业集群的“中山现象”；根据统计数据，2010年，中山市全市文化产业增加值111.69亿元，比2009年增长16.8%，占GDP比重为6.1%[①]。

表 2-4　中山市重大文化产业项目及主体功能

序号	项目名称	项目功能
1	国家级游戏游艺产业基地	整合中山市游戏游艺产业资源，加强技术保障，吸引高端游戏游艺产业开发与创意设计人才落户中山，推动中山游戏游艺产学研创新联盟，提高产业集聚度。
2	小榄国家文化产业示范基地	综合发展文化艺术品和收藏鉴赏产业，开发旅游产品、演出经纪、艺术培训等文化产业项目，发掘和推介区域传统文化特色，形成对珠三角乃至全省全国较强的吸引力、辐射力和影响力。
3	国家级红木家具文化产业基地	集中整合三乡、大涌、沙溪等地的生产技术和专业市场资源，深化红木家具在文化创意、产品设计、品牌宣传、技术研发、市场推广等方面的研究，提高中山红木家具文化附加值。
4	当代原创画家产业基地	吸引国内外高端美术绘画人才落户创业，促进原创美术作品向产业化、特色化、高端化方向发展，提升艺术品交易、艺术培训和艺术会展业水平，打造中山市高端文化产业品牌。
5	中山文化创意产业园	发掘和利用中山市既有的“三旧”资源，吸引从事文化创意的企业、团队与工作室进驻园区，服务于中山市的经济建设与文化发展，形成中山文化产业发展的新亮点。

① 陆先念、陈维漱：《创新经济路 给力促民生》，广州日报2012年3月26日版。

（续表）

序号	项目名称	项目功能
6	粤台（中山）文化创意产业园	充分利用中山市人文、地缘和孙中山文化品牌优势，引进台湾文化产业发展的人才智力和成熟经验，活跃两岸文化交流和文化产业合作，营造文化产业“走出去”的良好氛围。
7	全国工业旅游示范点	开辟文化旅游产业的新途径，形成具有现代特色的旅游精品路线。通过加强项目综合推广，提高工业旅游产品的文化内涵和对外影响力。
8	“名人名城”特色文化产业工程	充分利用和开发中山丰富的民俗文化与名人文化资源，创作一批中山民俗文化与名人文化精品工程，传承民族文化，增强中山文化自知与自觉，提高中山城市的文化魅力与影响力。
9	区域特色产业文化工程	提升中山特色产业的文化内涵，促进乡镇特色产业集群创意设计文化产业带的形成，延伸产业链，推动传统产业转型升级，增强中山特色产业在国内国际的影响力和竞争力。

从文化产业集群发展的“中山经验”中可以看出，在区域资源传承和发展的过程中，以文化产业集约化的方式规范产业发展，以“市场”为导向，以“集群”为物理空间和集聚中心，以“项目”引擎和载体，有效地激活了区域经济创造活力，通过文化技术的共享实现了区域知识宽的延展，使知识能够以文化为集聚中心实现流动加速，催生了特色产业集群的繁荣，也带动了文化产业的快速增长。

由此可见，文化产业集群有助于推动区域形成特色鲜明、结构合理、与城市发展规划相适应的产业发展格局，这也进一步证实了知识宽度型集群的基本特征：以知识驱动为依托提高文化产业附加值，以传统优势和顶层设计为依托实现区域专业化，以创新环境和政策制度设计打造产业空气，以广域城市范围形成若干具有特色的产业集群，塑造均衡发展的增长极。这不但是对以往增长极理论的实践突破，也是对知识理论在深度上的拓展。

（二）与区域发展的空间基础相匹配

知识的宽度取决于市场空间的广度及文化资源共享的广度。文化产业集群的发展与区域经济发展规划要求的相关性，决定了集群成长的速度和发展的深度，文化产业集群空间布局与区域经济发展基础的空间结构的相关性，决定了区域经济的发展一方面可以为文化产业集群发展提供良好的配套，另一方面为文化产业的集约化、规模化和专业化发展提供广阔市场。

1. 网络型产业集群的区域布局

网络型产业集群在区域布局中的直观体现是，集群之间相互联系，密切合作，既有横向分工，又有纵向协作，各集群形成有机的文化产业综合体，星罗棋布在整个区域内。网络型产业集群布局形成的基本条件是具有较强的文化产业发展的单元体，但缺少整体文脉的串联和资源的整合路径。

天津市作为具有良好经济发展基础和丰富文化底蕴的国际大都市，具备发展版权产业的基础和条件，传统文化与现代文化以有序的分工和竞合参与到版权产业生产环节中，高校创意人才的集聚、金融资本要素的流通，为版权产业集群发展夯实了基础。根据《天津市文化产业发展“十二五”规划》，“十二五”期间，天津市将进一步开发利用区域优势资源，形成特色突出、错位发展的文化产业空间格局，重点打造中心城区都市文化产业带、滨海新区开放型海洋文化产业带、北部山区休闲旅游文化产业带和周边区县民俗文化产业带，发展完善形成“四带多点”文化产业空间布局。在“四带多点”文化产业空间打造18个文化产业板块，板块之间错位发展，突出特色，在全市形成了网格状的集群布局。在18个文化产业板块中，中心城区将发挥文化积淀深厚、文化设施完备、文化人才集中、相关产业发达的综合优势，以海河为主轴线，形成老城传统文化、文化创意产业、近现代历史文化、当代艺术展演、总部型高端产业五大产业板块。滨海新区以建设国家级滨海新区文化产业示范园区为重点，充分发挥滨海新区沿海开放的区位优势、先行先试的政策优势、高新技术汇集的科技优势以及资金、土地、人才密集等综合优势，以海岸线为主轴、以海河中下游为纵深，形成海洋与湿地文化、港口与海洋工业文化、近现代爱国主义文化、战略性文化产业聚集示范、文化交流与贸易五大产业板块。在北部山区，充分发挥自然和文化资源丰富、靠近京畿等独特优势，做大做强“山”文化。以蓟县为中点，向京、津两大都市延伸，形成山地文化休闲旅游、革命传统教育、山地文化与科学教育、文化园区四大产业板块。周边区县拥有丰富的文化资源和广阔空间，天津市将对这些资源进行整合挖掘，环绕中心城区形成多点发育、各具特色的文化产业集群，重点培育古运河文化、古镇文化、民间文化艺术、文化主题园区四大文化产业板块。

从天津市文化产业区域发展和空间布局的规划思路来看，依托版权资源优势，根植文化特色，版权产业集群在天津市区域内部形成错位竞争、优势互补、资源和平台共享的发展格局，成为文化产业科学、可持续发展的重点思路。当然，基于中国地缘文化的丰富性和差异性，从根植传统文化资源的角度开发版权产业，成为区域发展的共识，在这一前提下，作为产业集群重点表现形态之一的文化创意产业园区，成为政府主导型产业集群开发与建设的重要载体之一。从规划层面而言，“十二五”期间，天津市一方面将加速建设滨海新区文化创意产业示范园、蓟县荣宝斋文化创作园、皇仓廒舍文化园等重点文化创意产业聚集区;另一方面，扶持天津创意街、C92、凌奥、3526、辰赫、北新、六号院等一批各具特色的文化创意产业聚集区;建设团泊文化产业示范区、华强主题公园、宝坻军事旅游影视文化园、杨柳青大院文化区、精武门·中华武林园、今晚文化名人会所等特色文化项目;并在此基础上建设完善和平区五大道近现代文化旅游街、河西区演艺博览文化带、河东区音乐街、河北区书画街、南开区老城厢文化街、红桥区相声曲艺街等特色文化旅游聚集区。

因此，网络型文化产业集群布局的关键在于，文化产业集群的发展方向与区域顶层设计方向一致，文化产业集群作为独立的竞争单元具备一定的规模和层次，集群之间的资源和产品具有一定的关联性，但整体缺少整合和规划。以网络型格局整合知识资源，拓展了知识的宽度，提高了区域竞争力。但值得注意的是，城市文脉是网络状集群的重要联系因素。网络状文化产业集群布局如果无法找到资源整合的“线”进行串联，则容易导致布局上的单调性，不易于形成显著、集中的中心区。

2. 双核型产业集群的区域布局

双核型文化产业集群在区域布局中的直接推动力是新区开发建设及旧城改造。其表现形态为具有鲜明主题的城市功能区，也就是因城市开发建设或旧城改造而在区域资源禀赋的基础上发展文化产业。

双核型产业集群结构在当前城市发展中的范例并不少见，尤其是随着城市化的推进，老城区的扩容和新城区的建设，不可避免将文化要素纳入规划，以文化群落建设提高城市文化适宜性的文化资源布局愈加引起重视。当前城镇化加速推进，老城区常常面临着高强度开发使城市开发容量超载的共性问题。通过科学的空间布局和产业规划，建设新城区，形成以区域创新体系为引导的城市增长极，成为城市功能拓展的新思路。

《厦门市“十二五”文化产业发展专项规划》指出，“十二五”期间厦门市文化产业要实施集群化发展模式，重点发展的四大集群包括：创意设计产业集群、文化旅游产业集群、动画影视产业集群、数字内容产业集群。依据产业的融合性、前沿性和成长性的原则，以提升文化产业的生产性服务功能为出发点，重点发展创意设计、影视动画、文化旅游和数字内容与新媒体四大产业集群，逐步形成相互支撑的比较完善的产业链和能够实现较高增值效应的价值链，将对厦门市经济社会发展产生重大的推动作用。《规划》从完善文化产业链和推进文化产业集群化发展的需要出发，打破传统发展模式，把构建比较完善的文化产业链作为“十二五”时期文化产业发展的重点领域，确立以产业集群建设为重点、以骨干文化企业或企业集团的培育为抓手、以重大文化产业项目为支撑的发展模式，充分发挥文化产业园区的聚集效应和孵化功能。《规划》中明确提出了建设包括影视产业园区、动漫网游产业园区、创意设计产业园区、主题公园与休闲娱乐产业园区、艺术产业园区、数字出版产业园区等八个文化产业园区。而这一系列对版权产业发展载体的战略布局，首先则基于政府主导下对城市发展定位和城市空间设计的科学规制。

随着厦门岛内东部开发建设、西部旧城改造的推进，岛内高强度开发已经使城市开发容量超载，不仅人口密度大、人口规模超，而且建筑容积率提高。随着以原创性创新为引领的区域创新能力对实现社会经济发展目标发挥的作用愈加关键，并日趋成为国家间、地区间经济文化竞争成败的分水岭，通过科学的空间布局和产业规划引导区域创新体系建设成为区域发展的共识。厦门市推进海湾型城市建设成为厦门城市发展的战略性转移。产业集群，尤其是基于版权产业创新特征和创意驱动的文化产业园区建设，成为新时期厦门区域经济战略性调整的重要载体。

值得注意的是，对于文化生态相对脆弱，拓展空间较为有限的厦门本岛而言，在厦门区域发展规划中，对其进行了科学的定位，即通过合理划定产业区、居住区、风景名胜区、历史风貌区等，强化规划引导，科学安排建设，并通过制定实施历史文物、风貌建筑保护专项规划和保护条例，使鼓浪屿、万石山、仙岳山、环岛路等历史文物和自然景观保护，传承城市文脉，

进一步提升城市品位，以文化创意和休闲娱乐类园区和集聚区的建设，实现产业结构的调整和城市布局的调整，与之相配套，在非版权产业方面，厦门市在规划中进一步明确了“引导一般工业加速迁往岛外，岛内重点建设高新技术研发基地和商务营运中心区、文化创意园区、高端消费中心等现代服务业聚集区，促进产业优化升级”的战略布局，这一规划本身与文化产业的发展思路和集约化、集群化的拓展方向保持一致。

从总体上而言，文化产业集群建设是旧城改造和新城开发中，具有重要创新价值和经济功能的产业节点，以集群为纽带，不仅可以连接旧城和新区，实现城市的无缝对接，而且可以在相对缺少发展基础和产业配套的新区，建立以文化为核心驱动力的城市集聚空间。即通过合理划定产业区、居住区、风景名胜区、历史风貌区等，强化规划引导，科学安排建设，并通过制定实施历史文物、风貌建筑保护专项规划和保护条例，自然生态景观与历史文脉资源有效对接，可以进一步提升城市品位，实现产业结构的调整和城市布局的调整。这一双核型拓展的产业集群发展模式，尤其对于文化生态相对脆弱，拓展空间较为有限的新城区建设具有重要意义。

3. 星状产业集群的区域布局

星状产业集群在区域布局中的表现形态是以主题文化为引领，通过特色文化产业集群在区域内的平行发展，构成以文化经济为驱动力的经济增长点，进而在区域中形成星罗棋布的“经济马赛克”。星状集群往往从文化产业的核心资源出发，沿多条交通走廊或文化轴线形成定向向外扩张的集群形态。星状集群对知识资源的利用往往具有明确的主题性，并以该主题作为核心资源。一些文化主题鲜明或城市特色产业主业较强的区域，往往在文化产业集群的发展中，围绕核心集群或主导企业形成星状分布的空间结构。

《西安市国民经济和社会发展第十二个五年规划纲要》对文化产业的

区域空间进行了重点规划，提出形成以三大核心区为主体的文化产业发展布局。曲江新区进一步建设和完善以盛唐文化为特色的文化产业核心区。皇城区稳步推进恢复历史文化古城风貌，形成历史文化氛围浓厚的文化产业聚集区。临潼区以秦兵马俑、秦始皇陵、唐华清池等世界著名历史文化古迹为主体，加快形成旅游观光产品与休闲度假产品互补的大旅游文化产业格局。同时结合大遗址保护建设、宗教文化、广播影视、文化创意、文学艺术、新闻出版、演艺娱乐、数字动漫、网络游戏、信息网络等主要业态相应布局。其中，曲江新区拥有4个国家级文物保护单位（大雁塔、青龙寺、汉宣帝陵、唐长安城遗址），3个省级文物保护单位（秦上林苑宜春宫遗址、曲江池遗址、唐城墙遗址），4个国家4A级景区（大慈恩寺、大雁塔景区、大唐芙蓉园、曲江海洋世界），“大文物、大文化、大旅游”的发展战略使曲江新区逐渐成为全国具有重大影响力的国家文化产业示范区和国际著名文化旅游区。盛唐文化作为曲江新区的主题文化，起到了知识价值链中的核心凝聚作用。与盛唐文化的主题有所甄别，西安各区域对版权产业发展进行了错位定位，以凸显各区域文化特色的版权产业集群，构成了星状集群，随着以盛唐文化为主题的产业集群不断实现规模化、集约化和专业化的发展，产业集群的经济价值和知识价值将越来越突出。

从中不难看出，星状集群布局灵活，对于集群的扩容和文化产业的辐射作用发挥具有一定的容量弹性。因为利用资源优势和禀赋发展，是城市物质要素的布局关系井然有序、疏而有致。但也容易因为资源的分散而造成分开建设的成本较高，各集群之间不易形成统一的产业空气。

第二节　知识强度型

知识强度在文化产业集群发展中的核心在于知识的获取、共享、创新和应用建立在产业高度融合的基础之上。即通过对要素结构、需求结构和产业结构的综合优化与配置，在基于产业本身知识价值链基础上展开分工与合作。价值链的核心是关注价值增值和价值创造，由于价值生长点是一个活跃的要素，所以可将价值链看成是一个动态的生长体，即同一产业的不同企业具有不同的价值链；同一企业的不同发展时期也会有不同的价值链；同一价值链可进一步分解为多条价值链；多条相关的价值链亦可进行归并。价值链的形成、解除、拓展和延伸反映了集群的生存状态和生命力。通过价值链的分析和整合，是发现潜在价值生长点，发掘合作可能，从而构筑合理有效的产业链的有力理论工具。企业的价值链延伸到哪里，产业集群的战线就可以拉到哪里，价值链决定了特定产业集群的边界和形式。同时，通过集群作业又可催生新的价值生长点，构筑新的价值链条[①]。

一　基于知识产业链升级的需要

产业链包含从供应商到制造商再到分销商和零售商等所有加盟的节点企业，以及贯穿于其中的资金流、物流、信息流和服务流等媒介。产业链强调相关产业或企业之间的分工、合作关系，指不同产业之间通过生产要素的提供和购买，形成产业之间链条状的联系。产业链的运作可逐渐形成产业之间

① 李晓鹏、孙建军：《现代内容产业及其产业模式探析》，《情报资料工作》2008年第3期。

合理的上下游分工体系。从产业链的形成结构来看，一个完整的产业链包括核心链条和与之先关联的辅助链条，即从最初原材料到中间产品，再到最终产品的生产和销售的全过程[①]。基于知识的产业链所具有的产业分工、合作中最显著的优势是核心产业的综合竞争力，即研究开发与产品设计。这也是文化产业的核心——具有自主知识产权的原创生产。

从产业链的结构上看，通常存在核心辅助型产业链和平等协作型产业链。前者的产业特征是科技含量高、产业关联性强，通常以产品、技术联系为纽带形成产品或企业的前后向关联、上下游延伸的链条，促使产品或企业的单个优势转化为整体优势，提高区域产品市场的集中度，其典型特点是以核心企业为主导，形成一个具有整体功能的网链结构，强调企业的战略伙伴关系。后者的主要特征表现在，各个企业在相关链条上形成紧密合作的纵向关系，产业链上所有的环节都分担不同的角色，产生新的价值，而企业之间的主导与从属关系并不明显，这种协作关系一般是自然形成的，且具有长期性和稳定性。从产业集群的产业类别上看，核心辅助型产业链以技术主导或对知识产权要求较高的行业为主，而平等协作型则以传统产业为主。我国文化产业集群发展从生命周期上看，整体处于起步发展阶段，在文化产业集群的非核心产业集群分布中，平等协作型产业集群存在较为广泛。但作为对知识、资本、技术等生产要素要求较为严格的文化产业核心层，以及未来文化产业升级的需求越来越强烈的文化产业非核心层企业而言，向核心辅助型产业链进行转变或接近，是必然路径。实践证明，产业集群在强化专业化分工、发挥协作配套效应、降低创新成本、优化生产要素配置等方面作用显著，是工业化发展到一定阶段的必然趋势。引导和促进产业集群发展，有利于优化经济结构，转变经济发展方式；有利于集约使用土地等资源，集中进

① 魏后凯：《中国产业集聚与集群发展战略》，经济管理出版社2008年8月版，第339页。

行环境治理；有利于带动中小企业发展，提升区域和产业竞争力；有利于统筹区域和城乡发展，加快工业化和城镇化进程①。

（一）基于专业化的产业链构建

知识经济背景下文化产业集群的发展，对专业化和智能化提出了更高要求。“集群”不再是相关联行业的企业地理性集中或“扎堆”，“集群”也不再是企业之间的排他性竞争和无序整合诞生的经济体。文化产业集群作为产业集群中具有较强专业性和较高知识价值的集群形态，本身对知识产权的要求以及对知识的深度要求更高。但从当前文化产业集群的专业性测度上分析，专业化和智能化偏低的现象存在仍较为普遍。首先体现在智能化程度偏低。目前文化产业集群城市综合管理的内容主要局限在城市事件的管理上，对于城市的组成部件、运行状态的信息采集、管理功能偏少，仅有的部件管理也集中在地上设施，而供气、供水、供热、弱电管网等地下基础设施的信息采集功能匮乏。同时城市事件的管理范围仅仅局限在城市交通、治安监控等几个方面，而没有覆盖到城市经济管理、空间管理、住宅管理、建筑管理等领域。造成以上状况的原因是目前文化产业集群城市综合管理缺乏智能化手段，以人工巡查为主，部件、事件发生变化无法实现与城市管理机构的及时自动通信，城市管理缺乏智能性、主动性，城市综合管理中的问题上传、处理分配、结果反馈等各个环节都缺乏自动化处理手段，同时城市综合管理的应急预案的数字化程度较低，应急预案启动后仍然依靠人工按照流程进行通知，无法第一时间知会各个相关部门，造成应急反应时间延长。城市管理智能化技术及智能化手段的缺乏，使得城市设施静态管理、动态运行监控、智能化运行维护、自动应急指挥处置等全方位城市综合管理能力严重低下。

① 《国家发展改革委关于促进产业集群发展的若干意见》，中华人民共和国国家发展和改革委员会2007年11月13日。

1. 基于专业化的文化产业集群要求行业相对“专一”

集群的“专一”源自于产业的根植性。综观世界著名文化产业集群的发展，美国的硅谷和128公路、印度的班加罗尔定位为高科技信息产业集群，它们引领着全球信息产业的发展；美国好莱坞和印度宝莱坞的电影娱乐集群，引导着全球电影流行前沿；意大利的家具、毛纺、陶瓷等产业集群创造闻名世界的“第三意大利现象”①，为文化产业集群的发展树立了典范，伦敦西区和纽约百老汇以戏剧表演艺术产业的集聚而见长。行业的“专一”使集群的发展在专业化的基础上形成了优势品牌。首先是融合后的本地生产系统所产生的外部经济，其次是本地文化和制度环境的存在和对嵌入双方的影响，最后是由于空间临近促使企业合作生成信任。②

专业化的文化产业集群形成的路径是，以行业的“专一”形成“产业空气”，在市场逐步繁荣和交易日趋频繁的商业环境中，产业分工将进一步细化，对行业要求的精确程度也将不断提高，从而使产业之间信息溢出效应加剧，专业化供应商和熟练劳动力市场以及社会化的市场网络逐步形成，基于产业链条分工与合作的企业通过地理集中，有效降低了信息搜寻和交易的成本，减少了志愿获取和转换的障碍，获取了越来越多的“集群效能”③。

基于知识产业链升级的文化产业集群有效提高了生产效率。即，首先，在寻求改变的过程中，组织会付出一定的转换成本，而集群的出现将可以降低这种转换成本。其次，通过在“干中学”以及存在“学习效应”，企业利用资源的能力和适应性都将增强，从而集群作为一个整体，将比以前获得更高的“集群效能”。最后，集群内企业间长期形成紧密的网络关系，将有助

① 陈柳钦：《产业集群：可扩展的跨越式发展模式》，《中国经济时报》2007年01月4日版。

② 魏后凯：《中国产业集聚与集群发展战略》，经济管理出版社2008年8月版，第289页。

③ 魏后凯：《中国产业集聚与集群发展战略》，经济管理出版社2008年8月版，第247页。

于促进“集体效率”。

基于知识产业链升级的文化产业集群促进了企业创新。集群有利于促进知识和技术的转移和扩散，为集群内的企业提供了学习的机会。

以广东省为例，根植传统劳动力密集型产业集聚基础，依托珠三角贸易市场繁荣的商业环境，随着产业分工的细化和行业要求的精确程度提高，广东省域内产业之间信息溢出效应加剧，专业化供应商和熟练劳动力市场以及社会化的市场网络逐步形成，基于产业链条分工与合作的企业通过地理集中，有效降低了信息搜寻和交易的成本，减少了志愿获取和转换的障碍，获取了越来越多的“集群效能”[①]。基于知识产业链升级的版权产业集群有效提高了生产效率。即，首先，在寻求改变的过程中，组织会付出一定的转换成本，而集群的出现将可以降低这种转换成本。其次，通过在“干中学”以及存在“学习效应”，企业利用资源的能力和适应性都将增强，从而集群作为一个整体，将比以前获得更高的“集群效能”。最后，集群内企业间长期形成紧密的网络关系，将有助于促进“集体效率”。

其中，广东佛山市顺德区的家具产业集群的成长模式中，通过OEM的方式为国外知名家具品牌代工从而嵌入全球价值链竞争是重要的路径。由于“广东利用本地的要素禀赋和历史文化优势，积极地引进外部资源，发展外向型经济，具有鲜明的外部嵌入型产业集群的特点”[②]，文化产业要素流动的加剧和市场资源配置能力的提高，一方面提升了集群企业的模仿能力，全世界最新的家具种类和设计样板可以以最短的时间嵌入到顺德家具集群的生产线上，企业之间的学习成本因为知识的共享而降低，另一方面，由于文化

① 魏后凯：《中国产业集聚与集群发展战略》，经济管理出版社2008年8月版，第247页。

② 张百尚：《广东产业集群的现状、问题和升级研究》，《广东科技》2007年第6期。

产业知识产权授权机制的缺失，使自主研发创意的文化产品难以在国际市场竞争中起到全方位价值提升和全面技术保护的作用。一是缺乏内生的核心技术。对于接受国际产业转移而形成的外向型产业集群，产品的核心技术掌握在外商手中，这些产业集群承担的只是区域性生产者角色，而不是拥有自己的知识产权、核心技术的自主生产者角色。二是国内市场开拓不足。集群内比较多的企业是外商独资或合资，而且生产的产品主要是通过外商国外的销售渠道出口，[①]在一定程度上限制着集群集体效率的提高。

表 2-5　广东省部分特色文化产业集群分布及概况[②]

集群名称	地　点	集群概况（2006 ~ 2009 年）
中国灯具及灯饰产业集群	中山古镇	2008 年，中山市古镇已有登记注册的灯饰厂企 6100 多家。古镇及周边聚集了 3000 多家的灯饰配件生产企业，占全镇制造业总数 70%，形成了“上下游配套、产供销一条龙”的产业集群经济体系。
中国休闲服装产业集群	中山沙溪	沙溪是中山生产要素最聚集的产业集群，通过实施名厂、名师、名牌、名镇“四名”工程，从生产基地型休闲服装名镇向品牌主导型休闲服装强镇转变的战略，休闲服装生产集群效应日益增强，形成了完整的服装产业链、配套的专业市场和浓厚的服装文化环境，是“中国休闲服装名镇”。
中国电子信息产品产业集群	东莞市	目前东莞形成了以通信设备、计算机及其他电子设备制造业为代表的一批技术密集型的高附加值的行业。2008 年规模以上八大支柱产业总产值 4104.85 亿元，其中通信设备、计算机及其他电子设备制造业产值 1688.1 亿元，全年规模以上电子信息制造业产值 2775.01 亿元，实现利润总额 54.82 亿元。东莞拥有规模以上电子信息企业 3300 多家，电脑磁头、电脑机箱及其他电子信息产品在全球市场中均占据了相当大的份额。

① 张百尚：《广东产业集群的现状、问题和升级研究》，《广东科技》2007年第6期。

② 案例选取以中国社会科学院工业经济研究2007 ~ 2009年评选发布的三届中国百佳产业集群名录。

（续表）

集群名称	地 点	集群概况（2006 ~ 2009 年）
中国毛织产业集群	东莞大朗	经过 20 多年的发展，以大朗为地域中心的东莞毛纺织产业集群已基本形成，一批大中型民营企业开始崛起，相关支持性产业也已达到相当规模，为今后东莞毛纺织产业集群的进一步发展打下了坚实基础。全镇共有毛织生产企业 3000 多家，以现代信息技术改造提升毛织产业步伐加快。
中国服装产业集群	东莞虎门	虎门年销售服装约占全省的 30%，占全国 20%，已基本形成以服装产业为龙头、商贸流通业为主体，相关行业配套齐全的纺织服装生产、销售产业集群基地。全镇共有工商注册服装加工企业 2000 多家；大型专业服装批发商场 23 个，各类面料辅料批发市场 9 个；拥有服装类名牌 35 个。全镇服装生产量达到 2 亿件（套），销售额 135 亿元，成为省服装产业集群示范区。
中国牛仔服装产业集群	增城市新塘	牛仔服装业是增城目前规模最大的支柱产业。纺织服装业及相关企业达 3000 多家，其中纺织服装企业就有 2000 多家，上规模企业有 454 家，服装的产量 1.89 亿件，从业人员 12 万人，集纺纱、织布、漂染、面辅料、机械、制衣、印绣花、专业市场、物流、广告等配套链条产业，形成了以新塘为中心的牛仔休闲服装生产加工基地。
中国皮具产业集群	广州市花都区	2008 年狮岭皮具产值达 60 亿元，产量占广州市 60%，占广东省 35%，皮革皮具交易总量为全国第一。5000 多家皮具工厂与商铺创造出 10 万多个工作岗位，形成生产、加工、销售、运输、信息交流相配套的产业体系，有近十万外来劳动者在狮岭工作、生活，创造着狮岭的经济和社会的繁荣。
中国家具产业集群	佛山市顺德区	目前，顺德家具生产企业有 1600 家左右，还有家具材料、配件生产企业近 1000 家。乐从共有家具生产企业 519 家，以中小型企业为主，从业人员约 3 万人，主要生产实木、软体、板式等家具，从地摊式的家具销售商铺发展成为国内发展最早、全球规模最大的家具集散地，成为世界家具产业的“晴雨表”和“全球家具采购和配送中心”。
中国家电产业集群	佛山市顺德区	顺德是全国三大白色家电制造基地之一，全国最大的空调、电冰箱、热水器、消毒碗柜等家电生产基地，全球最大的电风扇、电饭煲和微波炉供应基地。2007 年家电业实现产值 1386.6 亿元，占工业总产值的 46.4%。具有一定规模的家电生产及配件类企业 2300 家，企业规模、品牌、技术创新能力等方面居全区工业行业首位。

（续表）

集群名称	地　点	集群概况（2006 ~ 2009 年）
中国纺织印染产业集群	南海区西樵	经过近 20 年的发展，纺织业已经成为该地区的支柱产业。据不完全统计，目前该区共有纺织企业 1100 多家。其中，规模以上企业 226 家，占 20% 左右，投资过亿的企业 29 家；从业人口数量达到 6 万多人，工业产值达到 112.3 亿元，占全区工业总产值 28% 以上，纺织连续六年成为区内各行业的龙头。
中国建筑卫生陶瓷产业集群	佛山市	佛山是中国规模最大、实力最强的建筑陶瓷生产基地，也是占世界建筑卫生陶瓷 1/4 产量的世界工厂，其产业基础雄厚，辐射范围广。佛山陶瓷墙地砖产量已达 16 亿平方米以上、卫生洁具陶瓷产量达 1300 万件套，佛山陶瓷行业基地规模以上企业 300 多家。
中国石材加工产业集群	云浮市	云浮市是全国四大石材基地之一，目前，云浮石材加工向“高、精、特、全、优”方向发展，已形成了 13 大系列、23 大门类、1000 多个花色品种，产品畅销国内外，成为全国最大规模的国内外名优石材加工、生产基地之一。产业链对应的石材机械生产已经初具规模，物流服务配套等分支产业基本形成，相关分支产业有力地推进石材产业整体可持续发展。
中国文具礼品产业集群	汕头市澄海区	2008 年汕头市澄海区从事玩具礼品生产的企业近 3000 家，从业人员超过 10 万人，产值超 162 亿元，出口超过 3 亿美元。涌现出奥迪、骅威、群兴等一批在国内外市场颇具竞争力的知名品牌。作为广东省创建区域国际品牌试点地区，集群玩具礼品业形成企业品牌与区域品牌良性互动、特色鲜明、竞争优势明显的产业体系。
中国制鞋产业集群	惠州惠东	惠东的制鞋业主要集中在吉隆镇，90% 以上的企业以生产时尚女鞋为主。经过 20 多年的发展，已占全县工业总产值的半壁江山。惠东时尚女鞋与浙江温州的皮鞋、福建泉州的运动鞋并驾齐驱，形成中国鞋业三足鼎立的格局。目前，惠东女式制鞋企业 3300 多家，2006 年年产时尚女鞋近 6 亿双，产值超过 180 亿元，产品销往世界 50 多个国家和地区。

2. 基于专业化的文化产业集群要求运行“专业”

集群运行的“专业”体现在分工与合作模式下产业运行的模式和规律。以集群为载体的分工与合作在表现形式上分为“市场—企业”型与“价值链型”。前者是依托集群实现商品（产品）市场化、商品化过程，后者是依托集群实现生产集约化、专业化过程。

基于专业化的文化产业集群形成的基本路径是，以专业化推动规模化，通过专业化规模经济和范围经济进一步降低交易成本，提高产业利润率，以打造专业市场集群的方式实现规模经济和范围经济的有机互动。“义乌商圈”的形成和发展便是基于专业运行、专业管理的典型。作为小商品生产和销售为一体的文化产业商贸流通与市场交易的集散地，以义乌中国小商品城市场为核心的跨区域分工协作网络——“义乌商圈”形成过程可以大致分为三个阶段。

第一个阶段是20世纪80年代末到90年代初，其起止点恰好跨越并标榜着中国第一代小商品市场（1982年）至第四代小商品市场（1992年）的典型特征。20世纪80年代末，随着改革开放和市场经济体制的逐步确立，江浙城市群率先发展民营经济和探索市场经济路径，以“家庭工厂”为典型分布模式，以“前店后厂”为主要生产模式的专业化市场经济体（产业集群的雏形）形成萌芽，并随着市场的向好与资本的扩张逐步成长起来。随着市场分工的需要，“家庭作坊”之间开始出现自发的个体交易，市场的形成与发展促进了以“家庭作坊”为单位的家庭工业原始资本的积累。此外，“家庭作坊”对产品原料的规模化需求又进一步加强了“合作”，外来生产者源源不断向“家庭作坊”提供市场要素材料，“合作”的规模化降低了原料的成本，“家庭作坊”从自己生产要素材料转向生产要素产品，并进入创新收益更高级阶段。

第二个阶段是20世纪90年代初到21世纪初。随着义乌小商品业的发达，小商品市场开工建设的速度不断加快，市场规模进一步扩大，以篁园、宾王为主的市场群形成行业旗舰，小商品交易的灵活性、交易渠道的多元化逐渐增强，竞争与合作在市场中的作用越来越突出。此时，以小商品市场集群为圈层的合作更为紧密，产品的生产和销售之间相互依存、相互决定的作用显著加强，两者之间的关系从“合作”走向“互动”，互动层级逐渐由较为初级的经营主体间的微观互动向宏观层级互动过渡与跃迁。此外，义乌本地和周边逐渐形成市场导向的各种制造业集群，一些在专业市场上打拼多年的实力型商户开始投资产业领域[①]，专业市场与产业集群之间的多层级互动日益生成并强劲发展[②]。1994年，义乌市委、市政府提出实施“引商转工”、“以商促工”、“工商联动”的发展战略，引导完成资本原始积累的经商大户转向发展与市场关联度较高的轻工产品生产，从而及时、有效地促进了专业市场与产业集群的互动发展。随后义乌本地出现了以浙江义乌经济开发区为核心的各类企业集聚区，从而为市场与集群的多层级互动提供了良好的空间平台。与此同时，通过优化政策环境、培育市场体系、改革工商行政管理体制，实行市场“管办分离”、组建国有资本控股的上市公司——中国小商品城集团股份有限公司等为市场交易提供了稳定规范、公正透明、可预期的制度环境和体制框架，有力地推动了市场发展[③]。在这一阶段，随着具有市场竞争力的中小企业逐渐壮大，成长为行业龙头，以龙头企业为核心的产业集聚

① 例如，义乌当前具有相当影响力的大企业都是在20世纪90年代中后期由市场进入到产业投资领域的，如浪莎袜业（1995年）、三鼎织造（1994年）、芬利集团（1994年）、新光饰品（1995年）、王斌集团（1994年）、梦娜袜业（1994年）等。这些大企业及其周边所形成的分工协作集群为专业市场输入了大量质优价廉的产品，同时，专业市场的共享式销售平台不仅为义乌本地产业的成长与发展提供了一个低成本的销售渠道，也有利于本地大企业以较低的交易成本组织自己的分工协作网络，促进自身跨越式发展。转引自陆立军：《基于演化动力学的专业市场与产业集群互动机理研究》，《经济学家》2011年第2期。

② 义乌专业市场与产业集群的多层级互动式发展，促进了两者量的扩张与质的提升。例如，据统计，2002年义乌的工业总产值和“中国小商品城”成交额分别是1992年的10.82倍与11.2倍。转引自陆立军：《基于演化动力学的专业市场与产业集群互动机理研究》，《经济学家》2011年第2期。

③ 徐占忱、何明升：《接近性耦合创新与创新范式的转换》，《自然辩证法研究》2005年第8期；陆立军：《基于演化动力学的专业市场与产业集群互动机理研究》，《经济学家》2011年第2期。

速度加快，集聚范围扩展，集群的组织和管理模式以及集群的商业模式更加清晰，围绕大企业也逐渐形成了依托知识创新的学习模式，“知识快速转换为企业家认知，丰富而灵活的社会网络结构反过来又极大地促进了市场上产品种类的丰富、质量的提升，促使专业市场与产业集群的互动发展。”“义乌商圈”逐步形成。

第三阶段是21世纪初期至今。这一阶段“义乌商圈”的主要发展模式是在规模经营的基础上确保专业化的效率，进而形成专业化的范围经济，初步形成了“小商品、大产业、小企业、大集群”的工业经济发展格局。在这一阶段，义乌小商品市场为了有效实现集群功能，通过“划行归市”引导市场集群实现规模经济的有序竞合，范围经济的科学辐射，专业化经营良性循环路径。例如，在“义乌商圈”中，上万个品种的交易产品被划分为服装、针织和小百货三大类，并分门归类到13个交易区进行经营，从而进一步实现专业市场的系列化、多样化和专业化。“划行归市”对义乌小商品专业市场集群的建设起到了积极的推动作用。从“义乌商圈”的形成过程中可以发现，在“市场—企业”型集群的分工与合作模式中，专业市场与产业集群之间主要通过专业市场的需求集聚效应以及产业集群的供给集聚效应进行互动[①]。

一般而言，专业市场与产业集群协同演化互动系统可以分为两大层级内部的互动及相互之间的互动：其一，微观层级，它由异质的微观实体组成。它们既遵循规则行事，又具有一定的能动性。微观层级上，在一定的由制度环境、政策环境、文化环境、产业环境、科技环境、市场竞争环境等耦合而成的外部演化环境中，市场经营户、企业、金融机构、创新中心、政府及中介机构等各类实体之间相互影响、相互依赖、相互适应，构成了协同演化的

① 郑勇军、袁亚春、林承亮：《解读“市场大省”——浙江专业市场现象研究》，浙江大学出版社2002年版，第31页。

微观层级互动主体，它们相互之间以及它们与环境之间协同演化，从微观层面促进专业市场与产业集群协同演化互动。其二，宏观层级，即由专业市场与产业集群两大系统构成的互动层级。例如，需求偏好改变促使专业市场整体系统演化，宏观层级的互动机制则使产业集群依据需求变化进行整体性的适应性调整，而这又给专业市场带来新的变化，从而实现两者的良性互动发展①。除了微观层级和宏观层级的互动外，专业市场内部和之间地理的接近为集群创新网络提供了共享资源和平台。地理接近性反映了企业集群创新的区域属性和空间特征，它赋予了集群企业共有的外部资源，这是区域企业集群创新实现所必需的最为基本的物质联系，集群企业共享特定区域带来的物质资源的外部性；更为重要的是，它们可以共享知识和信息资源的外部性。共享的知识在专业市场集群内形成了被马歇尔称之为“产业空气”的创新现象，马歇尔指出：“如果一个人有了一种思想，就会被别人所采纳，并与别人的意见结合起来，因此，他就成为更新的思想源泉”。在企业集群中“行业的秘密不再成为秘密，而似乎是公开的了，连孩子们也不知不觉地学到了许多秘密。”不能不说对于区域企业集群的创新来说，这些“秘密”是不可多得的资源②。尽管知识的共享让一部分“秘密”消弭边界，使得这些“显性知识”促进了集群的发展，但“隐性知识”的存在和升级，让集群的核心竞争力和企业的自主创新意识不断增强，基于专业化的文化产业集群对技术专利便提出了更高的要求。

（二）基于城镇化的产业链合作

随着文化产业集群的不断发展，产业集群内的人员日益增多，社会功能

---

① 陆立军：《基于演化动力学的专业市场与产业集群互动机理研究》，《经济学家》2011年第2期。

② Marjolein C J Caniels，Bart Verspagen.Barriers to Knowledge and Regional Convergence in An Evolutionary Modal [J].Journal of Evolutionary Economics，2001(11): 307 ~ 329.

需求日益复杂，需要有与之相配套的生产生活环境，单纯以工厂为主导的产业集群很难成就高水平的产业集群。之前我国产业集群以发展经济为主，社会服务职能相对缺失，随着经济社会的发展，文化产业集群必须摈弃粗放型的发展思路，转以城市开发的角度去看待产业集群。

文化产业形成集群的过程与我国新型城镇化建设的过程往往存在较大的耦合，即新集群的规划建设往往与旧城改造或城市功能圈拓展紧密结合在一起，新集群所处的位置往往处于城市边缘或城乡接合部，例如拉萨大北郊手工艺集群和深圳大芬村的成长过程。因此，集群的建设涉及被征地农民的安置、社区建设与管理、环境保护、教育卫生、社会保障等社会服务职能的拓展与完善成为产业集群未来在管理体制创新中的重要方向，管理机构必须将产业集群的发展纳入到城市/区域的整体空间规划中，承接更多城市功能的转移，并拓展新产生的城市职能。因此，在和谐社会的要求下，产业集群管理机构将更加注重满足社会功能需求，产业集群管理方式也将向适应城镇化发展的路径和模式转变。

在城镇化过程中，文化产业集群的价值凝聚力与文化先导力有效推进了区域社会的均衡发展，推进了新农村建设并创造了农民自主就业的机缘和载体。以本土农民为文化创造者实现就地城镇化和吸引城市文化创造者打造新城集群是依托文化产业集群实现就地城镇化的两种典型模式。前者以广东省龙门县农民画产业集群为代表，后者以这样杭州白马湖生态创意城为典型。

广东省龙门县立足本地文化资源，积极扶持引导，精心培育打造“龙门农民画”特色产业集群。2011年，龙门农民画的产值已突破2500万元，比2002年超过50倍。“龙门农民画”不仅形成规模和气候，也有效地转变了农民的身份，使其从第一产业的“生产者”转变成为第三产业的“创造者”，在基于农民画生产创作的产业链分工与合作中，龙门县成为以特色文化产业立县的典型，龙门农民画则成为基于农村产业链升级的重要富民产业。龙门县农民画特色产业集群的形成和发展具有以下几点启示。

队伍由小到大，实现创作规模化。为推动龙门农民画产业快速发展，龙门县出台《关于龙门农民画发展的实施意见》，把农民画创作人才培养列为重点内容，大力实施“一百千万”农民画人才工程。“一”即为每个乡镇文化站、中小学校开设农民画辅导班或兴趣班；“百”是培养100名以上国内外具有影响力的农民画画家；“千”是培养5000名农民画创作骨干分子；“万”是培养1万名农民画绘画爱好者。龙门县先后成立农民画培训中心、农民画创作中心等人才培育平台，免费为农民画画家提供个人工作室；在全县各中小学、教师进修学校成立龙门农民画创作小组、开设农民画教学课程。全县目前已有近百名知名农民画家、3000多名农民画爱好者参与农民画创作，近万名中小学生参加培训，100多幅作品获国家级、省级美术奖，200多幅作品在国内外刊物发表。

品牌影响由近到远，实现推广经常化。龙门县把龙门农民画作为文化强县的战略品牌，积极实施“走出去”战略，将龙门农民画作为民间艺术交流的使者，先后到美国、日本、澳大利亚、中国香港等十多个国家和地区展出。在北京奥运会、上海世博会、广州亚运会进行展示和销售，进一步扩大了影响力。在广州、深圳等城市和旅游景区设立固定展销点进行宣传推广，鼓励企业参与龙门农民画的创作、推广以及经营销售，与中国移动合作联合推出龙门农民画移动电子商务平台，利用电子商务平台进行推广宣传。借助媒体力量对龙门农民画进行宣传，人民日报、中国文化报、南方日报等主流媒体均对龙门农民画的发展情况、艺术特色等情况进行了专版宣传报道。

产业由单一到多样，实现开发集群化。在龙门县大力推动下，龙门农民画逐步走向产业化发展道路，产业由一枝独秀向多元化发展。以龙门农民画为母本，开发了挂画、麻布画、木版画、挂历等多种衍生产品。加快建设农民画产业园，引资兴建面积为120亩集旅游、商贸、创作培训于一体的龙门农民画产业园，由龙门农民画艺术博物馆、龙门农民画一条街、龙门农民画培训学校和画家村组成。投入6000万元建成的中国农民画博物馆已开放使用，是全国唯一的农民画主题博物馆。推动农民画与旅游“联姻”策划和实施嘉义庄村与南昆山温泉大观园的村企合作，精心规划和推进三十里特色文化旅游长廊项目，打造龙门县特色民俗文化旅游产业带。促进农民画与影视、装饰等产业融合，积极探索龙门农民画转型升级，拍摄中国第一部农民画动画片《舞火狗》，以龙门农民画为创意源头设计出一系列时尚简约的现代家具，引导了新的产业链的形成和发展[①]。

除了龙门县农民画产业集群在产业链条分工与合作实现集群化，并逐步打造成新型城镇化样板之外，白马湖生态创意城则开辟了“农居SOHO”创新集群发展的新模式。白马湖生态创意城位于杭州高新区（滨江）南部区块，占地总面积约20平方公里。作为城市化项目杰出蓝本和新农村创意集镇[②]的典范，白马湖生态创意城的主要探索在于，以自然村改造试点为主要载体，通过改造农居为创意孵化平台，形成了创意人才的集散中心，创意产品的原创高地。

集群由试点到铺开，实现产值最大化。白马湖生态创意城在山一村柴家坞自然村进行农居SOHO改造试点，改造完成的38幢农居SOHO被中国美院等创意团队全部租用，成了第一个农居SOHO示范点。目前，山一村柴家坞

① 参见中宣部简报和材料（2011年第76期简报）：《广东龙门农民画崛起成为特色文化产业》。

② 注：白马湖生态创意城建成后，先后荣获“中国创意产业最佳园区奖”、“杭州生活品质展评会年度最具品质体验点”、“2010年当代城市化项目杰出蓝本”、杭州社会主义新农村建设“风情小镇”创建奖等荣誉。

自然村38幢农居SOHO试点已改造完成，并被中国美院、杭州西湖国际博览有限公司等创意团队全部租用，山一村章苏、陈家村、孔家里三个自然村共计约500幢农居SOHO可供3000创意人才入驻。

在柴家坞自然村农居SOHO改造试点取得成功经验的基础上，白马湖生态创意城确定了全面推进山一村社会主义新农村建设“一路三村”农居SOHO改造范围，建设山一村动漫小镇。500幢农居SOHO分三个标段向全国招标，体现“一房一景”、“一房一品”特色。一级形象（外立面）改造由村民为主体完成；二级功能、个性（室内装修）改造由创意团队为主体完成；景观、道路等公共环境改造由创意城建设指挥部组织实施。不断完善改造政策，以“先改造、先验收、先招租、先受益”为导向，出台了奖励、过渡、考核等办法。组建由区、街、村三级干部组成的“百人工作组”，进村入户宣传农居SOHO改造政策，帮助解决困难，按照“拆、迁、建、改、造”五字要求，以最优的质量、最快的速度开展农居改造。目前，柴家坞农居SOHO成功引进了中国美术学院创意发展公司、网易陶瓷、杭州西湖国际博览有限公司等30家创意企业，早在2009年，白马湖生态创意城便达到产值近1亿元。山一村500幢农居SOHO改造进行过程中，已有200余家创意团队排队入驻，45家创意团队已签约入驻，实现了“谁会来租”到选择“租给谁住”的大跨越。

因此，可以明确，就地城镇化是大多数中国农村地区最为普遍的方式。以农民为文化创作主体，以政府引导和市场主导为路径，以文化产业集群为载体实现农民身份转换的就地城镇化，对推进区域专业化和提升文化产业的区域竞争力起着重要的作用。

（三）生态型的产业链集成

文化产业集群的绿色发展要求进一步提高产业的发展质量，增加产业的文化创意附加值比值，提高文化产业的科技要素含量，增进文化产业的要素组合。基于生态型的产业链升级形成的文化产业集群，以文化内容原创人群的集聚为主要特征，在集群中实现创意、生产和居住的一体化，实现了文化资源在空间范围内的最大集成，代表着文化产业集群发展的最新形态。

基于集约化的产业链集成最大的特征在“产业空气”中注入“生活空气”，以综合化的管理服务和完善的配套服务，基于产业链实现功能集成。“产业空气”对文化产业集群的基本要求是相对充裕的资本、技术和人才等要素配套，而“生活空气”则要求良好的生态景观和自然资源禀赋。只要具备文化产业发展所需的基本要素，在一定的经济发展基础、社会文化和政策环境中便可实现产业集聚，从而营造“产业空气”，但“生活空气”则对区域生态、社区配套和人群集聚和消费状况等提出了更为严格的要求。因此，在生态景观良好和环境氛围优良的地区发展原创型文化产业集群，有利于产业链集成。

自然环境良好的区域往往是生态脆弱的地区，在开发中一般为保护性和限制开发性区域，传统经济的开发受到制约，而发展低耗能、无污染的文化产业，往往是塑造区域经济增长极的有效路径。一方面，生态景观和自然环境良好的区域往往属于保护性和限制性开发区域，产业发展空间有限。另一方面，作为生态资源丰富、自然景观质朴、文化积淀深厚的城市发展空间，选择绿色、生态、低碳和无污染的产业形态，改变单纯依靠自然生态景观旅游观光、知识附加值较低，产品的技术性和排他性优势不突出的产业形态，是基于产业集约化发展和区域土地价值最大化诉求。

生态型产业链的形成主要有以下集中构成模式。其一，依托生态资源，实施引智工程。例如西溪湿地国家公园，位于浙江省杭州市区西部，距西湖不到5公里，是罕见的城中次生湿地。这里生态资源丰富、自然景观质朴、文化积淀深厚，曾与西湖、西泠并称杭州“三西”，是目前国内第一个也是唯一的集城市湿地、农耕湿地、文化湿地于一体的国家湿地公园。作为生态景观和自然环境良好的保护性和限制性开发区域，选择绿色、生态、低碳和无污染的产业形态是“西溪湿地”发展的前提。单纯依靠自然生态景观旅游观光的产业形态，知识附加值较低，产品的技术性和排他性优势不突出，基于产业集约化发展和区域土地价值最大化诉求，设计以核心版权产业为主导的产业集群，成为西溪湿地破题的关键。西溪创意产业园以“文化为魂”构建影视产业集聚区，以创意集群的模式实现了传统优势资源的升级，为我国版权产业集群的发展提供了有益借鉴。

西溪创意产业园占地0.95平方公里，投资近1.4亿元，共有59幢建筑组成。在生态景观建设上，园区通过做好绿化提升工作，积极补充种植各类苗木，不断优化创作环境，完善园区的标志标牌系统，新建造景观桥、河埠头及木平台，不断改善园区生态环境和景观质量，同时，引进了绿城物业公司做好园内3万余平方米绿化植物的浇水保苗、除草修剪、病虫害预防以及园区主要河塘漂浮物的清理等日常保养工作，确保园区环境品质，逐步形成具有西溪特色的原生态创意设计艺术庄园。在智力资源要素的培育和幅画上，园区实施名人引进战略，出台优惠政策，加大对入驻作家、编剧、影视公司作品原创版权保护力度，营造良好的产业发展环境。目前，在不到1平方公里的园区面积内集聚了潘公凯、杨澜、余华、刘恒、邹静之、麦家、赖声川、吴山明、程蔚东、崔巍、约翰·霍金斯、皮托夫、高满堂、刘星、杜维明、朱海等20位“国内顶尖，国际一流”的大师名家。尤其是目前园内已集聚了9位著名编剧，已初步形成国内少有的、一流的高端影视原创基地布局。

除了创意名人外，作为专业型版权产业集群，西溪创意产业园还引入影视创意策划、制作公司入驻有浙江华策影视股份有限公司和浙江长城影视

有限公司等，影视放映、发行公司有省内最大的电影发行中心——省电影公司旗下的浙江时代电影院线有限公司。其中，华策影视已经上市，长城影视股份制改造已经结束，时代院线正在进行上市前的相关准备工作。西溪创意产业园不定期举办国内外具有影响力的论坛沙龙、电影节、电视节以及颁奖典礼等大型交流活动，凸显园区影视特色，进一步打响“西溪创意名家”品牌。园区还通过服务文化提升内涵。落实专人联系名人名企，为名人名企提供工商、税收、知识产权、装修审批等一站式服务。建立影视企业跟踪服务机制，定期征求意见，为入驻企业提供一流服务。目前，园区已形成“一园二区”发展空间格局，“东区”为创意企业总部基地，“西区”为名人工作室与原创机构，已签约名人20位，签约总部企业共8家，已基本建成以剧本创作、影视拍摄、制作、电影发行、院线放映为主要特色的影视产业布局，2010年，园区影视产业总产值达3.75亿元。

其二，盘活不动产资源，发展新兴业态。运河天地产业园位于杭州市拱墅区，是杭州文化产业发展中建筑风格和产业特色较为鲜明的产业园区之一，作为旧厂房改造而成的版权产业集群，运河天地产业园在对工业遗存改造中，坚持充分保留原有建筑形态，并大量运用工业元素，对破损建筑进行保护性修缮，从而延续建筑记忆、传承人文精神。同样位于拱墅区的还有乐富·智汇园、丝联166、浙窑陶艺公园及元谷创意园等，它们均以文化创意为灵魂，以版权创新为基础，以工业遗产盘活和老建筑改造为特色，形成了“一园七区”的版权产业空间格局。

以“一园七区”为主体的杭州市拱墅区版权产业集群整体上体现出充分结合该区及周边乡镇、街道企业的发展需求和产业结构特征，合理定位园区业态，实现园区发展与地区经济发展互动的基本思路。其中，乐富·智汇园坐落于科技功能园区，它以“现代工业设计创意园和文化产业创意园”为定位，通过“让创意产业走出老厂房”的理念，努力打造一个工业产业与文化产业相互交融、和谐共存的新型创意园区。目前，园区内入驻了一批处于国内行业领先地位的企业，如阿拉伯·亚洲商务卫视、博采广告等，入驻率达到100%。在空间利用上，集群按照“保留、改造、新建”的原则进行规划。原为杭州丝联实业的丝联166创意园根据老厂房特点，在不改变厂房、办公楼的基本结构，不破坏丝联厂整体环境的基础上，对建筑内部进行有必要的改造、修补、装饰，室内尽量少地使用照明和空调，大量利用自然空气和光线以节约能源、打造开放式的创意办公空间，使创意工作室的设计符合未来几十年的发展趋势。

其三，在景观布置上，集群创造高品质生活体验区。浙窑陶艺公园坐落在风景优美的石祥公园内，它充分利用原石祥船坞老厂房紧邻运河河岸的优势，临河而建，规划了美术馆、陶艺家工作室、陶艺动手游戏阳光房等不同功能区域，并在园区过道设置了临时性休息区和公共信息展示区，用于陶艺作品的展示和景观美化，创造了杭城又一个高品质的创意生活体验点。

其四，在集群的配套服务上，坚持“保姆化”服务。元谷创意园原为杭州西湖台钻厂，杭州元谷投资有限公司和杭州元谷担保有限公司先后斥资4000余万元，对厂区进行改建，并在合理规划、建设园区的硬件条件的同时，为入驻园区的企业努力打造五大扶持平台，加大对企业的服务力度，建立人才引进培训基地，免费提供法律咨询等公共服务，从软件上提高创意园区的竞争力，使老厂房焕发出了新的生机。

因此，设计以核心文化产业为主导的产业集群，成为基于生态的产业集群化发展破题的关键。这一发展路径对产业集群的升级具有深刻的启示：文化产业集群积累了丰富的产业，形成了企业聚集发展的态势，但我国文化产业集群在开发建设的快速推进过程中，仅仅解决了产业“进区入园”，即只关注了产业的地理集中或产业集聚问题，而没有解决产业的链式发展和集群化竞争。随着国家优惠政策统一化，土地、环保政策趋紧，单纯依靠规模效益的粗放型集群经济发展方式已经难以为继。在可持续发展的压力下，文化产业集群迫切需要改变集群内产业间、产业内部关联度低、配套性差、资源利用率低的状况，着力完善产业链和产业配套，建设“资源循环、经济发展”的生态型产业集群，促进产业的生态化和生产、生活、生态的协调发展，是文化产业集群实现集约化发展的必然要求。

二　基于市场需求升级的需要

随着中国文化产业集群自身知识产业链不断升级，文化产品不断打入国际市场并形成一定的影响力，培育商品多元化和信息海量化的消费时代更加忠实的消费者，进而促进中国文化产品在国际上竞争力的不断提高，同时促进消费者创新改善型生活质量的提升迫在眉睫。以文化需求拉动文化产业集群在产品设计、创意和技术创新方面的升级转型，是文化产业集群不断演进和发展的必然之路。基于市场需求升级而演进的文化产业集群发展主要基于两个方面，其一是原来的劳动密集型产业集群实现转型，其二是满足新的文化消费需求而创造新的集群。

（一）优化产业链条适应市场变化

文化产业集群运行的“专业”表现为有序的分工合作，集群生产的“专业”则体现为生产技术范式适应市场变化的不断优化，即“柔性专业化”。就企业而言，柔性专业化不仅是应对需求不确定的战略，而且是企业（在日本尤为明显）通过不断推出新的特殊产品而占领市场的有意行为。在计算机辅助设计和制造以及柔性加工技术发展的基础上，使用灵活的、通用的机器和熟练的、适应性强的工人来生产各种各样的定制产品成为可能。为了克服成本上升压力并在竞争中取胜，制造商在重新设计产品与生产方法时，积极寻求新途径来降低定制产品的成本，从而降低产品价格并扩大市场[①]。本地网络以及对本地社会制度文化的嵌入型（王缉慈等，2001）是柔性专业化实现的保证，有活力的社会文化环境保证了经济活动和技术创新的持续发展（Becattini,1990）。

1. 从劳动密集型产业转向文化主导型产业

乐器产业是文化产品的关联行业，乐器产业在中国既属劳动密集型和资源消耗型产业，又具有技术、工匠技艺与文化艺术相结合的特征，与音乐教育，音乐生产、商业地产等交叉和缠绕在一起[②]。2010年我国提琴总产量为93.46万把，同比增长10.56%，出口提琴77.07万把，占总产量的82.46%。2010年海关数据统计，中国弓弦乐器（提琴）出口世界116个国家和地区，总金额5418万美元，同比增长13.93%。目前，我国国内乐器市场呈现出国际化和消费层面多样化的特点。一方面，劳动密集型产业集群的文化附加值低等客观不利因素促使国内乐器生产企业不断改善产品设计能力、技术创新能力、加工制作工艺，提高文化创意和科技含量；另一方面，国内文化消费需求日益旺盛，音乐教育与音乐产业的发展对产品的数量和质量提出了更高要求，促使国内乐器生产制造企业不断改进产品类型，向具有自主创新和知识产权的文化产品生产制作业进行转型。

以产业集群的方式加速劳动密集型产业转型，有利于文化主导作用的发挥和自主创新的实现。江苏省泰兴溪桥镇和北京市平谷区东高村镇乐器产业集群的形成便是最好的例子。作为中国轻工业联合会和中国乐器协会联合授

① 王缉慈：《超越集群——中国产业集群的理论探索》，《科学出版社》2010年版，第47页。

② 马铭波、王缉慈：《知识深度视角下文化产品制造业的相似问题及根源探究——基于国内钢琴制造业的例证》，《中国软科学》2012年第3期。

予的两大提琴产业基地，溪桥镇和东高村镇两大集群集聚的几百家提琴制作公司年产小提琴占全球市场的70%左右，在文化经济不断繁荣，文化市场日趋活跃，文化需求逐渐旺盛的知识经济时代，东高村镇和气溪桥镇正在从“造琴之乡”向“演奏之乡”转型，“提琴之声”[①]成为产业集群的标志性元素，浓厚的音乐文化氛围提高了生产制造集群向文化产业集群的转型速度。

近年来，随着市场竞争不断加剧，尤其是国际金融危机以来，单纯的提琴制造受到人工成本与材料价格逐年上升、汇率上行、国际市场壁垒等不良影响。产业升级势在必行，提琴制造必须植入文化与智力元素，延伸产业链，逐步向音乐创造转移。中国乐谷的精髓在于集合了音乐产业的智力创造，以乐器研发、制造和交易为基础，大力发展创作、表演、体验、休闲和培训等产业业态和重要环节，逐步打造成为集器乐产销基地、音乐创作园区、无线音乐基地、主题文化娱乐区和服务配套区等功能于一体的“中国乐谷”。

中国乐谷依托青龙山有利地势，充分发挥平原、浅山区的地理特征，为音乐人营造舒适、优美的创作氛围，为音乐爱好者们打造属于自己的音乐圣殿。其发展理念的设计亮点在于从“音乐人”到“音乐・人”，传统音乐园区一般是专业音乐人的聚集区，而中国乐谷不但是中国音乐产业的风向标，更是跳出传统音乐人经济，开创“音乐・人”的理念，将音乐从高端引入普通大众家庭，让每一位市民、每一个孩子都有机会感受音乐、亲近音乐，让音乐成为传承文明的载体，让音乐成为后奥运时代北京城市文化的灵魂，让音乐在北京向世界城市迈进的过程中发挥出独特的作用。即从单纯的集聚音乐创作、制作、热爱者群体到实现以音乐为文化脉络，人与音乐融为一体，产业与城市融为一体、具有音乐文化氛围和音乐产业空气的创意聚落。以

① “提琴之声”工程由政府出资、出场地、找时间，先免费培训小学音乐教师，再通过他们在校学生中推广普及小提琴。

音乐新技术（包括制作压缩技术，版权保护技术，内容接入技术，网络自我更新系统技术）为核心，以乐器研发制造、原创音乐创作、无线下载、音乐培训和会展交流为主体的中国乐谷，将成为音乐社会化、普及化的主题文化娱乐园区。音乐产业区针对国内外的音乐人、音乐公司、音乐制作和经纪团队、运营商、内容提供商和音乐下载终端厂商等，全面打造数字音乐内容产业链和价值链，建成国内最大、国际知名的中国音乐产业基地。其发展路径主要借助平谷区提琴产业优势与良好的区位优势，建设中国乐器现代制造业示范基地，逐步完善产业布局，提高资源基础和公共服务配套设施，打造一流水准现代乐器制造园区。整合乐器交易资源，提升支撑服务体系，利用平谷国际陆港优势，打造覆盖国内外的乐器交易与物流基地。音乐主题文化娱乐区建成国内首家以音乐及其相关内容为核心的娱乐休闲、时尚科技的国际化主题音乐公园。以青少年和普通家庭为主要营销对象，实现音乐的社会化、普及化市场开发。服务配套区对音乐产业区和音乐主题文化娱乐区提供支持的配套区，保障休闲园区活动内容的饱满及整体规划的合理性分配。

以文化产业为引导，实现文化主题与城市开发的融合，是文化产业集群推进区域发展的另一个重要功能。在平谷音乐产业集聚区的规划建设过程中，还不断通过加强音乐产业与建筑产业融合，完善音乐风貌的建设。例如规划建设以音乐为内容的标志性建筑，如音乐墙或音乐钟塔，采用顶级的高科技设计，使之成为全国音乐产业发展的符号；在全区范围内设立以小提琴等乐器为标志的指示路牌、路灯等，烘托平谷区的音乐文化氛围；在景点、文化创意产品的交易中心等人群密集场所设立各种形式的音乐建筑，完善平谷区音乐风貌的建设等，从而进一步加强了以音乐产业为龙头，其他产业协调发展的文化创意产业结构体系的形成。

在从劳动密集型产业转向文化主导型产业转型的过程中，主要的路径包括：第一，科学规划文化产业集聚区，实现生产集聚和消费集聚。产业集群的发展过程是产业结构优化升级的过程，也是先进生产要素和优秀人才向集群集聚的过程。文化产业的创意功能和产业融合特性，使其具有较强的文化参与体验与互动性，因此，文化产业集群往往可以兼具生产集聚和消费集聚，而且这也是随着知识强度不断深化而体现出的现实需求。第二，以集群方式实现文化产业功能的多元化和定位的高端化。文化产业集群可以通过技术升级和知识共享的方式实现产业升级，从而实现文化产业功能的多元化和定位的高端化。第三，以集群方式实现文化产业与其他行业的融合与嫁接。文化产业涉及行业范围广，产品和服务种类多，具有较高的融合性与开放度。文化产业集群以知识型文化内容为核心，通过企业、市场空间的集中实现功能的集约和规模的集中。

2. 从基础加工型产业转向文化主导型产业

知识经济时代，随着劳动密集型产业向知识密集型产业转型，以智力驱动代替劳动力驱动的发展模式，成为经济社会发展的重要路径。知识密集型产业的产生既是科学技术不断发展的结果，也是人类为了解决日益突出的资源、环境问题所做出的必然选择。在这一背景下，知识深度理论对文化产业集群的内容原创和自主知识产权提出了进一步的要求，文化产业集群的发展始终以文化内容创造为灵魂，基于知识深度的文化产业集群演进一方面依靠技术进步实现产品升级，另一方面依靠品牌驱动实现产品附加值提升。

文化产业集群是县域经济发展的新模式，创新集群的发展不仅有效转移了农村剩余劳动力，拉动了文化产业的就业和县域经济的发展，而且文化产业集群有效消弭了新型城镇化过程中城乡二元对立，城市边缘或城乡接合部环境生态和基础设施薄弱的问题。县域经济是城市经济与农村经济的复合体。从区域范围来看，县域的中心城镇联结着它所依附的中心城市和它所吸附的广大乡村地区，处于城市和农村的中间地带。这种联结地位使县域的中心城镇往往成为城市经济与农村经济的对接的场所。从人口流动的趋势看，人口向城市集中为特征的城镇化进程是社会发展的一种必然趋势。随着中国现代化进程的不断加快，居住在农村地域的人口也将从第一产业分离出来，向城市转移和集中。从区域过程来看，县域中心城镇首先成为承接城市辐射的载体而成为县域内的增长中心，并形成一种“极化”过程。同时也通过“扩散”过程将相关产业、城市文化及生活方式等向次一级乡镇转移，从而实现城乡共同发展。县域经济不仅在国民经济中起着承上启下的桥梁作用①，而且在产业集群的发展和新型城镇化过程中起到纽带作用。

以河北省平泉县活性炭文化产业园区为例。活性炭产品生产加工所需的原材料为果壳活性炭。果壳活性炭以山杏壳为主，平泉县果壳活性炭产量占全国产量二分之一左右。平泉县全县山杏林面积67万亩，年产山杏果壳10万吨，已形成了山杏林基地—山杏加工贸易—杏仁饮品—果壳活性炭的循环经济产业化链条，而近年来果壳活性炭国际市场需求呈现稳步增长态势,活性炭消费量大约每年以8%的速度递增。活性炭具有很强的环保功能，基于物理吸附功能的空气净化作用使活性炭广泛使用在家装产业中。随着经济社会的发展和恩格尔系数的降低，消费者对健康环保的消费不断增加，进一步推动了活性炭产业的发展。

活性炭加工业归属于农副产品加工制造产业，其附加值相对文化产业较低，随着市场对活性炭产品的巨大需求以及消费者对活性炭产品品质和设计的需求不断提高，以版权产品取代农副产品，从基础加工主导型产业向文化主导型产业转型，成为平泉县产业升级转型的突破口。活性炭文化产业园区的规划和建设，一方面，依托版权创意设计，延长了活性炭产业链，实现了

① 邢志广：《中国县域经济发展模式研究》，哈尔滨工程大学管理学博士论文。

“杏核—活性炭—活性炭工艺品”的产品链，活性炭被开发成与现代家居、绿色环保、文化创意有机融合的、具有多种实用功能与审美价值的工艺产品和文化产品，至今已生产出包括工艺画、家居用品、车内饰品等4大系列及200余个品种的活性炭创意产品，不仅大大延长了活性炭的产业链条，而且极大提升了产品的附加值，活性炭版权产品比活性炭农副产品的利润提高了100多倍[①]。另一方面，采取 “公司+市场+基地+农户”和“协会联农户”等形式，大力培植龙头企业，以龙头企业强劲的版权内容原创能力驱动活性炭创意设计产品的升级。目前，平泉活性炭注册企业42家，年设计生产能力50000多吨，销售收入2.4亿元。这些企业的产品不仅多次荣登深圳文博会、北京文博会、杭州休博会等大型会展，产品还以良好的品质销往国内外市场，备受消费者喜爱，平泉也被命名为“中国活性炭之乡”。

平泉县规划建设的活性炭文化产业园以大力发展循环经济为契机，以调整优化产业结构、实现产业升级创新为目标，以绿色理念建设活性炭文化产业园，不仅适应社会发展潮流，实现创新型经济，而且有利于实现平泉县既定目标，更快、更好地发展平泉，提高平泉文化品牌知名度。园区以知识集成与产业设计体系为突破点，以科技成果转化和创业体系平台为资源载体，充分利用区域内较强的农业基础和丰厚的文化资源，集“科技合作、商贸运营、文化创意”为一体， 以活性炭产品的创意和版权原创为核心，以活性炭博物馆、活性炭创意体验馆、活性炭产品现代生产线等为功能组团，以活性炭创意设计公司和家庭为单位的农户生产为载体，在全县范围内形成了具有县域特色的创新集群。

在县域经济的发展中，以传统优势产业为基础，通过注入创意设计元

① 数据根据笔者负责编制《平泉县文化产业“十二五”发展规划》和《平泉县活性炭文化产业园区发展规划》时对平泉县活性炭文化产业进行调研访谈时获取资料数据。

素，提升产业的文化引导力和辐射力，提高产品文化创意附加值及品牌附加值，创造县域经济发展中新的增长极，是文化产业在拉动区域发展中的突出贡献。而以单一企业为主导，将创意设计元素融入传统产品生产线或价值链往往因为成本较高、实现周期较长而难以实现，但以产业集群的方式聚集合同类生产型企业，引入创意设计类企业，可实现优势的互补。

（二）创新产业模式适应消费变化

知识经济时代世界产业模式发生了深刻的变革，这与全球经济文化一体化时代分工专业化和协同创新的加速密不可分。技术创新推动了生产力的发展，市场的变化则使产业竞争进一步加剧。新的产业模式就是在适应这一变化的基础上产生的，它体现了企业在新的竞争形势下，通过不断发掘和强化自身的核心竞争力，以竞争优势为依托谋求生存和发展的新特点[①]。新的产业模式以新的文化消费需求为出发点，以文化与科技、文化与旅游、文化与城市建设、创意生活相结合，以文化创意综合体的形态，形成新的经济增长点。上海张江文化科技创意产业基地和香港数码港便是其中典型的代表，两者在主导产业选择、运行主体选择以及所在区位的战略布局方面具有共同布局。

1. 以科技型文化产业为主导产业

张江文化科技创意产业基地以文化与科技结合为切入点，以动漫和网络游戏业为突破口，集中体现“研发、培训、孵化、交易、展示”等科技型文化产业的符合功能，重点拓展三个产业，其一为动漫和游戏产业（包括网络游戏），如游戏制作软件、视频和音频等硬件产品的研制开发、代理和服务，游戏软件的策划、设计、制作、代理、出版发布、运营等，以及动漫画书籍、动画片、音像制品、动画期刊和玩具、文具、食品包装等与卡通

---

① 魏瑜：《产业模式变革的新特点：核心竞争力优先》，《国际经济贸易探索》2000年第1期。

相关的产业。其二为影视制作产业，如影视专业化的处理软件、影视制作硬件和制作技术的研制开发、代理和服务，以及电影、电视、广告片等后期策划、设计、制作等。其三为多媒体产业，如多媒体环境软件和硬件的开发、制作，各种平面、数字产品的内容策划、设计、制作，新产品造型策划、设计、制作等。

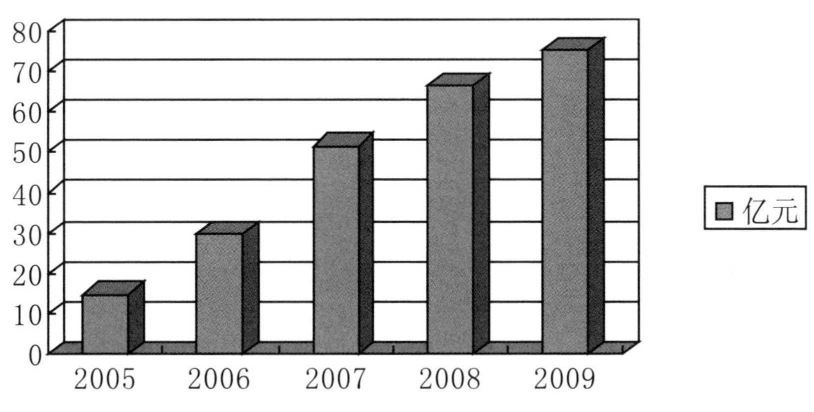

图2-1　2005～2009年张江文化科技创意产业营业收入

香港数码港园区是通过互联网、信息流为主建立起来的高科技、软件、信息、文化等的交换或集结中心。文化与科技的融合提高了文化产业集群的附加值，园区内大量新科技运用于住宅、酒店、商业，在产业开发模式上，香港数码港以“土地+互联网”、投资与租赁并举、经营与孵化结合的模式，集创新科技、优质企业开发孵化、金融资本服务和良好办公生活、环保生态环境四位一体的高科技园区。在产业形态上，香港数码港吸引顶尖科技公司入驻产生大量高档次消费人群，从而提高高档住宅和商业的消费能力，随着商业档次的提高，又进一步汇聚城市人流、物流和商流，逐渐形成城市中另一个高端商业中心，带动写字楼、住宅的消费能力，商业、酒店、写字楼、住宅、商务公寓相互促进。

2. 以文化科技创意类企业为运行主体

张江文化科技创意产业基地的发展目标是建立起完整的、具有一定规模的文化产业体系，包括创意产业教育培训体系、现代文化产品交易市场和展示平台，形成创意产业企业服务体系，以及文化产品的创意、制作、开发、营销的产业体系。基于此，张江文化科技创意产业基地结合产业特点制定了严格的企业入驻筛选评估流程，对拥有自主知识产权产品企业优先，从事文化产品出口企业优先，行业排名前10位的机构、总部及研发中心优先实施入园，评估不论企业其规模大小，一视同仁，对其行业地位、产品创新性、资源配置能力和运行团队等方面进行综合评估。截止到2009年底，张江已累计引进文化科技创意企业300多家企业，累计营业收入超过了250亿元，初步形成了网络游戏、动漫和影视后期制作及数字出版和网络传媒等为主的文化科技创意产业。2009年园区营业收入超5000万元的文化科技创意企业仅有14家，其中前十强企业的营业收入合计占产业营业收入的90.6%，集群龙头企业的拉动作用明显，进一步实现了知识深度扩展。

香港数码港集合了94家从事信息科技应用、信息服务以及多媒体内容创作的公司。其集聚特征是，香港数码港不仅仅是以数字内容产业为主导产业的“高新技术园区”，其物业复合式发展已经使其转变为一个包括4幢办公楼、1个商场、1个五星级酒店和2800个单位智能型住宅的“高新技术社区”。香港数码港不仅有优良的产业基础设施，而且拥有住宅、酒店和餐饮等民生基础设施，专业的产业推展配套和孵化器，并以数字生活元素引导潮流，使得数码港的角色逐渐变成一个体现未来发展潮流的“社区”，吸引近百企业入驻。

3. 以全球创意集散高低为战略目标

张江文化科技创意产业基地所在的上海市是联合国教科文组织授予的

联合国“创意之都”，发展文化产业是上海“科教兴市”主战略的重要内容。随着信息产业的高速发展和互联网络的广泛运用，以软件服务、计算机服务、数字出版、网络游戏等为代表的新兴产业迅速发展，成为新兴的文化产业形态，极大地带动了上海核心文化产业的发展。在文化与科技融合发展的经济环境中，上海市文化产业以集群为驱动，实现了快速增长。从整体上看，2004年至2007年，上海文化产业的增加值从669.51亿元人民币（系乘以文化因子后的数值）上升到1085.81亿元人民币，其中核心文化产业的增加值从358.93亿元人民币上升到586.81亿元人民币；2007年，上海文化产业的增加值占当年上海GDP的比重达8.91%，其中核心文化产业的增加值达到4.81%。从2004年至2007年，上海文化产业的从业人数从60.75万人（系乘以文化因子后的数值）上升到76.45万人，其中核心文化产业的从业人数从42.13万人上升到51.57万人；上海文化产业从业人数占当年上海全社会各行业从业人数的比重从7.26%上升到8.41%，其中核心文化产业从业人数占当年上海全社会各行业从业人数的比重从5.03%上升到5.67%①。

香港发展文化产业的时代背景是为了更好地促进香港产业结构转型。1997年的亚洲金融风暴之后，香港产业发展转型迫在眉睫，在确定了“以加工、贸易为主的香港转变为依靠科技提供高增值服务的香港”战略后，1998年香港明确提出“要成为在发展及应用资讯科技方面的全球首要城市，尤其是在电子商业和软件发展上处于领导地位”。打造香港数码港园区正是在城市转型背景下的战略选择。此外，香港作为国际金融和贸易中心，在经济区位、管理水平、市场监督、信息交流、资金筹措、工作效率等方面具有明显优势，因此，香港数码港园区的发展一方面得益于香港的金融环境，另一方

① 袁真富、武幼章、游闽键：《上海版权产业的经济贡献与发展现状——对2004～2007年上海版权产业的统计分析》，《重庆理工大学学报》2010年第9期。

面又对香港文化经济的发展做出贡献。

在文化产业集群通过不断创新产业模式适应消费变化的发展过程中，不断加强知识深度是张江文化科技创意产业基地和上海数码港园区发展的共识。知识深度的不断加强是文化产业集群进入成熟阶段的主要标志。在文化产业集群的生命周期初始，往往基于区位、中心地因素或比较优势、产业空气因素实现地理集中，集群内的创意阶层缺少联系的纽带展开合作。随着市场对消费需求不断提出新的要求，单一的企业或单元难以迅速应对市场做出敏捷反应，或应对市场变化投入高额原创研发费用，因此，弹性的分工与合作在集群中展开，通过中间组织，创意阶层之间实现了交流，知识的深度在合作中不断拓展，进而又催生了新的文化产品引领消费。如此良性循环，使知识要素在集群中的作用更加突出。

第三节 知识深度型

知识分为显性知识和隐性知识两种。显性知识可以用正式和系统的语言表达出来，以数据、科学公式、规格、操作说明等等形式实现共享;可以比较容易地被加工、传播以及储存。隐性知识深植于行动、过程、惯例、责任、愿景、价值和情感中[①]。隐性知识包括部分技术能力——一种非正式的、无法明确表达的技术诀窍。有多年经验的手艺师傅积累了独特的手艺，但是他无法明确表达其中隐含的科学或技术原理。与此同时，隐性知识有一种重要的认知度，它包括心智模式、信仰和一些我们认为理所当然的视角，因此，它

① Schon DA. The reflective practitioner [M]. NY： Basic Books, 1983.

们难以明晰化。这些隐性的模式彻底塑造了我们怎样认知周围的世界[①]。隐性知识创新是文化产业集群核心竞争力的基本构成，是形成知识强度型产业集群的重要路径，它是高度背景化和个性化的知识信息，集群中的隐性信息实现了各个具有不同的创造能力和技术知识水平的创意企业。依靠组织内部公开的界面规则或关系契约在创意设计、生产、流通等各个环节实现灵活的专业化分工和松散的耦合，形成非线性的多层次、多功能的网络合作关系[②]，这种多层次的、灵活的网络关系既发挥了集群中创意要素协同创新的作用，又实现了企业间知识的传播、共享、吸收和整合，使集群弥漫着“产业空气”。

一　基于创意主体的隐性知识创新

企业是市场经济的细胞。骨干企业是文化产业发展的重要载体，也是引领行业整体跨越式发展的重要引擎。文化企业的核心竞争力来自于对“文化内容”资源的挖掘、对“文化创意”主体的创新、对“文化”产业链条的延展，“文化”实现的关键则在于驾驭和创造知识的能力。提高知识的强度和创新能力，是实现企业核心竞争力的主要路径。

所谓基于创意主体（身体）的隐性知识是指，主体在认识过程中所产生和应用的隐性知识。这类隐性知识多植根于人类身体机能的运用，或对于工具的使用。在文化产业相关范畴内，隐性知识包括艺术家的表演、画家的创作、设计家的创意等，这些属于操作技能和艺术技能的专有知识本身带有大量的隐性成分，又收到社会氛围、制度环境等影响，带有很大的灵感成分。因此，这种隐性技能的商业价值是无形的，“对具有商业价值的隐性知识进

---

① Ikujiro Nonaka. The knowledge2creating company [J].Harvard Business Review, 1991(Nov—Dec):96 ~ 104.

② 余晓泓：《创意产业集群模块化网络组织创新机制研究》，《产经评论》2010年第4期。

行控制，以避免知识显性化使自身失去竞争优势”是隐性知识产业化的关键。

（一）创新集群为隐性知识创作提供良好环境

文化产业集群对文化创意的集聚和辐射能力是推动创新型城市建设的重要引擎。原创型文化产业集群集聚了大量以内容原创为主体的创意企业，为入园企业和内容生产者提供了良好的创作环境和学习氛围，从而有利于知识的吸收、知识的传播和知识的共享。隐性知识的诞生首先得益于集群良好的“产业空气”。创意阶层以产业空气为吸引因素，集群则以创意阶层个体隐性知识原创为主体，两者进行知识的互动与知识成果的转化，从而诞生创新源。

文化产业集群对文化创意的集聚和辐射能力是推动创新型城市建设的重要引擎。原创型文化产业集群集聚了大量以内容原创为主体的创意企业，为入园企业和内容生产者提供了良好的创作环境和学习氛围，从而有利于知识的吸收、知识的传播和知识的共享。以杭州市为例。作为长三角文化经济活跃的发达区域，杭州缺乏发展重化工业的地矿资源、港口资源、政策资源，但杭州拥有人才、环境、文化、产业、市场等发展文化创意产业的比较优势，发展原创型文化产业成为杭州经济社会发展的主要定位。

在科学规划与建设中，目前杭州已形成16大文化创意产业园区、24个文化创意产业特色楼宇的规模。截至2010年底，杭州市首批十大园区建成面积达124.4万平方米，同比增加57.16万平方米，增幅达85.01%；园区使用面积为52.77万平方米，同比增加11.54万平方米，增幅达27.99%；园区企业数量为1437家，同比增加600家，增幅达71.68%；园区就业人数为23074人，同比8042人，增幅达53.50%。杭州文化创意产业的迅速发展，得益于原创型集群的建设以及隐性知识的消化、吸收和创新。

杭州市具有特色和竞争力的文化产业集群主要包括西湖创意谷、西溪创意产业园、西湖数字娱乐产业园、之江文化创意园、运河天地文化创意园、白马湖生态创意城、下沙大学科技园、杭州创新创业新天地、创意良渚基地、湘湖文化创意产业园、杭州高新区国家动画产业基地、南宋御街中北创意街区、杭州山南国际设计创意产业园、东方电子商务园、乐富·智汇园、分水制笔创意园区。

杭州市文化产业集群的发展，结合杭州文化特色和区域优势，突出文化原创以及创意设计与文化相关产业的有机融合，以进入集群的文化创意类型企业个体隐性知识原创为主体，以集群提供良好的配套服务、技术支持和政策支持为保障，在文化产业的业态创新与融合方面具有积极的示范意义。主要文化产业集群中，西湖创意谷主要发展艺术品业、建筑景观设计业及时尚消费等产业；西溪创意产业园主要发展艺术创作及艺术经营、创意设计、总部基地等产业；西湖数字娱乐产业园主要发展动漫游戏与互联网信息服务等产业；之江文化创意园主要发展艺术设计、现代传媒等产业，运河天地文化创意园包括LOFT49、唐尚433、A8艺术公社、丝联166等，该园以工业遗存、历史建筑的保护利用为特征，主要发展文化艺术、建筑景观设计及广告设计等产业；白马湖生态创意城主要依托国家动画基地的先发优势极高新开发区信息服务业的产业优势，推动动漫艺术与信息科技、旅游休闲相结合，打造“宜业、宜居、宜游、宜文”的综合性生态文化创意城；下沙大学科技园主要依托大学城资源培育大学生企业发展工业设计、影视制作及教育培训等创意良渚基地以良渚文化和玉文化元素，主要发展文化生态旅游、时尚消费创意设计和文化会展等产业；湘湖文化创意产业园主要发展艺术设计、文化休闲旅游及文化会展等产业；杭州高新（滨江）区国家动画产业基地是首批国家级动画产业基地之一，发展包括动画、漫画、游戏、数字多媒体在内的文化创意产业；南宋御街中北创意街区以动漫游戏、设计服务等产业为主；杭州山南国际设计创意产业园已引进南方设计等建筑设计业领军企业，产业形态将以建筑设计为主，延伸至设计服务业范畴；东方电子商务园主要发展电子商务、信息服务业；乐富·智汇园以“现代工业设计创意园和文化产业创意园”为定位，通过“让创意产业走出老厂房”的理念，将成为一个工业产业与文化产业相互交融、和谐共存的新型创意园区；分水制笔创意园区依托成熟的制笔产业基础，将文化创意与制笔产业充分结合，在创意设计、技术研发方面不断创造新的文化业态。

以原创型文化产业为主导的产业融合不断产生创新性优化效应，不但促进了传统产业的创新，而且推进了新兴产业结构优化与产业发展。产业融合过程中，围绕“文化”产生的新技术、新产品、新服务在一定程度上又提高了消费者的文化消费水平，进而引领着文化市场的消费变革。由于文化产业广阔的外延，使其在融合过程中与文化相关的产业之间边界不断模糊，从而使两个和多个产业之间形成了共同的技术和市场基础，从而实现了隐性知识的显性化，更加有利于文化产品向文化商品转化。这一良性循环的过程，深刻地颠覆了传统产业的产业属性。

隐性知识的诞生与集群的定位及创意阶层的专业化程度密切相关。明确主导产业的集群定位，可以加强知识深度，实现某一领域专业人才的汇集，在此基础上产生灵感的交融与创意的碰撞，以隐性知识深度的实现集群核心内容（文化创意主体）的不可复制性，集群模式难以模仿及排他性又进一步提高了集群的竞争力。

（二）创新集群为隐性知识创作提供优惠政策

文化产业集群是有利于文化产业集约化、规模化和专业化发展的一种优化的组织形式，产业集群对于知识的吸收、知识的选取、知识的传播和知识的共享提供了开放的空间和有利的平台，其强大的配套服务功能和技术孵化能力，对“文化”转化为商品起着至关重要的催化作用。集群优惠政策往往成为集群吸引企业，特别是具有较强的知识原创能力、技术研发能力和创意生产能力的企业的关键。原创型文化产业集群的核心竞争力是文化内容的创意，创意的关键是人才，因此，人才的竞争成为集群竞争的焦点。“人才政策”则成为集群成长的决定性因素之一。

同样以杭州市为例。作为原创型文化产业集群集散分布的区域，杭州文化产业经济贡献明显的重要原因之一便是健全的人才政策。以原创型人才为核心，杭州市制订了“杭州青年文艺家发现计划”“中国杰出女装设计师发现计划”等具体办法，对人才引进、培养、使用、激励等各个环节进行全程规划。同时，杭州市财政还每年投入3000万元保障计划的实施，并每年投入2000万元对全市文化系统的重要作品创作、重点项目、重大课题研究进行支持，对在国际、国内重大比赛中获得的奖项进行重点表彰。加强对文化创意产业大学生的培训，是培育文创产业人才工作重中之重的基础工程。基于此，杭州市提出了“以创业带就业”的文创产业大学生创业实训工作思路，制定了《杭州市文化创意产业大学生创业孵化基地认定和管理办法》《杭州市文化创意产业大学生实训基地认定和管理办法》，通过建立创业孵化基地和实训基地，稳步推进文创产业大学生创业实训工作。一方面依托部分文化创意产业园区、重点企业，以“园中园”或创业基地的形式，培育发展若干文化创意产业大学生创业孵化基地，鼓励大学师生以创办公司、成立工作室及专业设计团队等形式进驻文化创意园或基地创业，着力培育一批创新人才、创意团队；另一方面以在杭高校毕业生为主体，以“定单实训、考证上岗、政府资助、促进创业”为原则，以专业培训机构、有关高校为主，建立了一批创意设计、动漫游戏和艺术品鉴定等大学生实训基地，大力加强对文创产业大学生的实训。目前，已有之江文化创意园、浙江赛博科技基地、杭州高职科技园等10家单位成为孵化基地，浙江省对外服务公司、西泠印社艺术品鉴定中心等14家单位成为实训基地，截至2010年底，共实训大学生5148人次。每月1次的“西湖创意市集”“酷卖街动漫市集”等活动，已经成为青年设计师和大学生创新创业的实践平台。

在人才的引进方面，杭州市文化产业集群针对杭州市文化产业发展特点，着力打破集群中高端创意人才短缺瓶颈，通过打破户籍、身份、学历、专业等体制壁垒，通过人事调动、合同聘用等多种形式，大力引进中高端专业人才。如“采取‘一人一策’的办法，或给予安家补贴，或给予安置住房，或为开办创作室、工作室和从事文艺创作、艺术教育、文化创意等创造条件、提供场所，邀请国内外享有较高声誉的理论家、作家、艺术家、创意大师来杭定居创业。”据相关资料显示，杭州已经先后引进了韩美林、余华、于青峰、麦家、边巍巍等一大批优秀人才，仅滨江动画基地就集聚了动漫游戏从业人员4000余人，其中知名漫画家、编剧、导演等中高端人才近300人。目前，杭州市已建立了一支由仲呈祥、刘恒、何训田、韩美林、余秋雨、陈祖芬、余华等国内一流作家、艺术家组成的文艺顾问队伍；著名作家、艺术家潘公凯、余华、刘恒、麦家和著名经济学家、创意大师约翰·霍金斯等20位名人和世界动画协会中国动漫博物馆、华策影视、长城影视等8家文创机构已签约进驻西溪创意产业园；德国著名作家布克博士和荷兰著名摄影家罗伯特成为首批“居住杭州”计划对象旅居了杭州，引起了全国各大媒体的关注。布克旅居期满回国后，已在《时代周报》《世界日报》《法兰克福汇报》等德国重要报纸发表多篇介绍杭州的文章，还与罗伯特约定共同创作一部关于杭州的图书[①]，以宣传和推广杭州文化发展与创意构思。

① 相关资料根据杭州市委宣传部文化创意产业办公室为笔者提供的资料整理。

除此之外，以“政府管家模式”运行的深圳南山数字文化产业园同样通过政府优惠与多方面扶持，助推文化产业的创新和发展。南山数字文化产业园是南山区科技局下属事业机构直接管理的园区，主要为企业提供日常办公场地和部分创意设计领域的公共技术平台服务。由于其管理机构的事业性质，给予入驻企业以较大的租金和其他运行费用的优惠，并提供科技管理范围的政策直接对接扶持，比如其租金只相当于周边写字楼的40%不到，优秀品牌企业甚至享受全免租金优惠政策等。因此，与其他同类园区尤其是民营创意园区相比，这种直接投入政府财政和人力资源管理的模式，招商优势非常明显，入住率也较高，形成了其他园区不可比拟的政府资源优势。这种“政府管家”模式在一定程度上对目前尚处于初级发展阶段的创意产业市场起到了积极的推进作用，尤其是一些中小型成长期的企业，在短期内形成的孵化成效显著。但从长期来看，这类产业园区在市场化程度、资本集约化程度和促进产业健康发展发面，还需要经受市场的考验[①]。

新制度经济学认为，制度因素对中长期经济发展和变化具有重要的作用。针对保护原创、激励创新、鼓励转变发展方式实现规模化、集约化和专业化发展的各类政策、文件和法律法规对文化产业集群的成长起到了重要的作用，尤其是在为创业者和创造者提供的优惠政策、创意氛围和创意环境等方面，推动了隐性知识资源向知识生产力的转化，发挥了文化对经济发展和区域发展的先导性作用。

在20世纪末，发达国家中国民生产总值的增长四分之三靠科技、靠人才，四分之一才是靠资本和设备。当今是知识经济的时代。土地、资金一直是人类赖以生存的重要资源，而人才作为高新技术的创造者、发明者、传播者和使用者，已成为当今科技进步与经济社会发展最活跃的因素和最重要的

① 参见深圳市委宣传部关于《深圳市文化产业园区和基地建设发展情况汇报》。

资源，人才已成为现代资本要素中第一资本[①]。同样，作为文化产业发展的关键要素，人才是隐性知识创新的主体。文化产业集群的“产业空气”和“生活空气”成为激励创新、释放文化创造力的推动力。隐性知识创新不仅可以激发原创能力，产生文化生产力，而且可以通过隐性知识的显性化，打造区域创新品牌。

从总体上而言，文化产业是以原创内容为灵魂的创新型业态，随着消费者文化消费形式需求的多元化和渠道要求的高端化，集群的可持续发展对知识深度提出了更深层次要求。未来文化产业集群之间的竞争将愈来愈消弭地理集聚界限以及因为区域鸿沟差异带来的梯度差异，而更加趋向于原创型人才的竞争，具备必要知识和能力，掌握从事文化经济时代现代化生产专门技能，适应先进文化生产力发展要求的必备素质的人力资源，成为生产力诸要素中起着根本性核心或支配地位的作用。

二　基于社会文化的隐性知识创新

相对于个体的元认知，种族、历史、社会意识形态所形成的社会大环境以及个体所处的组织环境都会对个体的“信息认知与再生”模型产生重大而深远的影响，在这一层面便形成基于社会文化的隐性知识。不同的文化背景、文化环境以及文化场，可以对知识创新产生不同的作用，集群所提供的空间聚集有利于实现知识的共享，而由于知识共享不但受到知识深度的影响，而且受到集群内参与单元或个体开放程度、开放态度的影响，因此其共享的难易程度有所区别，因此，隐性知识的显性化需要在集群内主体长期的磨合、互动和体验中逐步实现。情境式集群所形成的“产业空气”——协同

① 吴长春：《科学发展观与人才强国战略之关系》，《东北师范大学学报（哲学社会科学版）》2006年第3期。

创新环境实现了集群内知识创新网络的基本框架，这一框架内，创新个体与其他经济行为体之间不断进行知识的消化吸收、互动、共享和传播，进而嵌入到全球价值链的某个环节或产业链条的某个节点，进而建立起基于隐性知识的创新要素联动的场域环境。

（一）情境式集群为隐性知识显性化提供系统要素

情境式文化产业集群的发展，是在城市产业结构不断调整、传统工业在城市中不断衰退并外迁、高附加值的创意经济和现代服务业的需求不断增长背景下逐渐发展起来的。产业结构的不断优化使城市闲置或废弃了一定规模的工业用地，其廉价的租金和宽敞的空间为创意阶层提供了创意“栖居地”，催生了替代传统工业的创意设计、时尚艺术、文化产业的版权交易等新兴业态。以集群的形式聚集的创意阶层契合市场需求逐步商业化的过程，提供了隐性知识显性化的渠道，也提供了隐性知识适应市场、适应商品经济的模式。

创新系统要素联动[①]（如图2-2所示）是集群隐性知识创新组织形成的核心路径。在系统内，企业、大学、用户、政府和金融机构之间形成了以分工与合作为产业发展基础、以学习与创新为产业发展动力、以制度和政策为产业成长保障、以用户体验为市场诉求和以用户消费为市场增长点的产业成长模式、以金融机构资本化运行为产业发展杠杆的商业模式。

① “创新系统要素联动方法（Linkage Among Factors of Innovation System，LAFIS）”，就是将创新系统（包括国家、区域、产业和企业层面）作为一个观察复杂系统的框架和视角，特别是将创新系统划分为由主体要素（企业、政府、大学、研究机构、金融机构和中介机构）、环境要素（制度、机制、文化和政策）和功能要素（学习、开放、创新和合作）三类要素，而这三类要素彼此之间发生“联动”（Linkage），即促使对方或多方发生持续变化的联系和互动的能力。转引自周寄中等：《产业链两端的“R&D与服务”联动：价值创新的核心》，《中国软科学》2007年第2期。

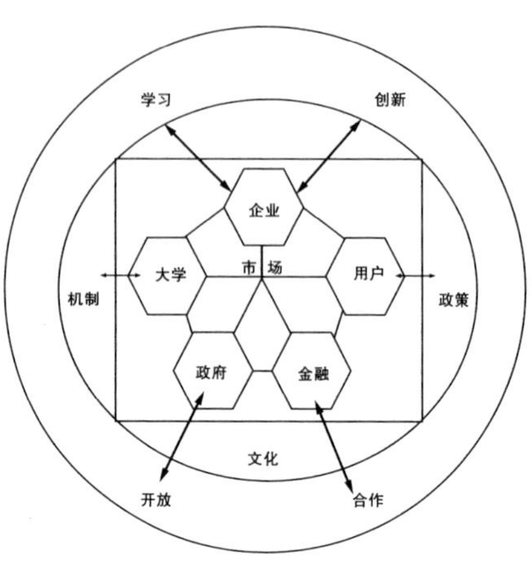

图2-2 创新系统要素联动示意图

社会文化的隐性创新不仅体现在或诞生于新经济空间的设计中，在旧秩序或旧工业的改造中往往也存在隐性创新。以上海市文化产业集群为例。作为我国创意经济最为发达的地区之一，上海市文化原创能力、集群吸纳和聚合力都较为强劲，而由于工业历史的悠久，上海市文化产业集群中，存在大量依托旧厂房改造的案例。旧厂房的个性化提供了集群较强的可塑性和时尚感，旧厂房较低的运营成本提供了吸引中小创意企业入驻的吸引力。因此，通过保护性开发老厂房、老仓库和老大楼形成创意产业园区占上海文化创意产业园区总量的三分之二以上，以这种模式建立的园区为城市老建筑注入了新的产业元素，使这些老建筑特有的历史文化底蕴得以延续。旧厂房改建而成的文化产业集群本身的建筑形态便是情境地产业的重要部分。而产业集群内文化产业的行业形态也以原创型文化产品（设计策划、艺术创作）和原创类文化服务（技术创新研发、时尚发布）为主。如8号桥、时尚园、创意仓库、海上海等集群以工业设计、服装设计、建筑设计、装潢设计、广告设计、环境设计、软件设计、园林设计、工艺品设计、城市规划设计、模型制作艺术设计、影视制作广告设计、商业咨询、设计咨询和培训为主要产业，M50、田子坊、800艺术区等以视觉艺术、摄影艺术、动漫艺术、雕塑艺术设计、雕塑制品、美术展览、艺术媒体、电视内容制作等为主要产业，并以艺术家个人工作室为主要创作单元，张江文化科技创意产业基地、天地软件园、天山软件园等以虚拟现实技术研发、网络运行、多媒体创作等技术服务为主要产业，尚街、同乐坊等则以时尚展示、创意发布等文化活动为主要经营项目。文化产业集群模式为园区内企业、创意阶层提供了良好的隐性知识创意环境，而集群的综合配套服务、技术支持与政策扶持，则对隐性知识的显性化传播，尤其是从创意闪现到形成商品的品牌化过程，起到了重要推动作用。

表 2-6　部分旧厂房改造的上海版权产业集群

区　属	现有园区	前　身	地　址	功能定位
徐汇区	2577 创意大院	上海龙华机械厂	龙华路 2577 号	广告设计、传媒等
	尚街 LOFT	三枪制衣厂	嘉善路 508 号	时尚生活、时尚设计等
	设计工厂	上海面包厂	虹漕南路 9 号	设计服务、设计研发等
	文定生活	上海冷轧钢板厂	文定路 204 号	家居展示、设计服务等
	西岸创意园	汉森织造手帕厂	徐虹中路 20 号	产品设计等
	D1 国际创意空间	上海市果品公司冷冻库	天钥桥路 909 ~ 915 号	影视、动漫、软件、广告设计等
	虹桥软件园	经昌色织厂	虹桥路 333 号	软件研发、动漫游戏等
	汇丰创意园	上海新丰制毡厂	喜泰路 239 号	家居时尚、创意设计等
	乐山软件园	新风色织厂	乐山路 33 号	软件研发、动漫游戏等
	X2 创意空间	亚华印刷机械厂	茶陵北路 20 号	IT 数码、动漫设计等

（续表）

区　属	现有园区	前　身	地　址	功能定位
长宁区	新十钢（红坊）	上海第十钢铁厂	淮海徐路 570 号	雕刻艺术设计等
	上海时尚园	上海离合器总厂	天山路 1718 号	时尚艺术、服装设计等
	映巷创意工场	上海塑料模具厂	定西路 727 号	文化传媒、视觉艺术等
	湖丝栈	华联配送公司仓库	万航渡路 1384 号	影视广告、媒体公关等
	时尚品牌会所	长宁豆制品厂	北翟路 163 弄 30 号	服装设计、时尚发布、品牌培育
	创邑·河	国棉六厂棉花仓库	万航渡路 2170 号	媒体创意、广告设计等
	创邑·源	大明橡胶厂	凯旋路 613 号	动漫、广告设计等
	周家桥	亚洲电焊条厂	万航渡路 2453 号	艺术设计、动漫艺术等
	天山软件园	双鹿冰箱厂	天山路 641 号	软件研发、动漫游戏等
	华联创意广场	海鸥酿造五厂	江苏北路 125 号	工业设计、动漫开发等
	聚为园	上海市纺织建筑工程公司	武夷路 351 号	室内设计、建筑设计、广告设计、动漫设计等
虹口区	1933 老场坊	上海工部局宰牲场	沙径路 10 号	时尚发布、办公、休闲等
	智慧桥	虹口建材厂	广灵四路 116 号	动漫设计、游戏开发等
	花园坊	乾通汽车附件厂	花园路 171 号	节能环保
	建桥 69	上海沪东机床厂	通州路 69 号	创意设计、咨询策划、建筑设计等
	绿地阳光园	四幢工业老建筑	西江湾路 500 号	建筑、影视、艺术设计等
	空间 188	上海无线电八厂	东江湾路 188 号	高科技、媒体网络等
虹口区	新兴港	上海电子仪表厂	大连路 1053 号	建筑设计、工业设计、动漫设计等
	优族 173	电力建设修造厂	邯郸路 173 号	咨询策划、软件开发等
	通利园	通利洋行	周家嘴路 1010 号	产品设计、航运服务等
杨浦区	东纺谷	市纺织科学研究院	平凉路 988 号	艺术设计、纺织技术等
	铭大创意广场	上海电焊机厂	长阳路 2467 号	工艺品设计及创意等
	汇星广场（上海国际设计交流中心）	上海针织厂	长阳路 1080 号	工业设计、建筑设计、环境艺术、视觉设计、信息技术等
	建筑设计工场	沪东高科技园区	赤峰路 63 号	建筑设计、规划设计等
	中环滨江 128	远东印染厂	翔殷路 128 号	工业设计、软件设计等

（续表）

区属	现有园区	前身	地址	功能定位
静安区	现代产业园	上海德加拉电器有限公司旧厂房	昌平路 68 号	建筑艺术、广告设计等
	传媒文化园	上海窗钩厂、上海航空设备厂	昌平路 1000 号	动漫艺术、影视制作等
	800 秀	人民电机厂	常德路 800 号	时尚设计、展示发布等
	汇智创意园	鸿新色织厂	余姚路 288 号	文化传媒、广告设计、产品设计等
	3 乐空间	上海第九制药厂	淮安路 735 号	文化传媒、电脑软件等
	98 创意园	上海电器厂	延平路 98 号	工业设计等
	同乐坊	益民食品七厂等	余姚路 66 号	影视制作、广告设计等
闸北区	创意仓库	四家银行仓库	光复路 181 号	建筑设计、环境艺术等
	新慧谷	延中复印机厂	沪太路 799 号	影视制作、展览展示、数字媒体等
	工业设计园	彭浦机器厂	共和新路 3201 号	工业设计、产品研发等
	名仕街	上海织袜一厂	洛川中路 1158 号	服装设计、展示、新品发布等
	合金工厂	上海合金材料总厂	灵石路 695 号	视觉产业、工业设计等
	老四行仓库	四行仓库	光复路 1 号	动漫设计、广告设计、摄影美术等
	孔雀园	上海孔雀香精厂	南山路 99 号	工业设计、多媒体制作、软件开发
卢湾区	田子坊	上食机械厂等	泰康路 210 弄	视觉艺术、工艺美术等
	8 号桥	上汽制动器公司	建国中路 8 号	建筑设计、影业制作等
	卓维 700	上海织袜二厂	黄陂南路 700 号	动漫广告、软件开发等
	智造局	上海紫光机械厂	蒙自路 169 号	创意设计、商务办公等
普陀区	M50	上海春明粗纺厂	莫干山路 50 号	现代艺术等
	天地软件园	/	中江路 879 弄	动漫设计、美术设计等
	创邑·金沙谷	上海离合器总厂	真北路 1150 号	影视制作、策划设计
	E 仓	诚孚动力机械厂	宜昌路 751 号	服装、建筑、艺术设计等
	景源时尚创意园	上海纺织原料公司	长寿路 652 号	文化传媒、研发设计、咨询策划等

（续表）

区　属	现有园区	前　身	地　址	功能定位
黄浦区	南苏河	上海市果品有限公司和上海纺织原料公司仓库	南苏州路 1305 号	建筑环境设计、平面媒体设计、展会咨询等
	鑫灵创意园	东星手帕厂	峨山路 613 号	影视制作、游戏动漫设计等
闵行区	西郊鑫桥	金兔羊毛衫总厂	虹许路 731 号	艺术设计、广告咨询、服装设计、建筑设计、家具设计等
嘉定区	智慧金沙 3131	嘉真经济发展有限公司	金沙江路 3131 号	电子商务、艺术设计、广告咨询、建筑设计等

除了上海文化产业集群和园区以旧厂房改造为典型特征外，深圳文化产业集群和园区同样关注文化创意与城市更新结合的旧厂房改造形态。在深圳文化产业园区发展中，从园区建设的形式来看，除企业类型的基地（21家）外，以“三旧”改造类为主，新建类为辅。有16个属于“三旧”改造项目，新建类4个。在“三旧”改造的园区和基地中既有像田面设计之都、南海意库、华侨城LOFT这样的旧厂房、旧仓库，也有像怡景动漫基地、大芬油画村、南山数字文化产业基地等园区和基地对旧写字楼、旧屋村和烂尾楼的改造。新建类园区和基地有东部华侨城、李朗·宝福珠宝文化产业园、中心书城、购书中心等4个。

在产业集群中，主导型的龙头企业是隐性知识创新的主体，对知识强度的提高，知识深度的拓展，知识宽度的延伸都起到关键作用。例如上海市全市77家文化创意产业园区中，主导产业企业数量共5857家，平均每个园区主导产业企业数量为76个。园区主导产业的企业数量占园区总体企业比例为71.2%。其中，有15家园区的主导企业比例达到90%以上。主导企业对园区增长率的贡献巨大，2010年77家园区文化创意产业增加值同比增长31%，就业人数15.53万人，同比增加35.43%。主导企业的自主创新在市场需求多变的环境中，始终保持着相对稳定的经济表现，集群的创新环境和创业氛围又进一步激发了企业创造力，而“高素质的劳动力支持先进灵活的计算机技术；高密度的独立中小型企业组成密集的生产网络；多样化的劳动力技巧形成高水准的地方劳动力市场；外部经济充分体现在这种产业综合体中；成功的制度基础结构促进生产者之间的相互信任与合作”[①]， 如此往复初步勾勒了创新集群的成长模式——技术变化背景下企业对集聚的需求不断促进集群的知识更新，集群内创意阶层以空间集聚的方式不断激发灵感使创新源源不断地转化成商品，集群的规模经济和范围经济不断扩大。

（二）隐性知识蔓延为情境式集群提供创新业态

改革开放以来，我国经济社会建设取得了较大成就。随着国家的发展，切实保障和改善民生，全面创建和谐社会，已经成为科学发展观执政理念的应有之义，国家的社会经济生活由单一的GDP导向，逐步向追求生活质量、幸福感转化[②]。情境式文化产业正是契合这一消费趋向的产业形态。情境式文化产业集群是文化经济与休闲消费、文化体验、旅游观光、商业地产等情境式实体经济结合的一种产业生态。随着国民休闲消费和文化旅游诉求的提高，情境式文化产业集群成为区域经济发展新的经济增长点。情境式文化产业集群在表现形态上可以分为基于国民健康诉求的健康养生旅游集群，基于信息技术拓展的智慧产业集群，基于国民幸福追求的主题地产集群等。

第一种集群模式——基于国民健康诉求的休闲旅游度假集群，是随着我国居民文化消费水平的提升和日益多元化文化消费需求而发展起来的产业

① （Scott,1997,2000），转引自王缉慈：《超越集群——中国产业集群的理论探索》，科学出版社2010年版，第37页。

② 《国民旅游休闲纲要》，国务院2013年2月20发布。

集群。作为一种服务型旅游体验为主要产品，以休闲为主题的休闲方式，休闲旅游度假集群的核心竞争力是隐性知识创意创造的消费关注点对消费者的排他性和唯一性消费体验。挖掘隐性知识资源，设计符合国民消费诉求和消费方向的文化体验服务和文化创意产品，是集群主要的商业模式。休闲旅游度假集群从消费业态本身来看并不是以文化相关产业为主导产业，但从生产业态而言，则包含着大量较高文化因子的产品或服务。基于休闲旅游度假的建筑集群属于相互依存的文化产业，是文化与其他行业相融合的重要载体，因此，这类集群的核心竞争力属于基于隐性知识创新的创新环境，即“情景式”的设计产生特殊的“空气”，这种“空气”不同于“产业空气”的规模化和严肃性，也不同于“生活空气”的模式化和随意性，它更多的是创造一种符合或引领文化主题的文化消费体验。例如3H（Home·家、Hotel·宾馆、Hospital·医院）医疗主题休闲集群，以医疗护理、康复与休养为主题，以康体养生与文化观光的结合，塑造了产业集群新的商业模式和新的产品体系。在我国3H主题产业集群中，咸阳建立了全国第一所中医药科技博物馆，依托温泉、医药发展了足疗保健养生产品；桂林将山水旅游资源与疗养院等医院相结合，发展医疗旅游；三亚则大力发展“中医国际疗养游”等。国内虽然已经将医疗旅游纳入旅游项目开发，但是旅游目的地并不多，且各地特色医疗尚未被充分发掘，也未开发出满足旅游者个性化需求的专项医疗旅游产品。

挖掘隐性知识，规划主题情境，是文化产业集群深度拓展和产业延伸的重要路径。以衡阳盐疗城旅游度假区规划实践为例。衡阳矿产资源丰富，是全国著名的“有色金属之乡”“非金属之乡”和“鱼米之乡”。盐卤储藏量丰富，湘衡盐矿盐卤储量126亿吨，占衡阳总储量的70%以上，盐层累计厚度300米以上，储量大，盐层厚，品位高，埋藏浅，国内罕见。李时珍在《本草纲目》中提到“盐为百病之王，百病无不用之”，道出了盐既可养生、又可治疗疾病的辩证关系。因此，将衡阳盐卤作为稀缺资源，开发利用，打造体验式度假产品，将使衡阳旅游产品结构发生质的飞跃。此外，项目地紧邻湘江，水资源丰富，湿地众多，生态良好，可与缓坡丘地共同构成项目地的景观骨架。淡水水系与盐卤相互呼应，构成立体水资源体系，使盐卤与盐浴世界形象匹配，为项目地开发盐疗养生项目提供了丰富的资源基础，是项目地旅游重要的支撑资源。此项目规划将盐文化、盐浴疗养和体验度假相结合，打造大众化城市公园公共绿地、中高端盐疗养生休闲产品、高端休闲运动、高端度假物业产品等，希望以此占据盐文化旅游产品开发的制高点。规划利用衡阳丰富的岩盐矿藏资源，打造中国盐疗养生第一城，利用珠晖公园优良的森林植被资源，打造城市里的森林度假天堂。同时为项目注入文化元素，丰富盐浴养生与休闲度假的内涵，充分挖掘盐的医疗价值，开发盐浴医疗产品①。

第二种集群模式——智慧型集群的发展基于科技的进步，使集群能够更好地利用新技术指导和控制集群内企业的运行和发展。“智慧园区”创造和提供的基于技术创新的服务平台（物理平台、技术平台、应用平台）及一站式解决或服务方案，开始应用到集群设计中。

经过多年的发展，园区积累了丰富的产业，形成了企业聚集发展的态势，但是，我国的园区在开发建设的快速推进过程中，仅仅解决了产业“进区入园”，即只关注了产业的地理集中或产业集聚问题，而没有解决产业的链式发展和集群化竞争。随着国家优惠政策统一化、土地、环保政策趋紧，单纯依靠规模效益的粗放型园区经济发展方式已经难以为继。在可持续发展的压力下，园区迫切需要改变园区内产业间、产业内部关联度低、配套性差、资源利用率低的状况，着力完善产业链和产业配套。同时，在激烈的园

① 杨振之、朱思颖：《医疗旅游度假区规划实践》，《中国旅游报》2012年3月21日版。

区竞争背景下，园区的产业同质化竞争也日趋严重。从世界范围来看，产业链的附加值主要向产业链的两端延伸，在研发、设计、创新等上游领域和现代物流、展销服务等下游领域存在着较为丰厚的利润空间，而我国多数园区的产业体系都处于产业链的中间环节。在竞争的压力下，为了抢占产业链的高附加值端，园区内的企业日益增加研发投入，转变以往单纯生产制造的发展方式，向高新型企业演进，通过不断的技术创新保持竞争领先优势。显然，在园区“二次创业”的过程中，推动园区企业向高新型转变，扶持具有发展潜力的创新型中小企业，尽快占据科技制高点，促使园区从“制造”向“创造”转变，是我国园区企业发展的趋势。智慧园区建设，一方面可以提升园区内部的政务管理能力，增强园区在推动企业创新上的服务能力；另一方面通过智慧园区建设，促进节能环保，可以改善园区居民生活环境，显著提升生活质量；更重要的是为园区内的企业服务，通过智慧的基础设施、智慧的政府服务、智慧的公共服务体系，为企业提供优良的创新、发展环境，消除企业发展的后顾之忧，并适时地为企业发展提供各种支持。通过智慧园区的建设，把园区管理机构、园区企业、园区居民等园区内各方的优势资源加以整合并通过各种途径大力推广，为园区打造一个整体的优质品牌，可以显著提升园区对优质企业、高素质人才的吸引力和凝聚力[①]。

例如特定主题的智慧园区把园区内部政府、园区内企业以及园区外专家和主题参与者乃至园区企业客户等各种角色组成一个创新社区，为他们共同营造一个统一的创新平台。在这一平台之上，所有创新参与者可以完成从创新整理、孵化、测试的整个流程。创新的内容包括企业的方方面面，比如新产品、新设计、新服务、新的业务模式、对已有业务流程的改进等等。为了

① 赛迪顾问：《中国智慧园区建设战略研究（2012）》，中国电子信息产业发展研究院、赛迪顾问股份有限公司、北京赛迪世纪信息工程顾问有限公司。

让创新项目更顺利的孵化和推广，主题园区往往通过创建集成专家的网络，专门针对某些创新主题进行评估，给出具体建议从而进一步提升园区内孵化研发的创新项目的可行性。

第三种集群模式——主题地产集群，是契合文化与旅游融合的产业集群发展新趋向。在该类型集群的发展中，隐性知识的呈现方式与区域自然生态禀赋、民俗文化历史和地缘文脉资源联系得更为紧密。生态地产集群以沈阳棋盘山为典型代表。沈阳棋盘山国际风景旅游开发区所具有良好的生态资源禀赋和自然环境优势是其具有绝对优势的隐性知识资源基础。以良好的生态吸引创意阶层入驻，以规模化的主题商业地产拉动区域经济发展，改变原来经济发展中依靠传统的房地产业单一收入模式和粗放增长方式，成为棋盘山产业转型的重要布局。棋盘山在区域发展定位上，以旅游度假地产和健康养老地产为驱动，以新型城镇化建设为目标，以生态型度假胜地和田园式养老园区为载体打造观光度假型主题地产集群，对商业地产业发展模式做出了有益探索，也为新型城镇化建设提供了新的模板。以民俗文化历史为隐性知识资本的集群同样有许多典型个案，诸如西安曲江新区国家文化产业示范区、淹城春秋乐园和曲阜新区国家文化产业示范区就是典型的代表，盛唐文化和儒家文化积淀了千年文脉的传承，又是集群文化基因的源头，这一具有历史文化优势的隐性知识源，是文化产业发展最好的温床。

西安曲江新区国家文化产业示范区以“特质文化内核+价值传播＋新城市主义”为实质，以文化为推动力，以城市经营为手段，达成文化、商业、旅游的契合，是中国城市化初期文化经济与城市发展的成功范式，是盛世中国背景下的文化理想和文化自觉，是世界主流语境下的文化坚守与文化责任担当。曲江特质文化内核是古老纯正、发育完善的根派文化，是以唐为主的盛世文化，其实现了非物质文化社会价值最大化、商业价值最大化。曲江文化外向表征为重大文化工程、产业集群链条及其所形成的重大城市文化景观。

曲江价值传播是对和谐审美、和善人性和合理利润的系统传播。即以复合方式传播盛世之美、民族之美、财富之美、人性之美、节奏之美，以系统传播持续进行文化聚焦和扩散。淹城春秋乐园在淹城遗址旁建设的国内首家以春秋文化为主题的梦幻乐园，是中国传统文化与西方现代主题乐园结合的典范。园区紧紧围绕“小淹城，大春秋”的设计原则，以游乐化设计手法，从春秋时期的政治、军事、经济、文化等方面取材，将古老的春秋文化与现代高科技游乐设施巧妙对接，实现了中国旅游景区文化产业转换升级的创新实践。

从情景式文化产业集群的发展规律和特点中可以发现，其发轫和生存的基础是较强的社会文化根植性，其发展和成熟的标志是弹性化的网络空间。事实上，这正是“弹性生产综合体”的两个显著特征，即，弹性专业化的本地网络（包括企业网络和劳动力市场网络）和本地网络对本地社会制度文化的根植性。[①]弹性专业化和根植性强调地方产业增长的社会、文化和制度基础，认为制度、劳动分工和学习创新之间存在紧密的相互作用，其“根植”的核心是区域历史文化在长期的积淀、演变、传承中形成的独特的文脉，尽管在知识经济的发展框架下，形成了基于文化的创意产品和服务，但这一文化主体是基于区域社会文化的，而非放之四海的，也就是说，一旦情景式文化产业的产品离开了这一特殊的“文化场”，其产和服务可能便失去了特色和竞争力。就如同迪士尼的衍生产品在主题公园的氛围和文化场中销售数量可能更大，离开主题公园，夸张的卡通服装、头饰和面具等于个体生活关联度相对较低的产品便失去了一部分市场一样。这既是集群的竞争力，但也可能存在因为“排他性”而制约了在全球市场上商品化和规模化发展的因素。

① 苗长虹：《“产业区”研究的主要学派与整合框架：学习型产业区的理论建构》，《人文地理》2006年第6期。

第三章　文化产业集群的演进模式

第一节　地缘驱动：通过资源配置实现集约化发展

一　产业区位的历史随机性选择

经济因素与文化因素是产业集群、尤其是文化产业集群形成的必然要素和重要引擎。在依托经济发展与地缘优势形成的文化产业集群中，既有在一定必然物质条件前提下，历史和时代的偶然性作用促成集群的萌芽，进而在多种驱动力影响下形成文化产业集群，也有在特定文化地缘因素下，基于区域协同创新的合作需求和文化消费扩张的生产需求作用促成集群的萌芽，进而在优势资本导向下形成文化产业集群。浙江横店影视文化产业实验区和广东中山市古镇灯饰产业集群的形成，都是在基于一定经济发展基础、产业成长基础和人文地理因素基础上，在一定的随机性机遇、特定的时代环境与市场需求条件下形成的文化产业集群。

（一）历史偶然性与循环积累的双核驱动

把空间经济思想引入经济分析的克鲁格曼将最初的集群形成归于历史偶然性和循环积累的双重作用，即集群的产生首先是基于某一地区历史发展中的偶然因素形成发展萌芽，而后经历了“路径依赖”阶段发展壮大，最终经过长时间“积累过程”形成成熟的集群[①]。而最早对积累循环律有所研究的是威克塞尔，他在《利息与价格》中阐述了产业集群的积累循环过程。他认为，一系列互为因果的事件，在经过一次波动之后，会迅速地收敛到最初的稳定均衡，或收敛到其他的稳定均衡点，而且这种相互作用会随着时间的变化而变化，使最初的偶然事件发生大而持久的影响，这个过程就是积累循环过程。缪尔达尔在《进退维谷的美国》一书中进一步阐述积累循环律的发生机理，他的模型详细地说明了数量微小的优势是如何进一步扩展的，他认为，某个地区大量厂商和工人的存在为更多的厂商和工人的集中到该地区提供了激励[②]。从集群成长的生命周期而言，偶然因素仅仅决定集群初始形成，经济、文化的必然因素和市场机制决定了集群的可持续发展。

空间经济学所认为的“历史和偶然事件是产业区位的源头，而循环累积过程犹如滚雪球般的效果导致产业长时期地锁定在某个地方”的基本理论，被好莱坞电影产业集群和横店影视产业集群的形成和发展过程所证实。好莱坞所在地南加利福尼亚因为温暖的冬天和和煦的阳光被电影导演弗朗西斯·伯格斯选作《基督山伯爵》的拍摄外景地，随着电影场景获得好评，随后制片人格里菲斯也在好莱坞以天然背景拍摄影片。从此以后，许多电影公司纷纷来这里拍片，开始了美国电影业移师好莱坞的大转移。1912年起，许多电影公司在好莱坞落户，著名的电影公司有米高梅公司、派拉蒙公司、二十世纪福克斯公司、华纳兄弟公司、雷电华公司、联美公司、环球公司、

① 以保罗·克鲁格曼为代表的新经济地理学派认为，创新集群的形成是“偶然事件”和“循环积累”的结果。但这一观点被一些持收益递增理论观点的经济学家所否定，他们通过分析计算得出反驳意见，例如硅谷等创新集群的出现仅仅是基于“循环积累”的结果，市场区域的扩大决定了积累的时间和规模。可见，“偶然事件”+“循环积累”是促成产业集群形成并发展的重要原因之一，但并不是唯一的驱动力。

② 施昌奎：《论产业集群的成因与作用》，《首都经济贸易大学学报》2006年第4期。

哥伦比亚公司[①]。从好莱坞电影产业集群发轫端倪来看，其形成带有一定的随机性色彩。尽管冬季温暖的阳光和良好的生态是作为电影外景地的必须因素之一，但不可避免地在类似和关联区域存在同样自然禀赋的地区。因此，好莱坞电影产业集群的形成在一定程度上是经济、文化等必然因素与随机性共同作用。美国电影工业的发达、加州经济的发展基础以及围绕电影生产制作而逐步完善的电影产业配套，支撑了好莱坞强大的版权产业在全球范围的扩张。

横店影视文化产业集群的形成与好莱坞电影产业集聚区的形成具有一定的相似性。1995年，导演谢晋筹拍历史巨片《鸦片战争》时因为拍摄基地无着落而焦虑不安，横店集团创始人徐文荣全额投资建设拍摄基地的外景，在半年内建成包括五大景区、150座各类建筑、总建筑面积6万多平方米的19世纪南粤广州街基地[②]。《鸦片战争》上映后“横店”开始逐渐成为中国影视产业发展历程中一个特色鲜明的符号。而“横店”作为版权产业集群真正成熟的标志，其一是以市场化带动区域经济，以影视主题旅游拉动现代服务业及相关产业的发展，其二是以需求为导向丰富产业形态，拓展产业链条。除了影视产业的拍摄、制作外，经营项目涵盖了影视制作、影视器材、场景搭建、道具制作、设备租赁、演员中介到餐饮、住宿、娱乐设施等多个领域以及广告、动漫、节庆会展等多个版权产业的核心层。版权产业高附加值的特性以及基于市场需求的经营思路，使好莱坞和横店均跳出了作为“拍摄基地”的单一符号，以全面、符合的“文化产业集群”形象服务、贡献于国家和区域经济文化的发展。

横店影视产业集群以横店影视城为核心，其中，影视城总用地4963亩，

① 钱紫华、闫小培：《好莱坞电影产业集聚体的演进》，《世界地理研究》2009年第1期。

② 徐莹：《横店影视产业实验区：打造全球最大“梦工厂”》，《金华晚报》2010年8月22日版。

建筑面积50万平方米，其运营的核心理念是“影视为表、旅游为里、文化为魂”。在其发展影视产业的同时，大力发展以旅游业为主体的第三产业，即“影视成名，旅游赚钱”。从观光性旅游向参与性、体验性旅游转型，横店影视城已开始由影视拍摄基地转型为拍摄基地+主题公园的复合模式。这一发展理念，使横店影视城的功能由单一转向多元，在文化积累的进程中，由影视产业转向复合型文化产业。迄今为止，横店影视城现已建成广州街、香港街、明清宫苑、秦王宫、清明上河图、梦幻谷、屏岩洞府、大智禅寺、明清民居博览城等13个影视拍摄基地和两座超大型的现代化摄影棚。

表 3-1　横店文化产业用地情况

序　号	项目名称	总占地（万平方米）	其中“四荒地”（万平方米）
1	清明上河图	30.3436	24.7619
2	文化村	17.9893	12.668
3	度假村（包括儿童公园）	42.8338	27.3207
4	秦王宫	27.4239	22.9903
5	广州街、香港街	7.86479	7.86479
6	江南水乡、横店老街	35.1129	23.8495
7	大智寺（天堂村）	168.498	154.512
8	明清宫苑	100.08981	83.26332
9	娱乐村	4.551444	0.4662
10	休闲村庄	120.067146	118.581966
11	禁毒教育基地	3.264066	0.9657
12	红军长征博览城	732.468132	719.28
13	花木山庄	836.8623	832.5
14	金佛庄烈士陵园	33.3	33.3
15	严济慈陈列馆	19.98	19.98
16	八面山庄	384.1848	331.72128
17	明清民居博览城	56.30697	13.653
18	华夏文化园	32.566734	32.566734
19	九龙文化博览园	1211.748372	1198.8

（续表）

序　号	项目名称	总占地（万平方米）	其中“四荒地”（万平方米）
20	青年联谊活动中心	201.886578	186.48
21	中国革命战争博览城	1324.008	1298.7
22	道教基地（屏岩洞府）	1465.2	1437.228
23	圆明园	372.96	213.12
24	老上海滩	26.64	26.64
25	万里长城	133.2	133.2
26	机场	38.23506	26.64
27	高尔夫球场	79.92	73.26

横店影视城构建了策划、融资、制作、展示交易以及后产品开发等五大体系，集聚相关资金与企业，打造完整的影视产业链。上游影视制作产业和下游影视旅游产业的结合，不仅促进了当地餐饮住宿等服务行业的兴起和为群众演员提供了就业机会，同时也带动了拍片配套的道具戏服等专业加工服务行业的发展。

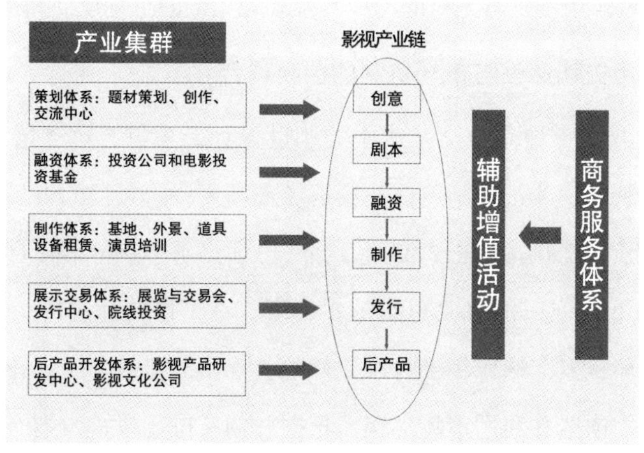

图3-1　横店影视城产业链[①]

① 周建成：《影视地产的运营模式和发展战略》，《易居中国》2011年第42期。

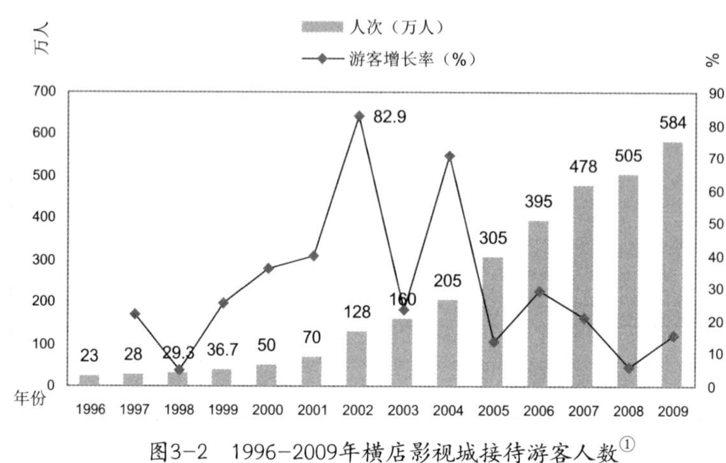

图3-2　1996-2009年横店影视城接待游客人数①

因此，从“历史偶然性”的驱动因素来看，好莱坞电影产业集群得益于被“偶然”发现的自然环境和生态景观良好的外景拍摄地选择，横店影视文化产业集群则发轫于创始人“不经意”得到的消息，进而为一步电影“量体裁衣”打造电影外景拍摄地，从两者的演进模式上看，“偶然事件”+“循环积累”的双重作用推进了集群的形成并推动着集群的长期发展和演进。

（二）历史偶然性与市场机制的创新耦合

产业集群是一种减少交易成本的制度设计，集群打破了既有的制度结构，以正式制度或非正式制度促使集群形成和发展。集群的市场机制一方面是政府政策强制性执行的正式制度，另一方面是基于集群信任合作基础或相似文化背景下，依托根植性的非正式制度。在集群的演进中，“历史偶然性”在“循环积累”的作用下可以更好地实现集群持续发展，在市场机制的良性驱动下，创造并利用市场环境、把握并创新市场政策，则有利于集群实现经济、文化和生态等耦合发展。

① 周建成：《影视地产的运营模式和发展战略》，《易居中国》2011年第42期。

基于历史偶然性与市场机制创新耦合的产业集群，其演进路径往往表现在从由自发汇聚（因偶然时间引起）到在政府引导和市场调控作用下成长和扩张的过程，广东省中山市古镇镇灯饰产业集群便是其中的一个典型代表。古镇是以灯饰产业高度集中而迅速发展起来的新型工业城镇，集群自发形成过程带有一定的“历史偶然性”[①]，文化产业集群的核心动力是创新，所以在历史偶然性因素下形成的产业集群实现可持续发展并要富有市场竞争力，首先需要进行制度创新。与所有行业市场化的过程一样，宽松的政策氛围、良好的投资环境和开发的思想观念是产业集群形成的必然要素。而在集群形成之后，在发展模式上，集群开始与市场机制的创新耦合，“逐步由初放型向集约型增长转变。在产业结构上，集群逐渐由传统产业为主向促进新兴支柱产业转变。在创新能力上，集群不断向大力提升产业工艺装备水平，产品技术和质量水平、品牌经营水平，产业链由缺失到完善提升。在发展环境上，集群一直致力于向循环经济和可持续发展转变等[②]。”这也进一步表明，自发成长型产业集群发展到一定阶段，必然要进行科学的规划和引导，以政策引导和宏观调控为基本诉求点的行政手段将进一步提升自发成长型产业集群的竞争力。

综上所述，诚然，古镇灯饰产业集群的形成源于自发并带有偶然性成因，但之所以能够形成成熟的产业集聚，更带有其必然性要素。从这种必然

① 古镇并没有灯饰产业形成的资源和人才，也不是市场集散地，当初只是先有一两个香港商人在当地进行组装生产开始带动，并逐渐形成分散和扩大阶段，这形成了古镇灯饰产业集群的第一颗种子。1979年刚开放时古镇就有很多商贸公司成立，当时销售家电产品的居多，很早就形成了全国性商业销售网点，推销员遍布全国。经过在商场的摸爬滚打，通过对各方面信息的综合和反馈，古镇人意识到灯饰市场较有潜力，行业发展有前景，就开始买回样品，由几个主要能人带头做起来，这种商业氛围和经商历史为日后的产业集群发展打下了很好的基础。数据资料转引自国务院发展研究中心产业部、华林证券有限责任公司课题组：《产业转移带动产业集群发展——广东中山古镇灯饰产业集群研究》，《中国经济时报》2004年11月2日版。

② 参见《中山市古镇镇近期建设规划（2006～2010）》。

性中可以看到大多数产业集群形成的规律性特征：首先，便捷的交通和地缘优势有效降低了物流成本并能较好地集聚专业化人才。其次，良好的工业生产基础构建了相对完善的产业链条，使集群内部的行业和企业之间充满了合作的可能性，并带来了无限的商机。与文化产业相关的产业各行业之间形成了有序而自觉的分工与合作，从而使产业和产品的分类更加明确，分工环节更加精准，并减少了因行业转换和加工环节而必须支付的成本，极大地提高了产业效率。第三，发达的经济基础使产业集群的形成和巩固成为可能。金融服务的完善，商贸活动的繁荣，市场交易的频繁以及发达的物流网络为产业集群的发展提供了良好的经济基础，成为支撑集群形成的必要条件。第四，思想观念的解放使生产力的释放成为可能，市场经济的细胞得以无限繁衍和扩张。集群内部血缘、亲缘等人际关系使信任和合作易于形成，创新精神和冒险意识能在区域内蔓延并形成文化氛围和商业气场。基于地缘文化的商业精神使文化产业集群的形成过程更为迅速，也使集群的根基更为稳固。

二　产业区位的交通廊道推进

当前，文化日益成为区域发展的重要内在驱动力，经济、文化与地缘的共同作用下，文化产业开始对区域经济发展、产业培育和空间格局的引导上发挥愈加重要的先导性作用。地缘因素的影响力和辐射力源自经济地域系统的作用。“经济地域系统是指人类经济活动在地域分工不断深化和地域运动不断拓展作用下所形成的多功能、多层次、结构复杂、网络发达的空间地域体系。它是由经济地带系统、经济区系统、城市地域系统、规划区系统、地缘经济地域系统和网络结构系统等所组成的庞大的符合地域系统。”[①]对于文化产业集群的发展而言，体现在区域经济地理学最根本和最核心的是“生

① 陈才：《区域经济地理学》，科学出版社2001年版，第183页。

产力”。即，释放文化生产力的途径和方式。区域经济地理学认为，“生产力是经济地域系统形成和发展的总动力，地域分工和地域运动是其形成和发展的直接原因，位置与交通信息条件制约着经济地域系统形成和发展的全过程，自然条件与自然资源是经济地域系统形成和发展的自然物质基础，城市是经济地域系统的支撑体系与核心力量，而基层经济地域则是其基本细胞。各个基层经济地域由于其所处的地理条件、生产力水平、产业结构与空间结构及其外部经济联系结构的特点不同，其分化与组合的方式也不尽相同，从而形成功能各异的经济地域子系统，这些子系统相互紧密联系、互为制约、相互交错，统一于经济地域巨系统内。”①由此可见，如何通过激活区域间各因素活力，进一步解放文化生产力，释放文化消费活力，是文化产业集群形成和发展的关键性要素。

在基于地域经济系统的文化产业集群形成过程中，位置与交通信息条件是推进其实现规模化、集聚化和专业化的重要原因。体现在直观要素上，即，城市交通主干道、交通轨道、滨水带等空间格局。以下列举的两种文化产业集群形成方式，都是基于地域经济系统模式下的衍生方式。其一是城市交通干道沿线，其二是城市滨水区沿线。它们均是汇集商业、金融、文化、旅游和消费的密集型区域，能够有效地促进城市化发展，形成区域经济发展的城市圈或城市带，从世界城市化分布地区看，但凡城市化进程快，人口密集度高的地区往往是交通通达便捷建设之地。

由于空间和交通等因素的通达优势，以铁路、公路、水路和航空等为轴线的高层次、整体性廊道空间，往往成为文化产业集中分布的地区。通过优越的额交通轴线引导产业群的发展，有利于降低和控制区域经济的联系成本，加强城市群之间的知识更新和互动，为区域发展拓宽了经济腹地的

① 张凤超：《金融地域系统研究》，人民出版社2006年版，第12页。

范围，增强了文化产业集群的辐射力和吸引力，高铁的开通对区域产业的集聚起到的推动作用便是很好的说明。目前，世界高铁开通之地往往集中在欧洲、亚洲人口和城市密集的地区。其目的在于疏解城市人口，推动城市化发展的需求，最终结果形成了以巴黎、柏林为核心的欧洲大陆城市密集带以及以日本新干线太平洋延安城市密集带。国外许多文化产业集群的兴起，首先得益于高速铁路的建设。例如前文所提到的日本新干线附近形成的动漫产业集群，汇集了日本大多数的动漫企业，同时，作为金融和人才的密集区，以新干线为轴线形成的动漫产业集群又不断受益于资本要素、技术要素和创意要素的支撑，进而形成了适合产业发展的洼地。

产业集群内人流、物流、资金流、信息流和技术流等文化产业发展要素频繁的空间流动是集群化的重要特征。交通运输网络作为区域基础设施的骨架，既是文化产业集群之间的企业产生多维联系，又主导了集群空间演进的方向。根据交通运输骨架的特点，产业集群在区域空间的发展中，往往沿着交通轴带进行伸展，在轴带拓展中，园区或集群等文化企业和创意机构密集的区域成为轴带上重要的节点，而被轴带串联起来，形成了轴带格局的发展空间。

城市主要交通轴线是城市形象的窗口，也是文化消费、金融商贸密集的区域，具有文化产业发展的经济基础和社会基础。交通轴线对文化产业集群空间的形成具有极大的促进力，并使产业集群不断地扩展并改变着集群本身甚至外部城市的形态，对集群外部的城市空间扩展具有指向性作用。例如日本JR新干线周边的动漫企业组成的动漫产业集群以及巴黎塞纳河左岸艺术家集群，分别沿高速铁路和滨水带形成了轴带分布的空间发展格局。在我国文化产业的区域演进中，沿交通廊道演进的案例也十分普遍，例如辽宁省沈阳市主要文化企业、文化管理单位及公共机构等均沿城市主干道沈阳金廊中轴

（即“中央都市走廊”）进行带状布局，云南省怒江傈僳族自治州文化产业发展沿怒江大峡谷形成滨水生态创意轴，江苏省镇江市文化产业沿北部长江和南部古运河形成城市创意经济与自然景观融合的文化走廊等。交通主要交通轴线不仅是城市经济文化发展的坐标轴，也逐渐发展成为文化产业空间分布与集聚发展的增长极。

辽宁省沈阳市金廊中轴是（即“中央都市走廊”）是沈阳城市发展战略中的核心概念，也是沈阳文化产业发展规划中，串联全市文化产业发展的“轴线”。从图3-1中可以看出，“金廊”沿线分布着众多以公益性文化事业和经营性文化产业为主体的文化机构、文化企业、高校及科研机构。一方面，为文化产业发展提供了良好的消费载体，另一方面，为文化产业集群的形成和发展提供了源源不断的智力支持。

表 3-2 沈阳金廊中轴附近的文化及相关机构

序号	名称	序号	名称
1	辽宁省博物馆	14	夏宫
2	辽宁大剧院	15	沈阳市图书馆
3	辽宁日报社	16	沈阳市少儿活动中心
4	沈阳日报社	17	沈阳音乐学院
5	北方图书城	18	东北大学
6	辽宁工业展览馆	19	沈阳药科大学
7	鲁迅美术学院	20	沈大师范学院
8	辽宁电视台	21	三好街地区
9	沈阳电视台	22	东北建筑设计院
10	北方传媒大厦	23	新大陆建筑设计院
11	沈阳人民广播电台	24	都市建筑设计院
12	沈阳电视塔	25	沈阳市规划设计研究院

按照沈阳市城市规划概念，沈阳“金廊”主体北至北陵公园，南至浑河

北岸，东至黑龙江街—敬宾街—奉天街—杏林街—五爱街，西至黄河大街—二经街—三好街，以北陵大街—北京街—青年大街为轴线，全长12公里，平均宽度1～2公里，形成总面积达17.7平方公里的文化经济密集区。这一文化经济的密集区同时也是文化产业市场要素活跃的地区。

按照城市总体规划，“金廊”中轴重点打造以沈河区青年公园至浑河核心区段，加大招商引资力度，吸引著名品牌、企业，发展现代传媒、新闻出版、创意设计、现代咨询、体育会展等产业，进一步强化中轴区域的文化辐射功能。加快建设文化艺术中心等文化设施项目，拓展北方传媒大厦服务功能，加强城市文化景观大道的提升与改造，加强商业配套设施的改造和建设，在全市形成良好的文化产业创意环境和氛围。加大媒体宣传力度，使“金廊”中轴成为沈阳文化产业的地标、沈阳城市形象的文化符号之一，用以表征老工业城市的现代商贸和文化活力。通过中轴地带的跨区整合思路，培育具有开放性、包容性、创新意识相融合的区域经济体，使之成为沈阳市文化产业形象标志，是中轴发展的基本思路，也是作为市场主导型文化产业集群专业化、规模化和集约化发展的出发点。

除了公路廊道外，滨水带周边形成城市文化产业发展空间。滨江水系带是城市发展中重要的生态景观区，因其自然环境优越，生态景观优美，而成为吸引资本投资和消费聚集的洼地。杨浦区位于上海市中心城区的东北部，与浦东新区隔江相望。杨浦区拥有沿黄浦江最长的黄金滨水岸线，沿江岸线长达15.5公里，是黄浦江两岸综合开发的重要地段和关键环节；杨浦区拥有上海市中心城区内唯一的内河生态岛屿——复兴岛，其地处杨浦区的东南部，西隔复兴岛运河与中心城区相接，东南面向黄浦江与浦东相望，有17.7公里的独立内河水系，拥有丰富的水域资源和美丽的滨水景观；在滨水岸线的腹部，杨浦区还拥有成片的可供再开发用地，为文化产业集群的形成预留

了充足的发展空间。

除了地缘经济因素外，黄浦江沿线该段区域还具备文化产业集群形成的必要因素。其一是人才因素。杨浦区是上海高校最为密集的区域，拥有多所具有百年历史的高校，集聚了14所国内外著名的大学，100余家科研机构、近20万科研技术人员、30多位中国科学院和中国工程院院士，形成五角场高新技术产业园区、复旦大学国家科技园、同济大学国家科技园、上海孵化科技企业杨浦创业服务中心等四大科技园区，以及信息产业基地等7个科技产业和孵化基地，培育了一大批智力型、创业型、具有自主知识产权的科技企业。集中的学科优势、丰富的智力资源是“全球创意经济城”项目重要的基础保障。其二是文化资源因素。作为中国近代工业发祥地和集聚地，杨浦区沿江地区集中了大量工厂、码头和仓库，被联合国教科文组织专家称为可能是“世界仅存的最大滨江工业带”，极具独特性：一是独特的文化价值，这些工业遗产包括了中国最早的电厂、最早的自来水厂、最早的煤气厂、最早的棉纺织厂等，在中国近代工业史上具有里程碑意义，而且诸多工业企业延绵发展了一个多世纪，是一部鲜活生动的中国近现代工业史；二是工业遗产留存规模较大，相对完整，拥有较大的土地存量，具有整体资源再开发的优势。从秦皇岛路到定海路约5公里长的黄浦江岸线，拥有较大规模的企业约31家。三是建筑类型丰富且独特，大量的工业遗产建筑具有体现不同行业类型特点的独特的建筑形式，如大跨度的电站厂房、煤气包、中国最早的钢结构厂房、最早的钢筋混凝土厂房等。在全球开发工业遗产的潮流中，这些资源为创意产业发展提供了丰富的想象空间。基于上述三个方面的要素条件，以黄浦江滨江水系为轴线建设“全球创意经济城”，在上海秦皇岛路到定海路之间约5.5公里沿黄浦江岸线1.5平方公里土地面积上，形成以创意研发、人才培训、遗产博览、滨江观光为一体的文化产业集群，形成市场经济环境下资源整合和要素汇集的区域经济体，具备充分的经济基础和必要的市场条件。

由此可见，交通廊道驱动下的产业区位演进，水网河道、交通轨道与城市肌理有机地结合在一起，吸引着创意企业的集聚从而形成文化产业的发展空间，它们与城市经济文化融为一体，形成具有开放性、包容性、创新意识相融合的区域经济体。主导企业的成长和壮大在交通廊道上形成增长极，最终演绎成极核走廊形态的发展结构。

三　产业区位的人文环境驱动

当前，区域经济的竞争逐渐演变为创意人才的竞争。以创新技术和创意资本为集聚要素的文化产业的发展特性又决定了其在区域经济布局和战略选择中，将以人才为核心竞争力。高等院校作为区域发展中人才集聚的洼地，既是知识密集型产业的战略智库，又是新兴业态发展的孵化器和加速器。以20世纪50年代，斯坦福大学出现“特曼式大学”作为产学研战略联盟的标志，由企业、高等学校、科研机构基于资源共享、优势互补、业务关联、利益分摊而构成的致力于实现基础研究、开发研究、应用研究紧密衔接的合作组织，已经越来越成为区域文化产业发展的重要知识源和文化产业集群的集聚中心。

大学经济圈是实现文化产业发展、推动创业、创新、成果转化等知识外溢的产业承接平台和以知识与服务为纽带，集聚国内外技术、人才、信息、资本等知识创新要素的开放式综合服务平台。上海市杨浦区提出以同济大学知识和人才基础为依托、努力打造“环同济知识经济圈”的发展战略，北京市朝阳区以中国传媒大学传媒文化创意人才为依托提出建立“环中传文化经济圈”战略，充分发挥大学强势学科、优势学科对产业发展的支撑、引领效用，加快培育以研发设计为重点的知识密集产业，从而形成产业创新集群。

上海市杨浦区提出以同济大学知识和人才基础为依托、努力打造“环同济知识经济圈”的发展战略，通过充分发挥同济大学强势学科、优势学科对产业发展的支撑、引领效用，加快培育以研发设计为重点的知识密集产业，并逐步形成了产业创新集群。北京市朝阳区在对区域内文化创新要素和特色资源进行深入科学分析的基础上，提出建立“环中传文化经济圈”，充分发挥中国传媒大学的强势学科、优势学科对文化传媒发展的支撑、引领作用，以传媒及文化创意产业为核心，以产学研一体化的孵化体系为依托，以原创内容的研发和生产为主导，加快中国传媒大学周边地区的文化传媒产业集聚，优化产业布局，培育具有可持续竞争优势的产业创新集群，实现区域文化创意产业与中国传媒大学融合发展、合作共赢的战略构想。使“环中传文化经济圈”成为中国传媒大学师生创业、创新、成果转化等知识外溢的产业承接平台和以知识与服务为纽带，集聚国内外技术、人才、信息、资本等知识创新要素的开放式综合服务平台。

“环同济知识经济圈”和“环中传文化经济圈”在地理范围上均以大学为核心或圆心。“环同济知识经济圈”由核心区、扩展区和若干辐射点共同组成。核心区：以同济大学四平路校区为核心，包括密云路、中山北二路、江浦路、控江路、大连路围合组成的区域，总面积约2.6平方公里。扩展区：以曲阳路、大连西路—大连路、周家嘴路、黄兴路、邯郸路围合组成的，以四平路为中轴线呈对称状的五边形区域，面积约10平方公里。若干辐射点：包括位于“新江湾城国际大学科技园”规划中知识商务区的新江湾城辐射点，位于黄浦江北岸创新创意产业基地的滨江辐射点，位于营口路白玉兰环保广场（上海环保科技园）的黄兴公园辐射点等。“环中传文化经济圈”由核心功能圈、合作发展圈和智力辐射圈三部分共同组成。核心功能圈以中国传媒大学主校区、中国传媒大学文化创意园（西校区）为主体，覆盖在地理上临近的文化创意产业园区和基地，构成“一刻钟核心文化传媒圈”；合作发展圈以定福庄地区（包括三间房、管庄、常营三个乡全部和高碑店乡部分地区）为合作发展圈，重点发展以传媒文化创意产业为主体的新兴文化业态；智力辐射圈以面向北京、服务首都的智力辐射圈为半径，形成科技创新和文化创意为双轮驱动模式，通过全方位的创意人才培养、传媒人才孵化，为北京市文化创意产业发展提供源源不断的精神动力和智力支持。从地理空间范围上看，这类联盟的表现形式是以高校为核心（圆心）的版权产业集群是基于生产与服务，知识应用与供给的联盟，因此，在同济大学和中国传媒大学的周边便形成了环状辐射的产业空间。

“环同济知识经济圈”和“环中传文化经济圈”在组织形式上均以“政产学研”战略联盟的建立为基础。“特曼式大学”和“硅谷模式”的产学研战略联盟推动了美国经济的迅猛发展，但中国的联盟合作往往是政府主导下战略调控与市场选择共同作用的结果。杨浦区和朝阳区在推动区域版权知识经济圈发展中扮演了重要的角色。上海市杨浦区和北京市朝阳区分别在2011年8月和2011年11月制定了《上海市杨浦区环同济知识经济圈“十二五”规划》《北京市朝阳区“环中传文化经济圈”战略规划》，从政府支持、金融扶持、人才支撑等不同要素层面，给予区域发展的特殊优惠。

表 3-3　“十一五”期间环同济知识经济圈发展情况对照表

指　标	“十一五”初期（2006 年）	“十一五”末期（2010 年）	增　长
企业数量	227	800	252.42%
从业人员数量	6135	31000	405.29%
产业载体面积	28.86 万平方米	52.3 万平方米	81.2%
总产出	23 亿元	150 亿元	552%

（续表）

指　标	“十一五”初期（2006 年）	“十一五”末期（2010 年）	增　长
区级地方税	2.08 亿元	5.04 亿元	142%

“环同济知识经济圈”和“环中传文化经济圈”均以产业链条为产业集群形成和发展的合作组织，通过加强版权产业相关学科与产业发展的互动，加快构筑创新集群。同济大学通过有效集成学校优势设计类学科资源，以城市设计、环境工程等相关研发设计服务为核心，加快打造学科链—技术链—产业链，构筑了较为完整的知识型产业生态链。杨浦区则整合区域资源，为设计研发、节能环保类企业创造适宜的发展环境，建设公共服务平台和国家级孵化器，推动了区域创新集群的形成。到目前为止，环同济知识经济圈已逐步形成了如下产业布局圈层，即：以设计咨询产业为主体的核心圈层；以软件制作等为设计咨询业服务为代表的次核心圈层；以企划研究、信息服务为代表的包围圈层；以公共关系、窗口联系服务行业等为代表的外围圈层。“环中传文化经济圈”以中国传媒大学为中心，以传媒文化创意产业为核心，以传媒文化创意产业链条的延展为依托，在环中传文化经济圈的核心圈、发展圈和辐射圈之间形成有机互动。核心功能圈的主要功能为创意研发和人才培养，均处于文化产业链的上游。它集中体现着以创新为核心的北京精神，承载了中国传媒大学独特的传媒文化景观，汇聚了以传媒为主导的优势学科资源和人才智力资源；合作发展圈的主要功能为内容生产和产品制作，均处于文化产业链的中游。以中国传媒大学的优势学科和人才资源对文化传媒发展的支撑、引领作用为依托，结合北京市和朝阳区文化创意产业发展的需求，通过政府与高校携手打造一系列文化经济相关的产业平台和基地，全力服务于原创内容的公共研发和研发成果的转化生产；智力辐射圈以

中国传媒大学强大的传媒创意人才输出，以具有战略作用的文化功能区和不同特色的文化创意集聚区为重点辐射对象，在北京市文化创意产业版图上构成星罗棋布的创意辐射点源源不断地为北京市文化创意产业提供人才支撑，为将北京建设成为具有国际影响力的文化创新、运营、交易和体验中心提供智力服务。

“环同济知识经济圈”和“环中传文化经济圈”均通过骨干企业引领，形成了以大型企业为主导与支撑、中小型企业为主体和配套，相辅相成、共荣共生的发展格局。杨浦区全力推进环同济知识经济圈的建设，目前已经形成了以政府为主导、企业为主体、全社会共同推进的工作格局，并取得了较好的发展成果，在经济圈内企业数量、从业人员总量、产业载体面积、总产值、单位面积产出、对区域的贡献等多个方面均实现了快速增长，具体情况如表3-2表所示。朝阳区以文化创意产业为区域经济发展的支柱性产业，在环中传文化经济圈的知识驱动和智力拉动作用下，文化创意产业在转变经济发展方式、推进城乡一体化、推动功能区协同发展、拉动就业、提升区域软实力等方面做出了重要的贡献，具体情况如表3-3所示。从区域分布来看，以集聚区建设带动产业集群发展的特点更加显著。在集聚区中集中了朝阳区全区三分之一以上文化创意企业，特别是随着环中传文化经济圈建设加快，这一区域成为传媒相关要素最集聚、企业最集中、版权产业发展最快的区域，集聚的传媒类相关企业达到12000余家，区域文化创意产业实现收入突破700亿元，这一区域正在成为朝阳区版权产业发展的核心承载区。

大学经济圈的发展基于“人”和“知识”两大要素，诠释了经济、社会、空间和生态的高度优化组合及产学研一体化的产业模式组合，形成了依托人文环境的独特的文化产业集群。它们在地理范围上均以大学为核心或圆心，在组织形式上均以“政产学研”战略联盟的建立为基础，在产业集聚中，均以产业链条为产业集群形成和发展的合作组织，通过加强文化产业相关学科与产业发展的互动，加快构筑创新集群，在文化产业发展主体上，均通过骨干企业引领，形成了以大型企业为主导与支撑、中小型企业为主体和配套，相辅相成、共荣共生的发展格局。

人文环境驱动下的文化产业集群，拥有知识资本的天然优势，往往以产学研联盟为发展模式，以创意研发为核心竞争力，以产业孵化和产业创业投资引导为管理方式，形成了区域发展的智力增长极。但高密度人才集聚下的文化产业集群同样面临着共性的困境，例如企业的创业团队过分依赖高校人才输出，产业孵化引导偏向于中小创业团队，资源的分散不利于形成骨干企业或影响企业整合等，同时，高校周边往往是土地溢价较高地区，无形中也增加了企业发展的成本。因此，地缘优势驱动下的文化产业集群若想获得持续成长的动力，必须不断发掘或引入其他比较优势，进而形成绝对的竞争优势。

第二节　资源驱动：开发传统资源实现专业化发展

一　传统文化资源的传承与开发

（一）传统手工艺资源的开发

文化创新要以保护传统文化为前提，继承传统文化为基础。文化创新不是能凭空实现的，要以丰富的传统文化为基础，传统文化越丰富，文化创新才有更多可供选择的素材。保护民族传统文化，就是保护文化的基因库，为文化创新提供丰厚的土壤。同时，不断探寻新形势下民族传统文化传承的形式和载体，使传统文化获得生存土壤，是民族传统文化继承、创新的重要条件。民族传统文化是通过一定的形式和载体传承的。随着时代发展，以前的载体或者业已消失，或者与时代不相适应，正在失去其存在的条件[①]。

从传统文化中寻求载体，是文化产业创新的重要路径。例如在厄瓜多尔的西格乔斯，许多手工艺人生产陶瓷、编织品，并重新按照老的样式、设计和传统颜色制作服饰。在叙利亚的阿勒颇，微型及小型企业在小城镇地区聚集，用三千年传统的古法生产绿橄榄肥皂。使用的技术古老，但生产的产品标准很高。这些传统文化色彩浓厚，工艺特色鲜明的地区能够在其特殊产品的独特品质上创建集体知识产权，就是对于传统产业的有效改造。这样的知识产权可以采用商标的形式，采取行动防止非法复制，并刺激新的商业投资、维持质量标准。[②]

传统手工艺资源的传承和创新赋予区域文化产业新的载体和新的成长动力，张家界文化旅游产业集群形成的主要模式就是传统形式的生产活动在市场化的环境下被转化成为旅游商品，旅游商品生产过程中的自然分工和集聚，形成了集群的雏形。张家界奇绝天下的石英砂岩大峰林景观是旅游产业发展的自然基础。张家界既有“奇峰三千、秀水八百”之实，又有“放大的盆景，缩微的仙境”之称。自然景观在世界上绝无仅有，独一无二。山、水、洞、瀑、湖、林、云海等自然景观资源一应俱全，各具特色。张家界集“世界自然遗产”、“第一批世界地质公园”、“第一个国家森林公园”等品牌优势于一体，是湖南省旅游的龙头、中国优秀旅游城市和首选旅游目的地之一。除了良好的自然生态因素之外，浓厚的民俗文化景观，成为演艺产业集群形成的核心因素。张家界市是一个少数民族聚居区，由于地处湘西

① 段超：《关于民族传统文化创新问题的调查与思考——湖北民族地区民族传统文化创新调研报告》，《江汉论坛》2005年第11期。

② 《2010创意经济报告》，三辰影库音像出版社2010年版，第16页。

北，历史上多民族迁徙、交流、融合，形成了独具特色的民族文化。尤其是以硬气功、民族歌舞、民歌为特色的民俗文化遗产丰富。同时，拥有贺龙元帅故居、湘鄂川黔革命根据地、红二、六军团长征出发地等具有较高知名度的红色人文旅游资源。这些传统、民俗和民族文化资源为文化旅游产业集群的形成提供了良好的素材，因此，其产业化的关键便落脚于挖掘与利用文化资源，实现版权资源向版权产业的有机转化。也就是说，聚集在一定地域空间的为游客提供有形和无形旅游商品之间，通过紧密联系、相互协同的旅游商品企业与部门（包括直接生产旅游商品的企业，也包括为游客提供精神享受的部门以及为旅游商品研发、生产、流通和交易提供支持辅助的企业与部门）之间的分工与合作，形成了以旅游产品生产和旅游文化消费为核心的产业集群。

表 3-4　张家界市旅游商品产业集群重点项目规划表[①]

单位：万元

序号	项目名称	项目主要内容	项目投资
1	中华民族工艺园	建设中国56个民族文化演绎和特色工艺品现场加工的集展示和销售平台，构建中国民族特色工艺品加工、展示、销售中心。	26750
2	张家界旅游商品国际会展中心	充分发挥张家界旅游品牌和湖南传媒优势，建设大型会展、会议中心，把张家界打造成世界旅游商品精品的展示中心。	21000
3	湘鄂川黔旅游商品物流中心	联合挖掘湘鄂川黔特色旅游资源，构建旅游商品物流配送中心。	25000

① 数据资料来自张家界市经济委员会与SKP（中国）咨询公司共同成立课题组对张家界旅游商品集群进行的调研报告。

（续表）

序号	项目名称	项目主要内容	项目投资
4	中国土家博物馆	深度研究土家民俗文化，开发特色旅游商品，建设大型集土家建筑、民俗文化演绎和休闲观光的人文景观。	15000
5	军声画院扩建	深度研究砂石画等特色工艺品，建设特色工艺品研究、制作和销售的平台。	4000
6	旅游商品中小企业孵化基地	把科技工业园B区建设成为旅游商品中小企业孵化基地，面积5万平方米	3000
7	中国旅游商品网络建设	以中国旅游商品网为基础，丰富内容，扩展功能，建设中国旅游商品信息交流、展示和销售的网络信息平台。	1500
8	麦芽糖产业化建设	以桑植县利福塔镇传统制糖工艺为基础，做大做强麦芽糖产业。	12000
9	红薯粉丝产业建设	以慈利县岩泊渡传统粉丝工艺为基础，做大做强红薯粉丝产业。	6000
10	辣椒产业化建设	以永定区沅古坪辣椒工艺为基础，做大做强辣椒产业。	5000
11	土家腊肉产业化建设	以永定区沅古坪土家腊肉工艺为基础，做大做强土家腊肉产业。	5000
12	土家鞋垫产业化建设	以土家鞋垫传统工艺为基础，做大做强土家鞋垫产业。	5000
13	千层布鞋产业化建设	以土家布鞋传统工艺为基础，做大做强土家千层布鞋产业。	5000
14	动感模拟影视	通过数字高科技技术和立体三维技术模拟体现张家界景色全貌	30000
15	十字街旅游商业城	项目位于商业繁华路段“老十字街”，集购物、欣赏、娱乐休闲和住宿于一体的商业区，是大型民俗文化欣赏、旅游购物和休闲的中心，打造张家界的“四方街”。项目一期工程已启动，总用地5.46万平方米，总建筑面积14万平方米。	55000
合计			219250

张家界文化旅游商品集群的形成，核心是以传统工艺的生产为依托，以现代文化消费市场需求为导向，通过版权产业整合文化产业与第一二产业，以重大项目引进和研发的方式，创造出新的生产业态，拉动区域经济的发展。其发展模式和经验主要有以下几个方面：①抓优势产业推进产业集群。把优势产业和核心骨干企业作为发展旅游商品产业集群的突破口，要扩大优势产业规模，培育形成一批具有永续竞争力的骨干企业，发挥龙头带动作用；延伸产业链条，发展精深加工产业和配套产业，走产业延伸、产业关联、产业集群的路子；要抓好重点产业的发展，完善配套措施，抓好落实。②抓中小企业推进产业集群。把发展中小企业与发展县域经济、推进新农村建设结合起来，发展特色资源开发加工型产业，劳动力密集型产业，要因地制宜，突出个性化，形成地方特色。③抓高技术产业推进产业集群。发挥好科技园区的作用，重视产业关联度，建立起上、中、下游密切的产业链，通过技术、资金、产品、信息等要素的传递、重组和渗透，发展旅游商品产业集群；抓好科技成果转化，突出转化重点，通过科技成果产业化培育发展旅游商品产业集群；积极发展多种类型的科技企业孵化器，抓好市科技工业园孵化基地建设，推进科技成果产业化。④抓园区建设推进产业集群。抓公共要素建设，抓好基础设施、有技能的劳动力群体、信息服务等公共要素建设；要找准产业发展定位，根据各地的区位优势和产业特色，合理选择园区产业定位，形成适应区位特色、发挥比较优势、最有效利用区域产业发展资源的特色园区；加强协调服务，支持已入园企业加快发展，重视发挥现有企业以商招商的作用；四是研究解决园区建设中的具体问题[①]。

张家界文化旅游商品集群是以整个张家界区域范围内丰富的民俗资源为

① 数据资料来自张家界市经济委员会与SKP（中国）咨询公司共同成立课题组对张家界旅游商品集群进行的调研报告。

依托，生产和制作各具各色的商品，进而形成产业集群，其基本特征是“一乡一品、一村一业”。与张家界文化旅游商品集群的形成有所区别的是云南省宣威市火腿产业集群的形成。

除了张家界，我国还有许多传统文化色彩浓厚、民族文化多元化的地区，以传统方式的文化传承优势结合自然资源排他优势，将传统形式生产活动在市场化的环境下转化成为旅游商品，旅游商品生产过程中的自然分工和集聚，也形成了集群的雏形。例如大理白族自治州、楚雄彝族自治州、湘西土家族苗族自治州和恩施土家族苗族自治州等地区，作为少数民族聚居区，经济发展程度并不高，但由于历史上多民族迁徙、交流、融合而形成了独具特色的文化传统、民俗和民族文化资源却为文化旅游产业集群的形成提供了良好的素材，因此，其产业化的关键便落脚于挖掘与利用文化资源，实现文化资源向文化产业的有机转化。即，聚集在一定地域空间的为游客提供有形和无形旅游商品之间，通过紧密联系、相互协同的旅游商品企业与部门（包括直接生产旅游商品的企业，也包括为游客提供精神享受的部门以及为旅游商品研发、生产、流通和交易提供支持辅助的企业与部门）之间的分工与合作，从而形成特色文化产业产业集群，以驱动区域经济的发展。

（二）非物质文化遗产资源的开发

非物质文化遗产[①]资源是世界各民族传统文化和传统知识不断传承、创新和积淀的成果，它既是文化多样性的熔炉，又是可持续发展的保证，更是人类创造力的重要源泉，具有极其重要的历史文化价值、科技价值和经济价

① 非物质文化遗产的定义在学术界仍有争议，本书提到的非物质文化遗产资源采用联合国教科文组织《保护非物质文化遗产公约》的定义，其内容与联合国教科文组织《保护民间创作建议案》中对“民间创作（民间传统文化）”内容的界定基本一致，具体可以分为以下几个方面：（1）口头传统和表现形式，包括作为非物质文化遗产媒介的语言；（2）表演艺术；（3）社会实践、礼仪、节庆活动；（4）有关自然界和宇宙的知识和实践；（5）传统手工艺。

值[1]。非物质文化遗产资源不仅具有传承和保护价值，同时也兼具创新与开发价值。科学有序的非物质文化遗产资源盘活与开发，可以有效促进文化的传承和保护。非物质文化遗产资源的分布具有很强的地域性，遗产资源所包含的口传作品、民族语言、民间表演艺术、风俗礼仪节庆、美术音乐及乐器和传统手工艺技能等与区域文化经济的发展关系密切，并且传承人制本身所具有的文化特性极大地增加了遗产资源的文化经济价值。

我国非物质文化遗产种类丰富、数量庞大，为文化产业开发提供了必要元素。非物质文化遗产资源地理分布的排他性和集中性，为根植于非物质文化遗产资源的文化产业集群发展提供了有利条件。非物质文化遗产资源的开发往往选取易于实现规模化生产或经过创新改造后易于商业化的资源进行产品创新。例如以传统技艺生产过程为非物质文化遗产资源的传统酿造产品[2]和传统食品[3]秉承在工业生产中注入文化创意因素，以市场为导向，以非物质文化遗产这一百年品牌为招牌，通过集群式发展提升饮食产品生产加工业的文化内涵，发展工业旅游、文化体验和消费娱乐等产业形态，形成以饮食（包括酿造产品）生产加工和文化体验消费为主题的文化产业园区。

以制作工艺为国家级非物质文化遗产的宣威火腿为例。宣威火腿生产制作的历史悠久，火腿加工制作企业数量众多。为了在更好地节约生产成本的同时，提高火腿产业的文化附加值，在火腿工业生产中注入文化创意因子，宣威市火腿企业以市场为导向，以“宣威火腿”这一百年品牌为招牌，以火腿生产工艺作为非物质文化遗产的文化优势，以火腿文化为纽带，聚合火腿

① 周安平、陈云：《国际法视野下非物质文化遗产知识产权保护模式选择——以国民待遇为视点的探讨》，《知识产权》2009年第1期。

② 例如Ⅷ—57茅台酒酿制技艺、Ⅷ—62镇江恒顺香醋酿制技艺、Ⅷ—63武夷岩茶（大红袍）制作技艺。

③ 例如Ⅷ–162周村烧饼制作技艺、Ⅷ–170六味斋酱肉传统制作技艺。

生产加工企业，以龙头企业为核心，依托工业企业规划设计文化创意集群，打造火腿文化产业园，通过集群式发展提升火腿生产加工业的文化内涵，发展工业旅游、文化体验和消费娱乐等产业形态，形成以火腿生产加工和火腿文化体验消费为主题的文化产业园区。

宣威火腿文化产业园的规划设计，为文化产业集群的发展提供了富有探索性的经营理念：第一，以文化体验形式为工业集群注入文化因素。宣威火腿文化产业园规划建设了火腿工艺观光带，由工业旅游为主导的现代生产流水线和非物质文化遗产为核心的酿造工艺线组成的火腿工艺观光带，通过工业博览，体验火腿文化的博大精深和宣威火腿加工酿制过程的考究，创意性地设计火腿腌制工艺，还原原生态制作技法，增加体验感染力。开辟富于特色的精品美食文化街，通过招商引资集聚特色美食商铺，推出美食体验长廊，由火腿技师展示“三针清香”等工艺技巧，举办火腿技师技艺比武大赛，举行捉猪、赛猪、拱猪、扮靓猪等丰富多彩的系列主题活动，提高火腿文化的观赏性、参与性和互动性。第二，以现代科技手段对传统工业和工艺进行展示，使文化遗产资源得以盘活。将火腿制作工艺进行图释化和影像化，规划建设火腿博物馆，设置主题展览区，分为“割秘”、“腌秘”、“藏秘”和“食秘”四个主题板块，解密宣威火腿制作技艺作为非物质文化遗产的博大精深。

与宣威火腿的制作技艺同样作为非物质文化遗产的还有曲阳雕刻的手法。河北省曲阳县的雕刻技艺兴于汉而盛于唐。得天独厚的大理石资源、两千年传承不衰的雕刻技艺，成就了曲阳在雕刻艺术殿堂的历史地位。改革开放以来，曲阳石雕又有新跨越，在保留传统风格的基础上，与现代雕艺相结合，将现代美学理论与传统雕刻技艺融为一体，呈现出“百花齐放、百家争鸣”的繁荣景象，涌现出以工艺美术大师卢进桥、甄彦苍、安荣杰等为代表的一大批技艺精湛的雕刻艺术家。1995年国务院正式将曲阳命名为“中国雕刻之乡”，2006年，“曲阳石雕”被列入第一批国家级非物质文化遗产名录。

作为非物质文化遗产的曲阳石雕传统工艺，其显著的特征是利用开脸特技法，在石料上画出大概轮廓，先雕鼻子，再从头到脚依次雕刻，做到“内外有度，比例协调”。而现代工艺则是在传统工艺基础上，依靠科技力量（电动工具），运用圆雕、浮雕、线雕技法，将解剖学、美学融为一体，所雕作品既有高贵华美的传统特点，又有新颖明快的时代精神[①]。近年来，曲阳石雕业在当地政府的大力扶植下已步入产业化发展的轨道，初步形成了辐射全县8个乡镇、50多个村的雕刻基地。

非物质文化遗产资源为主导的文化产业集群开发的主要思路是以文化体验形式为工业集群注入文化因素，以现代科技手段对传统工业和工艺进行展示，使文化遗产资源得以盘活。作为以消费文化为主题的成熟的文化产业集群，必将拥有完善的商业配套。非物质文化遗产资源的集群化从整体上而言，距离科学的、完善的文化产业集群仍有较大的距离，大多数非物质文化遗产集群/园区仅仅实现了集群化发展的第一步——地理空间的集中及文化设施的配套建设。作为以产业规模化和标准化为基本要求的现代化集群，其文化因子仍旧偏低，创意型研发和体验创造的经济价值较弱，除了工业生产的产业链相对完善之外，文化消费、创意体验和非物质文化遗产展演部分仍欠缺合理的空间设计与项目设计。对于发展成为一个集旅游、文化、餐饮、购物、商业、休闲、养生、娱乐、游乐、酒店、住宅、康体、度假等多功能于一体，古老的传统技艺与现代的文化内容相结合的产业集群，文化产业集群

① 辛儒、张淑芬：《文化遗产的新思路——以河北曲阳石雕与旅游开发为例》，《生产力研究》，2010年第5期。

发展仍然任重道远。

应当注意的是，利用非物质文化遗产丰富的文化资源发展文化产业必须在充分认识非物质文化遗产的基本特征，严格遵守非物质文化遗产保护的基本原则的基础上进行。利用非物质文化遗产发展文化产业的另一个重要目的就是实现对非物质文化遗产的有效保护，如果在非物质文化遗产的开发利用中破坏了非物质文化遗产的活态性、生态性、传承性、变异性等特征，偏离了非物质文化遗产保护所应遵循的真实、生态、人本、发展等原则，就会在不同程度上造成对非物质文化遗产的损害，违反非物质文化遗产保护的初衷[①]，也违反了文化产业开发的社会价值与经济价值。

（三）不可再生资源的再利用

不可再生资源是人类开发利用后，在相当长的时间内，不可能再生的自然资源[②]。资源枯竭带来的产业结构性矛盾、社会负担、财政困难等问题，也开始困扰着资源枯竭型城市经济社会的发展。在工业发展中注入文化产业的版权因子，将不可再生的资源转化为以文化和创意为驱动的可再生、可重复及循环利用的资源，是实现资源枯竭型城市转型的有效路径，也是提高产业综合竞争力使文化及相关产业可持续发展的重要路径。例如江西景德镇用于制作瓷器的瓷石、高岭土和安徽铜陵的金属铜，均是一种不可再生资源。将传统陶瓷工业生产融入创意元素，提高文化价值，中国的景德镇陶瓷产业

① 李昕：《保护非物质文化遗产增强文化竞争力》，《重庆文理学院学报：社科版》2008年第3期。

② 不可再生资资源主要指自然界的各种矿物、岩石和化石燃料，例如泥炭、煤、石油、天然气、金属矿产、非金属矿产等。资源枯竭型城市是指矿产资源开发进入衰退或枯竭过程的城市，使用累计采出储量已达当初测定总量之70%以上或以当前技术水平及开采能力仅能维持开采时间五年之城市就可将其称为资源枯竭型城市。2007年12月24日，国务院制定出台《国务院关于促进资源型城市可持续发展的若干意见》后，国家发改委分别确定了三批国家资源枯竭型城市。其中，江西省景德镇市和安徽省铜陵市分别是第二批和第三批资源枯竭型城市。

集群依托技术专利研发和核心文化业态的发展两个方面的要素实现转型，即“以陶瓷文化创意产业为龙头、重塑景德镇城市品牌经济，使景德镇真正成为世界陶瓷艺术创意产业基地、世界陶瓷艺术家与文化学者沙龙、国际陶瓷文化艺术殿堂、传统陶瓷和现代艺术陶瓷之都。”

资源枯竭型城市发展文化产业集群的初衷是基于城市整体转型的战略路径，在集群成长过程中，其核心优势是传统技艺传承及隐性知识创新等技术要素，随着集群市场化运行，产业区位、地缘文化及环境等要素，在集群发展中均起到了相对重要的作用，这也进一步证明，文化产业集群的演进不是单一要素决定的，核心要素对集群发展起到了催化剂作用，但必要要素是推动集群升级和可持续发展的恒久条件。从产业视角建设创意经济城市，从文化视角破解资源枯竭型城市发展掣肘，资源枯竭型城市转型的亮点和突破在于：以国家级资源枯竭城市试点改革发展为契机，以寻找和挖掘城市文化创意元素进而发展壮大文化产业为抓手，以大集群发展大产业，以文化产业发展提升城市品质，加快产业重构，实现文化产业与旅游、文化、科技、生态环境的结合，将“创意、创新、创业”这三个理念贯穿整个资源城市的产业、城市、社会民生、生态环境等要素结构重组、提升和优化[①]。以不可再生资源转型为契机发展文化产业集群的框架，主要是基于以文化产业的文化创意因子和创意元素为催化剂和黏合剂，促进一、二、三产业的有机融合的基本路径。

在工业发展中注入文化创意因子，提高产业综合竞争力是文化产业驱动地方经济转型与可持续发展的重要路径，中国的景德镇陶瓷产业集群就是通过发展文化产业实现经济转型的典型代表。江西景德镇作为中国的瓷都，

① 闫浩、张钧、陈少林：《探索转型崛起之路——景德镇市资源型城市转型发展纪略》，《景德镇日报》2011年6月8日版。

自宋代以来，逐渐发展成为“天下窑器所聚的全国制瓷业中心”，进入20世纪90年代后，随着我国的其他产瓷区如广东佛山、潮州，福建德化等地陶瓷产业的兴起，景德镇陶瓷产业的可持续发展面临巨大的竞争与挑战，传统瓷器生产业在技术、资金、生产规模、经营方式、产品质量和结构等方面暴露出种种缺陷，这些问题阻碍了景德镇陶瓷产业集群的升级。随着知识经济时代文化产业的崛起，景德镇开始借助文化经济实现功能性转型。第一，引入高新技术，加强技术专利研发，构建高新技术陶瓷产业集群。据相关资料显示，2003年起，国家科技部批准实施部省共建的景德镇国家陶瓷科技区域创新体系，高标准建设陶瓷生产、科研、人才、交流四大基地相继建成，随后，国家日用及建筑陶瓷工程技术研究中心、中国陶瓷知识产权信息中心等国家级的陶瓷科研平台相继落户景德镇，为景德镇陶瓷的转型升级创立了面向世界的国家级平台。另外，景德镇自身也注重研发，通过新技术支撑产业集群转型。景德镇市先后取得环境友好型复合陶瓷透水砖的生产方法、环保型纳米陶瓷刀及其制造方法、陶瓷外螺旋轴套材料及其制备工艺等陶瓷科技成果400多项，获得大规格陶瓷薄板的压制成型设备、彩色釉中彩瓷及其设备方法，其中一种高孔隙多孔陶瓷的制备方法等陶瓷专利近200件。第二，发展核心文化产业。例如江西省景德镇市委市政府出台了《景德镇陶瓷知识产权保护办法》《景德镇市文化产业发展规划》和《景德镇国际陶瓷文化艺术创意产业发展规划》等政策规划，通过发展核心文化产业实现传统陶瓷产业集群转型，其主要思路是“以陶瓷文化创意产业为龙头、重塑景德镇城市品牌经济，使景德镇真正成为世界陶瓷艺术创意产业基地、世界陶瓷艺术家与文化学者沙龙、国际陶瓷文化艺术殿堂、传统陶瓷和现代艺术陶瓷之都。”从景德镇陶瓷产业集群从传统制造业集群逐步向文化产业集群转变，进而推动了产业结构的优化升级。

景德镇通过规划建设以千年制瓷历史为文脉，以陶瓷文化体验为形式，以陶瓷文化产品的博览、交易、消费、体验为载体的陶瓷文化产业园区，景德镇所打造的“世界级陶瓷创意设计中心、世界级陶瓷文化旅游中心、世界级陶瓷文化会展和交流中心、世界级陶瓷古玩与陶瓷艺术品交易中心、世界级陶瓷文化创意教育和资讯传媒中心”，是从产业视角建设创意经济城市，从文化视角破解资源枯竭型城市发展掣肘的有效平台。从整体上而言，景德镇转型的亮点和突破在于：以国家级资源枯竭城市试点改革发展为契机，以陶瓷文化创意产业为抓手，以大陶瓷产业战略带动景德镇老工业基地振兴，提升城市品质，加快产业重构，实现陶瓷产业与旅游、文化、科技、生态环境的结合，以陶瓷文化创意产业引领实现一、二、三产业联动发展，有效改善民生构筑和谐，从而加快产业结构调整，保障财力增长、充分吸纳就业，建设转型创新试验区域，打造世界瓷都，生态宜居城市，促进经济社会可持续发展①。

景德镇之所以能够成功实现转型，首先得益于其独特、排他性的历史资源。景德镇是中国首批24个历史文化名城之一。景德镇市的世界知名度极高，可与北京、西安齐名。1700多年的悠久历史，置镇1000年的辉煌成就，在国内屈指可数，在历史上的优势地位显而易见。景德镇瓷器文化更是源远流长，千年不断的御窑烟火、灿烂的陶瓷文化、珍贵的陶瓷古迹、精湛的制瓷技艺、古今杰出的陶瓷名家、精美的陶瓷艺术、独特的陶瓷习俗、驰名世界的陶瓷产品，构成了景德镇市独一无二的历史资源。

景德镇具备良好的交通地理区位。景德镇处于长江三角洲经济区和长江中下游经济区结合部的中心地带，在500公里以内，拥有上海、南京、武汉、

① 闫浩、张钧、陈少林：《探索转型崛起之路——景德镇市资源型城市转型发展纪略》，《景德镇日报》2011年6月8日版。

长沙、福州、南昌、杭州、合肥4个直辖市以及省会城市，便捷的高速公路框架为景德镇勾画了一个极佳的4小时半径经济圈。在以景德镇为圆心的200公里的范围内，拥有“三湖”（鄱阳湖、千岛湖、太平湖）、“六山”（黄山、九华山、庐山、三清山、龙虎山、武夷山）的丰富自然旅游资源，再加上南昌、景德镇、歙县、衢州四个历史文化名城，形成了一个规模庞大的旅游空间资源。

景德镇自身生态环境良好，拥有较高质量的生态景观旅游资源。瑶里、金竹山寨、玉田湖、翠平湖、洪岩等以田园风光、乡土特色而著称的著名风景区；以宋代红塔、清代县衙、古戏台为代表的历史文物遗迹等①，丰富了景德镇文化旅游的内容。2010年，景德镇旅游业产值占GDP达到18%，以陶瓷文化旅游为引领的文化旅游产业成为景德镇发展中新的支柱产业。

以文化因子为催化剂和黏合剂，促进一、二、三产业的有机融合。将高新技术融入陶瓷产业，激活陶瓷产业新的增长点，开发出功能陶瓷、纳米陶瓷、新材料陶瓷等新产品系列。与培育和壮大战略性的接续替代产业相结合。初步形成高新技术陶瓷和文化创意产业、航空产业、生物和新医药产业、光伏产业、清洁汽车及动力电池产业、LED半导体照明产业和有机食品产业等战略性新兴产业基地集群。与生态环境保护相结合。陶瓷文化产业资源的开发确保了生态环境的安全，实现循环经济的发展②。

开展以陶瓷为中心的产品博览会、会展、创意展示、陶瓷研发和教学论坛等国际会事，建立陶瓷古玩与艺术品交易平台，举办了展示、拍卖、交易以及各种论坛等活动，加大了与国际陶瓷先进地区的交流。景德镇陶瓷产业

① 参见《江西省景德镇市战略发展规划》《江西省景德镇城市发展总体规划》等相关文件。

② 闫浩、张钧、陈少林：《探索转型崛起之路——景德镇市资源型城市转型发展纪略》，《景德镇日报》2011年6月8日版。

国际化程度较高，2009年以来，仅文化创意和文化产业就吸引了海内外400多名陶瓷艺术创作人才进驻陶瓷创意产业园区，其中183人设立了个人工作室。

综上所述，传统资源的文化产业开发，一旦与区域社会经济发展规划相衔接，必将促进产业结构的调整和升级，进而引起经济发展方式的转变，从而拉动地区经济的发展。区域特色资源的开发及在文化产业中的运用，不仅可以为文化产业开发提供丰富素材，为其走向市场创造良好条件，而且文化及相关产业的关联带动作用很大，其本身的辐射效应和溢出效应也将带动区域经济的发展。

二　民族文化资源的传承与开发

少数民族地区是我国特色文化资源最为丰厚的地区，同时又是经济欠发达地区。将民族资源优势转化为产业发展的竞争优势，是民族地区经济发展的突破口之一。“文化”作为“智力成果权”，其主要功能之一便是为文化创造提供动力。民族文化中蕴含着大量激发原创力和创造性的要素，一旦将其转化为生产要素，对区域经济的促进作用将凸现出来。

（一）民族地区多元文化资源开发

民族文化资源的分布与地缘文化和亲缘文化具有极强的关联性，文化的传承和开发基共同的文化底蕴，因此具有极强的弹性。激发民族地区经济与文化发展的内生活力，促进民族地区经济与社会的全面发展，是民族文化资本化的终极目标和根本出路[①]。民族文化资源的文化开发，一旦与区域社会经济发展规划相衔接，必将促进产业结构的调整和升级，进而引起经济发展方式的转变，从而拉动地区经济的发展。区域和民族资源的开发及在文化产业

① 吕俊彪：《民族文化资本化的困境与出路》，《广西社会主义学院学报》2008年第2期。

中的运用，不仅可以为文化产业开发提供丰富素材，为其走向市场创造良好条件，而且文化产业的关联带动作用很大，其本身的辐射效应和溢出效应也将带动区域经济的发展。文化产业集群的开发无疑是民族地区塑造经济增长极重要的切入点。

云南省怒江傈僳族自治州是云南西北部少数民族集聚的地区。怒江民族文化具有多元性、地域性、垄断性、神秘性、古朴性等特点。怒江境内居住着傈僳族、怒族、独龙族、普米族、白族（那马人、勒墨人）、藏族、彝族等22个民族，是“三江并流”世界自然遗产民族文化多元性和原生性的主要保留区，怒江的民族文化资源、自然风光、生态资源和历史文化资源丰富，具有将文化产业做强、做大的开发潜力与投资价值。

兰坪白族普米族自治县地处云南省怒江傈僳族自治州的横断山脉纵谷地带，矿产资源十分丰富，享有“云南有色金属之乡”“滇西北高原明珠”“有色金属王国的王冠”的盛誉，是“三江成矿带”上的重点矿区。同时，兰坪地处金沙江、澜沧江、怒江流域的中心地带，地理和交通呈星型向“三江并流”国家级风景名胜区的周边各县辐射，是滇西四地十县旅游环线的中心节点和主要入口，自然成为三江并流区旅游通道的中心驿站，被称为“三江之门的明珠”。鉴于此，兰坪白族普米族自治县文化产业的发展应当是矿业遗产、自然风光和民族风情三位一体的复合式发展。

国家矿山公园[①]是文化产业发展中实现经济转型的重要形态，是依托传统资源实现多元文化集聚的创新型集群的良好渠道。依托兰坪白族普米族自治县“国家级有色金属基地”的整体发展建设国家矿山公园，旨在成为经济发展方式转型的重要突破口和未来文化产业发展的血库，为怒江延续城市的文

① 国家矿山公园：以展示人类矿业遗迹景观为主体，体现矿业发展历史内涵，具备研究价值和教育功能，可供人们游览观赏、进行科学考察与科学知识普及的特定的空间地域。

脉、放大城市文化功能提供新的载体。

国家矿山公园的实质在于以矿业遗产的文化开发为线，串联生态景观和历史景观，拉动其他产业形态的发展。兰坪白族普米族自治县分布着丰富的文化资源，如罗古箐丹霞地貌，大羊场高山草甸，富和山花溪林海，金顶特大铅锌矿区；马鞍山、玉水坪新石器遗址，盐路山、富和山盐马古道和银马古道遗迹，富隆厂炼银遗址，老姆井古盐井，金顶金鸡寺，兔峨土司衙署，营盘街杨玉科爵府和仓江书院，金顶镇张文寿墓；普米族村寨、民居、服饰、饮食、歌舞、习俗等文化资源如何与国家矿山公园的建设形成互动，构成未来经济转型的动力源，是兰坪白族普米族自治县未来发展中的首要议题。基于此，从国家矿山公园建设和国家工业旅游示范点建设两个维度为出发点，以矿业遗迹为主体，充分融合自然与人文景观，以兰坪县丰富的矿产业资源为基础，依托工业遗存资源、普米族文化资源、生态自然资源，规划设计现代形态的主题公园，对园内进行功能分区，通过矿井遗址的保护和开发，把采矿产业转化为工业旅游产业，带动周边文化生态的优化和创意地产的开发；对于因开采破坏的矿区，进行生态恢复治理，填埋塌陷区，按公园的标准进行绿化美化设计。彻底恢复矿山生态，广泛嫁接文化元素，引入具有高原生态特色的生物景观，使国家矿山公园在空间上发挥城市“绿肺”作用，使其成为经济发展方式转型的重要突破口和未来文化产业发展的血库。

经济全球化所带来的资本、市场和消费的世界性铺展和共享，不仅影响了区域生产生活方式的改变，也加剧了文化的交流碰撞、多样性的突显和边界的扩大，这使得民族地区特色经济、文化形态获得更大的生存发展空间。传统民族工艺作为与民族生产生活和文化发展休戚相关的一种技艺、产品形态，在旅游业和文化产业发展的促动下，呈现出产业化发展的态势，并且逐步壮大成为西部民族地区文化产业的重要产业门类，对地方经济、社会、文化的发展起到积极的带动作用，甚至成为部分地区乡村经济发展的主体，促进了民族文化资源的产业化以及区域民族文化的自觉。我国丰富的民族民间文化、传统手工艺等素材，为民族民间工艺品产业的开发提供了良好的基础。对区域内丰富传统民族工艺资源的深度挖掘和已具雏形的产业化开发，形成了当下民族地区集群化发展的一种重要模式。

（二）民族地区特色文化资源开发

民族地区文化资源的种类的形式常常十分丰富，选择多元化的文化资源进行组合开发，以文化的方式激励文化产品的创造，规范文化商品的制作和交易，催生了多样化的文化产业集群。同样，专注于特色突出和优势明显的单一产业，以文化创造的形式赋予某一产业绝对的主导地位和经济价值，也是许多民族地区尝试文化产业集群发展路径的实践。事实证明，以特色文化资源为驱动形成“一村一品、一乡一业”的区域空间格局，正是由于区域主导产业的综合带动作用。在一村一乡或更大区域内，以市场为导向，以文化产品生产为依托，按专业化、特色化、市场化要求组织农村劳动力转移，以迅速发展壮大经济规模、增加农民收入，既是发展农业产业化的坚实基础，也是其有效实现形式，具有重要的实践意义①。

激发民族地区经济与文化发展的内生活力，促进民族地区经济与社会的全面发展，是民族文化资本化的终极目标和根本出路②。民族文化不是供移植或替换的模块，更不是铁铸石凿、僵硬凝固的古董，而是一个充满永不竭的创造能力，具有吸收和代谢功能的结构③。实现民族文化资源向的盘活，需要

① 王宗璋：《“一村一品、一乡一业”是发展特色乡镇企业的现实出路》，《人大报刊复印资料——乡镇企业与农场管理》，1999年第6期。

② 吕俊彪：《民族文化资本化的困境与出路》，《广西社会主义学院学报》2008年第2期。

③ 张保国主编：《新疆对外开放战略研究》，新疆人民出版社，1989年版，第167页。

在民族文化保护的前提下，有选择地进行规模化复制和生产，从而从科学发展和生态平衡的角度推动民族文化产业发展。这首先需要以对民族文化资源归类和评价为前提。

表3－5选取了怒江傈僳族自治州22个少数民族中的5个民族（傈僳族、白族、怒族、普米族和独龙族）作为分析样本，通过对其节庆活动、民族歌舞、民族民间工艺品、民族服饰、体育活动和民族建筑等方面进行全面调研与综合评价，旨在为怒江傈僳族自治州的民族文化产业发展形态提出建议性路径，并对承载其未来成长的经济实体进行规划和设计，从而赋予怒江傈僳族自治州的民族文化产业以科学的发展方式和发展路径。之所以选择这五个民族，是因为其人口占据了怒江傈僳族自治州总人口的90%，是民族文化产业发展的主体，在很大程度上能够凸显少数民族分布的“怒江特色”。在“十二五”时期进一步推动怒江傈僳族自治州实现经济转型，使国民经济与社会发展中颇为棘手的“怒江问题”[①]迎刃而解，民族文化产业的开发将是一个极其重要的切入点。

① “怒江问题”：2006年4月26日，由国家发改委、国家西部开发办、国家民委等8部委联合组成的“怒江问题”课题研究正式启动，研究焦点对准中国西部边疆少数民族贫困地区的缩影——“怒江”，旨在通过研究“怒江问题”为西部乃至全国类似民族贫困地区的发展提供经验。

表 3-5　怒江傈僳族自治州民族文化资源评价

民族	比重	节庆活动	民族歌舞	民族民间工艺品	传统服饰	体育活动	民族建筑
傈僳族	52%	阔时节、新米节、刀杆节、火把节、收获节、澡塘会、拉歌节、射弩会	莫广、摆时、优叶夫知多阿	俄勒	右衽上衣、素白麻布长裙	顶杠、荡秋千、爬刀杆、摔跤、砍竹竿、溜索竞渡、拿石头	竹篾房、木楞房、土木结构瓦房
白　族	28%	三月街、大过年、三月街、绕三灵、火把节、耍海会、拜日望	白族民歌、白族曲艺音乐、白族戏曲音乐、白族器乐音乐、白族歌舞音乐、宗教音乐	白族挑花工艺品	百节鞋、三须、五须、白族童帽、白族头巾	跳花盆、打胀鼓、赛马、划龙舟、秋千会	长三间、一正两耳、三坊一照壁、四合五天井
怒　族	6%	鲜花节（又称“仙女节”）怒族年节、吉佳母节、祭谷神、祭山林节、新米节、贺新房、桃花节	猴舞、鸡舞、喜鹊舞、乌王舞、达变、拟力	怒毯、怒斯、转扇、陶器、弩箭、簸箕	交领长衫，及膝长裤（男）、右开襟上衣，长及脚踝的裙子，套黑色或红色的坎肩（女）	射弩、摔跤、打秋、登山、跳藤、打“转秋”、溜索、跳竹	千脚落地房
普米族	3%	大过年、雪门槛游山节、转山节、小过年	打锅庄、送替神、醒英嗟、呀哈巴拉、阿辽辽、那布升洛	雕刻艺术、漆器	右襟麻布长衫	打秋千、射箭、打磨秋、跳绳	木楞房
独龙族	1%	卡雀哇、纹面	门租	独龙毯	油藤圈、鸣尔锲、额咯	射弩、溜索、爬山、网石、拉姆、滑草	木垒房、竹篾房

（续表）

民族	比重	节庆活动	民族歌舞	民族民间工艺品	传统服饰	体育活动	民族建筑
可能开发的产业形态		·文化旅游业 ·节庆产业	·文化旅游业 ·演艺娱乐产业	·民族民间工艺品业 ·乡村文化产业 ·创意设计产业	·民族民间工艺品业	·文化旅游业 ·体育产业	·文化旅游业 ·乡村文化产业 ·影视产业

经济全球化带来文化、资本、技术等要素的自由流动和高效配置，为区域经济的转型和产业的升级注入了新的动力，为少数民族地区融入世界、创新协作提供了新的路径。怒江傈僳族自治州丰富的民族民间文化、传统手工艺等素材，为民族民间工艺品产业的开发提供了良好的基础。对区域内丰富传统民族工艺资源的深度挖掘和已具雏形的产业化开发，形成了当下民族文化产业化开发的一种重要模式。怒江傈僳族自治州少数民族数量众多，民族文化资源丰富，在民族民间工艺品产业的开发上，树立“全民创业”思想，通过充分发挥文化的商品属性功能，实现民族民间工艺品产业的全面勃兴，既符合怒江州情现实，也符合文化产业发展规律，适合进行全面推广。

在政府和市场对民族民间工艺品的扶持、引导和自发调节过程中，民族民间工艺品形态与现代文化消费方式的有效对接，是其产业化的主要路径。民族地区的民族文化资源丰富多样而独具特色，是经济社会发展不可多得的宝贵财富。依赖于这些先民创造并赐予的珍贵遗产，民族地区完全可以走出一条独特的经济发展道路，开发具有西部民族地区特色的民族文化产业，使民族地区通过发展文化产业走上脱贫致富的快车道。

民族文化不是供移植或替换的模块，更不是铁铸石凿、僵硬凝固的古董，而是一个充满永不竭的创造能力，具有吸收和代谢功能的结构①。前文提到的拉萨大北郊手工艺品产业集群生产者中，大多来自云南省大理白族自治州的新华村。新华村作为一个以金银器手工艺品生产制作为主导产业的民族村镇，在文化产业集群的演进中具有典型的代表性。基于传统手工艺传承的民族技艺，在时代的自主选择下，不断进行工艺更加精湛、品种更加多样、用途更加广泛的革新，随着商品经济的到来，以节约成本和提高效率为前提的自发分工与合作，成为手工艺个体单元在市场要素加速流通和资源配置更加灵活的时代要求下必然的过程。民族手工艺集群也逐渐由自然村落的家庭集聚向市场化、专业化和规模化的集聚转型。改革开放与市场意识加速了新华村手工艺集群产业化的进程。以新华村为代表的民族文化产品走向市场，也是农村市场化的过程。

云南省大理白族自治州的新华村位于鹤庆县城西北部，是一个典型的以金银器加工制作为主业的村委会，包括南翼、北翼、岗常三个自然村，白族占总人口的98.5%，是一个典型的白族寨子。2001年，新华村因其悠久的手工艺文化、独特的民风民俗及优美的田园风光被国家文化部、中国村社发展促进会分别命名为“中国民间艺术之乡”和“中国民俗文化村”。以金银器加工为代表的手工艺是白族工匠千年的传承，新华村的白族工匠在传承祖辈手工艺的同时不断吸收周边各少数民族文化和加工技艺融入银器制作中，形成了独具特色的金银手工艺文化产品。以金银器设计和制作为主业，已经形成鹤庆县相对成熟的特色产业集群。

从新华村金银手工艺品产业集群的形成来看，其遵循的是“传承民族技艺—改良工艺手段—生产文化商品—进行分工合作—形成产业集群”的发展

① 张保国主编：《新疆对外开放战略研究》，新疆人民出版社，1989年版，第167页。

思路。

新华村制作金银器的历史可以追溯到一千多年以前。据《鹤庆县志》记载，在明代，新华人即以门扣、手镯、锅、勺、瓢等铜制民族手工艺品制作为主，手艺以家传为主，以谋生、养家糊口为目的。新华村的银匠从小走南闯北，手艺谋生，在游历中学习各地文化，丰富提高自己的技艺。在西藏、青海等很多地方，来自新华村的银匠打响了名头，承揽制作了大量藏传佛教寺院的铜宝顶、法号、佛像等宗教用品及藏族同胞喜爱的生活用品、金银首饰和工艺品[①]。

在历史传承下的新华村，传统的手工艺生产模式的主要呈现形式为以个体为组织单位，即，家庭作坊式和个体流动式。改革开放以后，新华村出现了“前店后坊”这种生产模式[②]，为金银手工艺品的发展提供了更大的空间。因为新华村的手工加工器物基本可做到一家一个品种，互不重复，因此，“一户一艺”成为新华村手工艺产品生产中的一大特点。新华村从事金银器生产的家庭作坊和个体单元每家钻研、开发的东西不同，譬如有专做刀鞘的、专做藏刀的、专做手镯的、专做酒具的、专做包碗的等等。全村的产品百余种，大都兼有使用价值和观赏收藏价值。工艺品质有金、银、铜等，依市场供需、用料多少、物件大小、技术含量和费工时多少，其价格从三四元至上千元不等。“一户一品”的加工传统既避免了恶性竞争，又增加了品种和文化含量。

但以家庭为单位进行个体生产，对于手工艺品商业化而言，并不适宜于大规模的生产。因此，基于分工与合作的产业组织形式的出现成为发展的必

① 杨丽琼：《论大理白族工匠村传统工艺的开发与保护》，《云南财贸学院学报》2007年第4期。

② 李灿松、周智生：《鹤庆新华村民族手工艺传承机制研究》，《云南民族大学学报（哲学社会科学版）》2007年第2期。

然。同时，随着社会的进步和科学技术的发展，传统的手工艺生产技能不断得到提高，新华村手工艺生产加工也不例外。表现在生产工具发生了变化，出现了电源动力和部分机械化生产的趋势。由于市场需求的扩大，生产规模也随之扩大，过去纯手工生产的方式已经不能适应现实的需要[①]，建立在技术改良基础上的专业化分工逐渐出现，在“一户一品”瞄准以精品手工艺品的原创和生产为主的同时，以锤揲、錾刻、镂空、掐丝、镶嵌、焊接和酸洗等为代表的工艺过程中的重要环节，开始在不同的家庭作坊中形成专业化和规模化，而以气泵、抛光机、压银片机、绞银丝机等为代表的机器化生产，逐渐开始成为不同家庭作坊中的特色工艺。

从新华村手工艺集群形成的过程中可以看出，基于传统手工艺传承的民族技艺，在时代的自主选择下，不断进行工艺更加精湛、品种更加多样、用途更加广泛的革新，随着商品经济的到来，以节约成本和提高效率为前提的自发分工与合作，成为手工艺个体单元在市场要素加速流通和资源配置更加灵活的时代要求下必然的过程。民族手工艺集群也逐渐由自然村落的家庭集聚向市场化、专业化和规模化的集聚转型。改革开放与市场意识加速了新华村手工艺集群产业化的进程。

“在市场经济条件下，农民是发展农村市场经济的主体，他们对市场经济的适应程度、参与程度，在一定程度上决定着农村市场化的发展水平。在经济体制转轨时期，我国城乡差距很大，小农经济的历史文化传统在农村中积淀深厚，农民的文化、科技素质不高，许多农民不懂和不适应市场经济，如果硬将农民推向市场，让农民个人去自生自灭，只能使许多农民‘呛水淹死’。西方发达国家发展农业市场化的实践也充分证明，只有将农民充分组

① 樊泳湄、谭慜沁：《云南少数民族传统文化变迁研究——以大理白族自治州鹤庆县新华村白族手工艺品为例》，《学术探索》2011年第4期。

织起来，才能使农民尽快安全、顺利地进入国内外市场，并能够有效地降低进入市场的成本[①]，”产业集群是组织农民专业化和市场化的一种有效方式，资源驱动因素下的文化产业集群组织形态，有效地实现了传统资源专业化开发，又在某种程度上探索了就地城镇化的路径，以文化产业的规模化发展实现了农村劳动力的转移。

第三节　成本驱动：降低成本实现规模化发展

产业集群的形成和扩大可以刺激产业内部的竞争，推进产业之间的合作，提高产业的生产效率。产业集群提高文化产业的发展效率，首先基于其对成本的控制和降低。文化产业集群的诞生多选择在资源和劳动力密集、创意人才集中、创新氛围浓厚的区域，在我国，文化产业集群的诞生，更多集中在东部经济发达地区，人才和技术等文化产业要素资源的天然优势，即知识的溢出效应优势，有利于生产效率的提升。另一方面，文化产业集群的诞生，使大量行业相似、业务范围相近、生产要素相关的中小企业集聚在一起，有利于进一步加深区内生产的分工和协作。在这种集群内发展，可以分享因分工细化带来的高效率，由于空间的临近性，大大降低因企业间频繁交易而产生的交通运输成本。此外，在现代产业集聚体内，经济活动主体的合作交易往往能够在社会文化背景和价值观念上达成共识，这种基于社会网络信任基础的合作分工，对于维持集群稳定和提高生产效率起着非常重要的作用[②]。而“通过聚集在一起，企业能够节约彼此之间相互联系的空间距离，获得集中空间的劳动力市场的多重优势，并能利用当前许多不同的、专业的、

① 习近平：《中国农村市场化研究》，清华大学博士研究生论文，2001年。

② 《中国产业集群发展报告（2007～2008）》，中国发展出版社2008年版，第66页。

却相辅相成的制造商聚集所带来的丰富的信息流动和创新潜力”。

此外，产业柔性集聚体与区域竞争力理论研究与发展的实践也表明，一个国家或地区竞争优势的获得来源于产业在其内部集聚过程中所获得的优势。以柔性专业化为特征的大量中小企业集聚群体，它们彼此之间通过分工与合作而结成稠密的区域网络组织，共同面对快速变化的外部市场环境和技术条件，这些专业化的产业集聚体内部的生产率不断提高，创新活动不断涌现，从而呈现很强的区域竞争力，如意大利东北部与中部地区、美国的硅谷地区、德国的南部地区等[①]。正是因为集群具有有利于交流信息、减少交易费用、互补、激励，以及从公共和私营部门投资获得“公共”物品，使产品成本最小化的优势，以集群的组织形态发展文化产业，可以更有效地激励创新，使文化产业发挥更大的经济价值。

一　以低成本度过产业初期困境

以韦伯为代表人物的传统工业区位论认为，产业集聚应发生在要素禀赋丰富的地方，运输成本、劳动力成本、丰富的自然资源是工业集聚的首要因素，而把空间经济思想引入经济分析的克鲁格曼将最初的集群形成归于历史偶然性，但他们在某种程度上解释不了低成本集群的形成。低成本的运行是许多个体生产者在产业起步期不得不选择的路径，而面临生产和生活所必须支付的土地成本时，区位优势和成本优势的均衡博弈往往促使新的产业集群诞生。

现代经济地理学一个最引人注目的成就，就是将经济活动放入区域特定的社会、文化与制度环境中进行考察和分析。在进行区位选择分析中，也逐

① 贾若祥：《产业集群概念辨析及对区域发展的作用》，《中国经济时报》2005年11月1日版。

渐将制度、技术整合到区位分析框架中[①]。对于大多数文化产业集群而言，其文化内容创作者本身具有创造“文化”的能力，即技术基础，因此，区位的选择首先基于成本的考量，对文化产业而言，“制度”因素转变为政策优惠，吸引着创意阶层的集聚，但其显现作用时往往处于集群生命周期中的发展阶段。在集群初始，政策的力度往往因为集群尚未做出卓有成效的实践而难以顾及。例如北京798和宋庄文化创意产业集聚区均是以市场自发为初始集聚，以政府推动为迅速发展的驱动力。在其发展初期，便宜的房租和相对安静的创作环境，是使难以承担城市化背景下城区愈加昂贵房租而不断迁徙的艺术家们进行自发集聚的主要原因。在以成本为主导的生存压力下，北京市通州区宋庄镇、美国纽约苏荷区和上海市苏州河、泰康路一带均举行成了较为集中的、围绕艺术创作相关产业共生的文化产业集群。其中，北京市通州区宋庄镇文化创意产业集聚区（宋庄画家村）已经成为美术产业的一个符号，其知名度、影响力和客源量不断增大，成为北京市重要的文化创意产业集聚区之一。艺术家的分批汇聚和渐成规模，使“宋庄”被打上“画家村”的符号，并成为中国最大的原创艺术家的聚居群落。

北京市通州区宋庄镇文化创意产业集聚区（宋庄画家村）的形成可以追溯到20世纪90年代初期。从1993年开始，陆续有艺术家到宋庄镇小堡村租房。1994年当代先锋艺术画家方力钧、刘炜、杨少斌、张惠平、王音和批评家栗宪庭等人来到宋庄建立工作室，1995年10月，北京圆明园画家村解散后，一部分艺术家集体搬迁到小堡村。近年来，艺术家迁入宋庄速度呈上升趋势并逐渐形成规模，开始向以小堡村为中心的周边行政村集中。目前，入驻宋庄镇的艺术家主要分布在以小堡村为核心的疃里、六合、大兴

① 王伟平、张平宇：《城市文化产业园区建设的区位因素分析》，《人文地理》2006年第11期。

庄、辛店、喇嘛庄、任庄、北寺、小杨庄、白庙、邢各庄等村庄之中，其中小堡村居住和创作的艺术家约占宋庄艺术家的四分之一。他们中有画家、摄影家、作家、雕像家、从事影视艺术的制造人、策展人、艺术评论家等。依托佰富苑工业区（前身是小堡村工业大院），也为发展相关文化加工业创造了条件。同时，宋庄镇还集聚了一批涉及家具设计、画廊及画材销售、服装设计、印刷和教育等类别的文化企业，为艺术家创作等关联产业提供配套服务。如今，“宋庄”已经成为美术产业的一个符号，其知名度、影响力和客源量不断增大，成为北京市重要的文化创意产业集聚区之一。

艺术家的分批汇聚和渐成规模，使“宋庄”被打上“画家村”的符号，并成为中国最大的原创艺术家的聚居群落。宋庄艺术家的集聚模式也由最初的居住性集聚向商业性集聚过渡，即以租金低廉的生存式群聚方式逐渐向运营成本低廉的商业合作式集聚转变，并逐渐发展成为原创艺术家、画廊、批评家和经纪人等共同形成的艺术集聚区。目前，宋庄作为文化创意产业集聚区，所展现的形态“是一个工业建筑和民居错落分布的村落，村落内拥有现代艺术风格的宋庄美术馆、东区艺术中心、上上美术馆和部分艺术家自建的特色工作室，近十家画廊沿小堡商业街一字排开，大部分艺术家以租住闲置工业厂房和民居为主，建筑外观整体显示艺术村与众不同的文化风貌。”[①]从总体上而言，宋庄“画家村”的形成，是低成本土地运行和租赁基础上，经济的发展、便捷的交通、良好的生态等共同作用的结果。

宋庄镇经济基础和区位地理优势明显。在通州区11个乡镇中，宋庄镇的经济发展水平长期居于前列，具有较好的经济发展基础。宋庄镇在区域格局中具备一定优势，是连接顺义区、朝阳区、通州区以及河北省三河市燕郊之

① 《北京宋庄原创艺术与卡通产业集聚区》，北京市文化创意网文化创意产业集聚区专题研究。

间的重要接合地带。北与顺义区李桥镇接壤，西北邻顺义新城、首都机场，南部纳入通州新城，西邻朝阳农场、东接河北省三河市燕郊。其临接“三区、两城、一港、一市”的区位优势，提高了宋庄地区依托外部优势资源协调发展的关联度。

宋庄镇对外交通十分便捷。京承铁路从南北方向通过，并在北部边界设有张辛站；京秦铁路从镇域南部边缘通过，并设有北刘庄站。现状京哈高速公路、六环路、通顺路分别经过镇域，且设有出入口，并且规划有机场第二通道、京平高速公路、东部发展带联络线经过镇域；另外轨道交通M6支线、S6号线均通达宋庄地区并设有换乘车站，为宋庄与周边地区的联系提供了良好的交通条件。由此，不仅宋庄艺术家的房屋土地租金低廉，而且艺术家与外界进行沟通的时间成本同样较低，便捷的交通满足了艺术家创作必需的用品采购，也使其能够便捷地参与中心城区文化艺术活动、展览和商业拍卖。

宋庄镇环境和生态优势相对明显，具有发展生态旅游休闲产业的资源和条件。宋庄镇域内有温榆河、潮白河、中坝河、小中河等多条河流经过；在温榆河东岸、潮白河西岸有丰富的地热资源。作为新型城镇化建设的重要节点，宋庄镇丰富的生态景观资源成为文化旅游业发展的重要引擎，以文化旅游带动文化消费，使宋庄“画家村”的知名度和影响力进一步扩张，使宋庄作为以艺术品创作为核心的文化产业集群，具备了艺术创作与文化旅游双轮驱动的现实基础。

区域发展规划支撑宋庄文化创意产业集聚区发展并提供良好政策环境和发展空间。在区域发展规划中，宋庄镇定位为京津唐的联系纽带中具有综合服务功能的生态型小镇，作为新的大北京规划“两轴—两带—多中心”的新格局中，北京市中心尤其是朝阳区CBD的后方支持服务地带，宋庄镇的产业发展定位之一即引导发展以当代艺术为核心的文化创意产业。基于此，逐步承接市中心疏散的各种功能，发展包括居住、商业、办公、娱乐等在内的综合的生产生活功能，将宋庄镇纳入大北京城乡一体化统筹发展的轨道中去，成为宋庄可持续发展的战略选择，这也进一步促成了宋庄产业集群的成型、成熟和发展。

与宋庄文化创意产业集聚区的形成模式相类似的文化产业集群还有许多，诸如美国纽约的苏荷区是文化产业集群形成模式的一个典型，其发轫于文化艺术创作，成型于商业利益博弈的发展历程，与宋庄模式极其类似，包括其成长演绎过程中呈现的弊病，在宋庄画家村发展中期阶段也无法避免。在苏荷区，“艺术家将废弃的厂房区塑造成一个文化街区，政府允许了艺术家的合法利用并将其列为保护区。接下来对艺术趋之若鹜的中产阶级和真正的有钱人开始进入，最终导致该地区新一轮的房地产开发和天价地价，形成了集私人住所、商业与公共空间为一域的城市区域，如今这里虽已成为美国现代艺术的代名词，但艺术家不得不迁居更偏僻的乔西，在乔西更多的艺术家采取了买房而非租房的形式以确保艺术家聚落的长久性。在苏荷区的形成过程中可以发现，从文化创造到商业利益的实现，虽然可能有悖于最初的loft文化的创造者们的希望，但从经济学的角度出发，却是一种很典型的城市发展逻辑[①]。”此外，被称作上海“画家村”的苏州河、泰康路一带区域，同样经历了大批艺术家聚集到地价、房价高涨的过程，部分地区由于未明确获得政府的保护，还面临着拆迁的命运。上海画家村的诞生，正是基于艺术家在房屋租金等成本困境下所形成的一种经营模式。即，由艺术经纪人成立了类似画家经纪人模式的画家村文化艺术有限公司，承租空房并将其出租给画家，由于其租金低廉等优势，在短期内就吸引了全国各地的140多位画家入

① 《北京市通州区宋庄镇城镇发展规划——镇域经济与产业发展及空间组织专题》，宋庄镇人民政府、北京大学城市规划设计中心，2004年8月。

驻。尽管这一以经纪人为主导的模式的集聚方式，为艺术家的创作和生存提供了一种新思路。

诚然，低廉的房租或生活成本是实现艺术产业自发集聚的首要原因，但这一自发汇聚及依赖低成本运行的模式，却难以实现集聚区的可持续发展。①成本优势的逐渐式微。随着北京城市化的加速以及物价的上涨和宋庄艺术集聚力的加大，原本低廉的租赁费开始快速上涨，以租住农民自建住宅为主要方式的宋庄的艺术家们一度在土地使用权上陷入与本地村民的纠纷和矛盾中，而由于宋庄集聚区的形成之初处于无组织的自发型集聚，在生态环境上也存在着“鱼龙混杂”的乱象，在一定程度上影响了整个集群质量和品质的提升。②艺术家本身缺少一定的评判标准和进入集聚区的“门槛”。例如从宋庄文化创意产业集群区艺术家的层次上来看，一是已经成名，经济收入价位丰厚的艺术家；二是不时有作品售出，有一定影响力，但生活并不十分宽裕的画家；三是正在创作但并未获得承认的画家，他们大部分还过着简朴的生活，甚至有的经济上极其困难。③随着艺术家群落或“画家村”品牌效应不断凸显，由品牌产生的溢出效应和房地产市场的快速扩张、城镇化建设速度的加快，促使地方政府进行土地出让，将艺术家集聚的空间不断挤压，以便进行房地产业等实体产业的经营扩张。从表3-4中可以看出，以房地产和依托旅游为核心的商业地产开发业成为宋庄镇环境生态较好地区的产业发展方向。艺术家群体只有迁居他出，另外寻找地价和租金低廉地区形成新的集群。艺术家群落的迁居也使作为产业集群的集聚区缺少文化的根植性，不利于集群的成长和优化。

表 3-6　北京市通州区宋庄镇镇域空间体系与发展布局[①]

名　称		地　区	主导产业
两带	温榆河房地产及旅游发展带	沿温榆河地带	房地产 旅游
	潮白河房地产及旅游发展带	沿潮白河地带	房地产 旅游
三园	国家游憩公园及周边旅游业集聚地区	包括北部现有的赛马场、高尔夫球场及未来国家游憩公园在内	旅游
	西北部科技创业园	位于镇西北部，距首都国际机场仅 2 公里	科研功能
	南部工业园	镇域南部，包括“宋庄都市工业园”、“佰富苑工业区”两大工业园	包括农产品加工、建材、服装、印刷业等在内的都市环保型工业
四区	北部临空服务区	镇域北部紧靠六环东侧，伯爵高尔夫球场以西的区域	包括宾馆住宿、培训中心及居住区等航空公司基地功能 特色商务会议功能
	东部教育业聚集区	以镇域北部潮白河以西为主	非义务教育
	中心综合开发区	包括原徐辛庄镇双埠头、沟渠庄地区	居住、商业、行政
	西北角仓储物流区	位于镇域的西北角	针对航空公司的专用仓储物流功能

二　以低成本增加市场收益

文化产业快速发展为无污染、低耗能的商品油画行业提供良好机缘。商品油画产业是文化产业重要的组成部分，其产业链的行业构成涵盖了核心文化产业和部分文化产业的相关行业。其中，原创设计部分所在子组为美术与

① 《北京市通州区宋庄镇城镇发展规划——镇域经济与产业发展及空间组织专题》，宋庄镇人民政府、北京大学城市规划设计中心，2004年8月。

建筑设计[①]，画框、画布生产和制作子组为其他手工艺品[②]。大芬村商品油画产业集群以商品油画产业链为依托，在产业集群的空间布局上，大芬村以商品油画的原创、设计，艺术品拍卖、艺术培训、画廊展销和旅游观光为核心，在集群周围引进画布厂、颜料厂、画框厂等上游厂商，并以油画业带动国画、漆画、雕刻等艺术品业和绘画材料店、装裱店等配套行业的发展，形成配套完善、内容丰富的产业集群，同时继续加大基础设施改造，对大芬村进行整体的产业规划，形成“中心商行、外围工厂”的基本布局，基本形成了具备市场竞争力和品牌影响力的文化艺术商品交易市场。大芬村商品油画产业集群的形成，既有其他文化产业集群形成过程中共性的特征，诸如交通区位优势及得益于区域发展、市场发育、消费活跃等经济基础方面的客观原因，但更为核心的要素是：大芬村以低成本地租的方式运行，使生产者获得生存的空间从而形成地理集聚，随着产业化和市场化过程，生产者通过有组织的专业化分工与合作，以生产低成本产品而获得市场空间。

（一）降低地租获取市场空间

地租的剩余理论起源于亚当·斯密时代，其主要观点是地租是总收益减去其他生产成本的剩余[③]。对生产者个人而言，地租是成本的一部分，因此，地租变为单个厂商产品价格的一部分。其逻辑在于，对单个生产者而言，地租是土地用于该用途时所放弃的机会成本。土地有其他可供利用的机会，存在机会成本，因而构成产品价格的一部分。第二个层面是，在宏观的分配理论中，土地作为整体，没有可供其他选择的用途，其机会成本为零。土地的

① 联合国产业分类代码9214。

② 联合国产业分类代码9199、5239。

③ 周立群、张红星：《从农地到市地：地租性质、来源及演变——城市地租的性质与定价的政治经济学思考》，《经济学家》2010年第12期。

供给曲线是一条垂直的线，所以地租的大小取决于需求[①]。地租理论的核心是“成本”。低生产（生活）成本可以使市场收益增加。以宋庄镇艺术产业集群为代表的许多集群的诞生，缘起于艺术家寻求低成本运行度过生存困境，这一产业集群的自发汇集模式，标榜着大多数集群诞生之初被动的选择，而在获得基本生存需求和在生存境况有所改善时，产业集群的可持续发展则同样面临着成本的挑战。以较低的生产成本来提高单位产值的利润以增加市场收益，成为发展中的产业集群探索的路径。以较低生产成本增加市场收益是商品经济时代，基于产业链条分工与合作的初级发展形态，对于文化产业集群而言，文化艺术个体创作者从最初自发无序进行地理性集中，到基于产品生产成本的要求进行初步分工，以便利用各自优势，差异互补，从而进一步提高生产效率，已经向文化产品的市场化迈出了关键性的一步。深圳大芬村和厦门海沧及乌石浦的商品油画产业集群的形成，便遵循这一规律。

对于集群中的生产者个体而言，“成本”最大的支出来自于“地租”。地租与区位的关联度极高，因此，城市边缘地区、城乡接合部以及城中村等地区往往成为创业型生产者初期集聚的场所。以“城中村”为地理据点通过集群进行城市再生改造的典范便是深圳大芬村。城中村作为伴随城市快速城市化过程的一种特殊现象，不仅存在于深圳及珠三角城市，也在世界上其他一些城市存在。中国深圳大芬村的实践是城中村“再生”的典型案例，早在2005年，深圳市龙岗区提出，将南岭村和大芬油画村打造成为新中国新型农村的典型形象代表和深圳现代化发展历程的见证[②]。城市化问题是全球工业化、现代化发展进程中的一个普遍现象。城中村是中国高速城市化过程中的

① 亨利·威廉·斯皮格尔：《经济思想的成长（上）》，中国社会科学出版社1999年版，第219页。

② 参见《深圳龙岗区旅游发展总体规划（2005～2020）》。

一种典型现象，大芬经验为解决城中村这一世界性难题提供了新的思路，城市再生，这是中国快速城市化发展过程中带有示范价值的可持续发展城市实践。大芬村创造了一种新的“社区活化”模式，实现了城中村的“就地城镇化”，大芬村通过政府的适时、适度介入，进行产业的培育和根植，从而促进了城市“产业生态”和“社会生态”的重构，从这一点说，大芬村是多种力量和因素共同成就的典型案例，从大芬村的故事中，全面透视深圳一个速生的现代城市与传统村落的逻辑演变，展示了一个年轻城市的无限潜力[①]。新型城镇化的前提是推进在城市建设五位一体的基础上，以提炼城市精神为核心，以城市精神引导城市形象塑造，以城市精神凝练城市核心价值，以城市精神营造城市文化氛围；以挖掘城镇特色资源为重点，发展县域文化产业实现富民强县，发展特色文化产业打造文化强市；城市的形成、扩张和形态塑造，在城市的形成、扩张和形态塑造中，以文化为灵魂，以“以人为本”的文化发展方式作为转变城镇化成长方式的重要引擎。新型城镇化为文化产业集群的发展提供了基础和市场，也为文化产业集群的成长和发展提供了新的发展思路。伴随新型城镇化建设的步伐，我国将涌现出越来越多依托特色资源禀赋，以特色产业为载体的文化产业集群。

大芬村的成功实践对于当代城市发展具有广泛的示范意义。大芬村创造了一种新的“社区活化”模式，实现了城中村的“就地城镇化”。从大芬村作为商品油画产业集群的成长实践中可以发现，其发展阶段经历了低成本劳动力时代集聚，已经由单一的复制进入更多元化的艺术创作领域，这也进一步表明，文化产业以“智力成果”的创造、激励和规范为产业核心要素，在市场化的过程中，必然不断通过构建强大的载体、渠道和平台，放大产业属性。因此，文化产业集群发展所必需的要素包括市场资源配置的能力、产业

① 《深圳布吉：一个城市的再生启示》，《南方日报》2010年7月27日版。

区位、成本及文化内容原创能力等，为文化产业的成长提供了坚实的基础。

（二）降低产品成本获得市场空间

分工是集聚的最根本的源泉，集聚是分工的空间组织形态。克鲁格曼在《地理和贸易》中通过汽车产业集中于底特律，而芯片生产集中在硅谷等一系列鲜明而具有说服力的例子论述了“源于分工的报酬递增在某种程度上需要借助经济活动在地理上的集中，即集聚这一组织形态来实现”①。杨格则进一步指出，“分工使一组复杂的过程转化为相继完成的简单过程，其中某些过程终于导致机器的采用。在使用机器，采用间接过程时，分工进一步发展了，后者从经济角度看又受到市场范围的限制②。”而“表现为报酬递增的主要经济是生产的资本化或迂回方法的经济，这些经济又主要与现代形式的劳动分工的经济相同。迂回方法的经济，比其他形式的劳动分工更多地取决于市场规模。”显然，分工所简化的生产过程节约了时间成本，提高了生产效率，创造了更多的价值，带动了报酬递增。正如同大芬村当前手工产品“流水线”的生产过程一样，尽管并未如杨格所说使用机器进一步完善分工并提高分工的效率，但将单幅油画的生产过程进行流程分解，将原本复杂的原创艺术作品（隐性知识）变成简单、易于模仿、容易学习的流程式复制品（显性知识），“用单点精确、流水作业，保障了画作每一局部的高质量和批量制作的高速度。相对非专业人士的产品所具有的良好视觉效果，相对非团队操作所具有的规模生产能力，相对境外房租劳动力等价格所具有的较低成本”，实现了隐性知识的显性化，将艺术品转化为艺术商品。而这支油画文化生产力队伍，日后又以保障订单履约率和新品种“来样加工”上质量工

---

① 梁琦：《分工、集聚与增长》，商务印书馆2009年版，第27～52页。

② 阿林·杨格：《报酬递增与经济进步》，转引自梁琦：《分工、集聚与增长》，商务印书馆2009年版，第28页。

期满足率，造就了业内的规则门槛，使后起者、跟进者、模仿者难以全方位望其项背[①]，造就了集群化生产的核心竞争力，即不断创造艺术品，使文化产品更加符合市场需求和更加适应消费变化，同时，加强和提高生产者对“复制权”的驾驭能力，通过分工与合作降低生产成本，使单个产品的生产时间缩短，在单位时间内可以复制更多的产品，把文化的“复制权”进行放大，以报酬递增吸纳更多的生产者进入集群，不断扩大集群的规模经济和范围经济。

除了通过分工有效降低文化产业集群的生产成本之外，集群作为一个独立运行的产业组织形态，还承担着交易和流通的功能。通过集聚降低运输成本和交易费用，则是集群降低成本的主要路径。诸如前文提到的商品油画生产，其作为一个完整的商业产品，除了完成内容生产——商品油画的模仿复制之外，还包括前期画布的批量生产和购置、后期画框的生产以及画作本身的装裱等，作为核心文化产业和部分文化产业的不同行业，同处于一个集群的油画复制者、画商、画布零售商、画框零售商以及装裱工人，便通过集群作为中间组织，展开了企业或个体间有序的交流合作，进而在集群内产生了大量相关联的产业存在，它促使单个企业不断深化内部的劳动分工，提高劳动生产率并降低成本，不断满足其在分工链条中的核心优势；另一方面，集群的市场需求随着集聚企业规模和产品数量的扩大而不断扩张，促进单一企业内部的分工工序开始独立成为单一的生产部门或生产企业，进而使内部的分工更加细分，更加专业，产生了柔性或弹性的专业化分工。例如原本进行商品油画复制的生产厂商中，专门进行创作的画师开始分化出来，成立专门的公司或工作室，专注于提供供模仿复制的画匠进行模仿的产品，他们独

① 沈望舒：《文化产业的供应链、产业链和价值链——以大芬村特色文化产业园区为例》，《城市问题》2008年第12期。

立经营后，市场竞争机制使其更加专注于产品的消费属性，因此，他们往往投入更多的精力关注国际家装市场对油画风格、色彩或形象的关注，投入更多的精力打造赋予竞争力的产品设计，这一方面提高了原创文化产品的附加值，实现了创作者的报酬递增，另一方面，也进一步节约了从事模仿复制和加工生产的画匠们的成本，他们再也不用费尽心机为创作什么样的作品而苦恼，或困惑于市场流行的趋向了。因为“集聚使得这些相互信赖的企业合作更方便，联系更快捷，因而分工更有效。另一方面，由于人们需求偏好的个性化，满足需求偏好的产品消费也呈多样性，单一企业的专业化显然不能满足人们的多样性需求。更多的企业在空间上的集聚意味着更丰富的产品多样性，能满足跟多样化的需求，从而刺激就需求也倾向于集中①。”就如同在大芬村商品油画产业集群中，除了形成分工与合作有序、企业裂变和分化更加合理的生态集聚之外，大芬村同样也成为国际批发零售商和国内外消费者进行商品油画产品选购的目的地。集聚与分工降低了产品的生产成本，同时又不断在分工与集聚之间进行良性的循环和互动，在分工与集聚之间，产业集群的组织生态形成了自我强化的积累循环过程，良性的产业循环不断促使集群实现规模化、专业化和集约化发展。

值得注意的是，除了上述三种文化产业集群的主要演进模式外，政策驱动型文化产业集群也是不可或缺的一种方式。政策驱动型文化产业集群是以政府为主导形成的产业集中和集约式发展的一种集群生成方式。在我国文化产业发展特征下，政策驱动贯穿了文化产业集群发展的各个阶段。在地缘驱动、资源驱动和成本驱动三种集群形成模式中，在集群发展的不同阶段，政策均在一定程度上发挥着重要、甚至是主导型作用。在政策驱动型文化产业集群的演进中，主要变现为制定规划主导集聚、招商引资主导集聚两种

① 梁琦：《分工、集聚与增长》，商务印书馆2009年版，第35页。

方式。

规划主导产业集聚是在国家和区域整体发展框架下，对文化产业集群的主要定位、核心思路做出整体“顶层设计”，在秉承经济社会发展要求的前置条件下，展开的集群规划、设计、建设和运行。规划主导产业集聚的基本要求是强调统筹兼顾、突出重点，从全局出发，从驾驭全局出发，在集群规划和形成中，着力体现区域文化精神、文化形象和文化价值，体现城市文化软实力和核心竞争力。而招商引资主导产业集聚则是在整体规划框架下体现灵活运行机制的一种表现。必须强调的是，一直以来，政府对城市发展和文化演进便存在着强烈的干预意识，对城市战略的探索迄今还没完全摆脱计划经济的思维方式，特别是招商主导的集群，往往以招商企业方向决定集群主营方向，而忽视了对集群本身的规律性和文化产业链条之间的关联性，特别是忽视了文化产业内在动力机制的探讨和尊重。这些都是集群发展中必须予以重视和解决的问题。

第四章　文化产业集群的分布规律

20世纪80年代起，区域发展研究理论的重点开始从对核心区域边缘区的关注，转向对区域内部结构性问题的关注。新的产业发展空间与发展载体成为全球经济文化一体化以及新技术革命加速阶段，产业转型和结构调整战略下的关注重点。区域空间发展的内涵是实现区域经济增加值的不断提升，人口的增加以及人口红利的提升，物质性和社会性的基础设施日益完善，区域间的交流与合作不断密切，居民生活的幸福指数不断提高。因此，区域空间的要求内涵式增长。文化产业集群是文化产业的一种空间经济形态，集群的分布规律既符合文化产业要素集聚和流动的一般规律，又与区域发展尤其是区域创新系统的形成和分布紧密关联。文化产业集群形成的紧密型关联体和松散型关联体，共同构成了基于知识的社会经济系统。

第一节　宏观层面：城市群的点网结构

点网结构是基于增长理论的空间分布结构。通过文化产业集群形成的集聚效应带来的要素高度集中、经济快速发展和文化消费活跃等，构成了区域增长极。增长极成为城市群中重要的创新节点，它们就如同“经济马赛克”一般，呈现出星罗棋布的分布格局。串连这些创新节点，便构成了以区域为单位的创新网络。文化产业集群的点网结构往往以集群形成区域增长极为节点，通过跨区域资源配置和流通的区间布局为市场半径，以整个城市群或城市圈为空间，形成产业网络。

一 跨区域的集群协同创新

欧盟委员会在对西方国家产业集群进行调查研究时发现，集群的发展与地理区域范围或国家大小有关，在区域范围跨度大的集群（或大国的集群）内人口众多，这可为集群提供充足的劳动力资源；集群的产业部门多，这可为集群提供更宽广的竞争优势来源；有雄厚的公共和私人投资基金，这可为集群的发展提供稳固的资金支持；有更大的国内需求市场，这可带动集群的稳定增长。而限制在某一小区域内的集群（或小国的集群）相比之下，在上述各方面都处于劣势地位[①]。城市群则是解决区域产业发展空间问题的载体。

城市群[②]是指"以中心城市为核心向周围辐射构成的多个城市的集合体。

① 数据来自欧盟委员会2003年的调查。参见Hospers, G., Beugelsdijk, S.. Regional Cluster Policies: learning by Comparing [J]. Kyklos, 2002, 55（3）: 381 ~ 402.Jerry Paytas, Robert Gradeck and Lena Andrews. Universities and the Development of Industry Clusters[R]. Paper prepared for Economic Development Administration, U. S. Department of Commerce, 2004.Metcalfe, S.. The Economic Foundations of Technology Policy： Equilibrium and Evolutionary Perspectives[M]. in Stoneman, P.（ed.）, Handbook of the Economics of Innovation and Technological Change, Blackwell, Oxford, 1995.Commission of European Communities. DG Enterprise, European Trend Chart on Innovation [R]. Thematic Report Cluster Policies, Brussels, 2003.Jay Mitra. Building Entrepreneurial Clusters[R]. Final Dissemination Workshop, University of Luton, United Kingdom, 2003.Porter, Michael. Location, Competition and Economic Development: Local Clusters in a Global Economy[J]. Economic Development Quarterly, 2000, 14(1): 15 ~ 34.Marceau J., Manley K. and Sichlem D.The High Road or the Low Road-Alternatives for Australia's Future[M]. Australian Business Foundation Ltd, 1997.Cairney, T. H., Sommerlad, E. & Owen, C.. The Knowledge Based Economy: Implications for Vocational Education and Training: A Review of the Literature[R]. Sydney: NSW Board of Vocational Education and Training, 2002.

② 城市群概念的首次提出是1957年法国地理学家让·哥特曼在其论文《Megalopolis》中表述的。论文研究了美国东北沿海地区一连串的大都市区聚合形成的连绵逶迤的大城市经济区。在该篇论文中，作者预言，城市群是城市化高级阶段的产物，若干都市区的空间聚集是城市化成熟地区城市地域体系组织形式演进的趋向，在20世纪和21世纪初将成为人类高级文明的主要标志之一。

城市群在经济上紧密联系，在功能上具有分工合作，在交通上联合一体，并通过城市规划、基础设施和社会设施建设共同构成具有鲜明地域特色的社会生活空间网络。几个城市群或单个大的城市群可进一步构成国家层面的经济圈，对国家乃至世界经济发展产生重要的影响力①。”作为一种在特定区域内形成的特殊的地域空间组织形态，城市群不仅仅是地理区域的概念，更是一个基于区域的经济合作体。城市群作为一个整体上的生态群落，其区域之间和区域内部充满了经济活动的组织空间和资源要素之间的空间配置与流通。城市群多呈现网络型发展态势。城市群往往以交通运输网络为最基本的联系形态，在发展过程中逐步形成了信息网络、商品与生产网络、人才与技术网络、文化网络等，进而形成物流、人流、交通流、信息流等纵横交错的、多层次、复杂性网络形态②。城市群所构成的网络结构，为文化产业的发展提供了赖以生存的要素基础，城市群作为一个类似于经济空间共同体的地域集合体，实现类群内城市之间紧密的产业联系，城市间基于相同或相近产业链的分工与合作成为必然。产业的错位发展和产业资源的协同利用，为文化产业集群的发展，提供了拓展的空间。因此，基于城市群的产业集群，呈现出跨区域的分布格局，即，依托交通网络为基础，以城市重要文化产业为节点，以城市群为网络，形成带状分布的形态——文化产业带。

文化产业带是在文化产业要素资源配置和地域分工基础上形成的不同层次和各具特色的带状地域文化经济单元。狭义的文化产业带是文化产业空间布局的核心，主要依托一定的文化产业集群、园区或文化创意企业集散区为载体串联形成产业发展轴，以轴上文化产业发达的区域或城市乃至城市群作

① 顾朝林：《城市群研究进展与展望》，《地理研究》2011年第5期。

② 夏维力、李博：《群效应——从产业群到城市群》，西北工业大学出版社2007年版，第35～37页。

为核心，发挥文化产业的集聚和辐射功能，联结带动周围相关文化产业的发展，由此形成点状密集、面状辐射、线状延伸的文化产品与服务的生产、消费和流通一体化的带状区域或走廊。美国的硅谷便是跨区域的文化产业带。跨区域的文化产业带是城市群、城市经济圈互动愈加密切的时代背景下，文化产业整合资源、共享平台、联动发展的重要空间组织形态。

（一）集群“回波效应”

“回波效应”是经济活动正在扩张的地点和地区，会从其他地区吸引净人口流入、资本流入和贸易活动，从而加快自身的发展，并使其周边地区发展速度降低[①]。在城市群的形成过程中，“回波效应”在一定程度上推进了跨区域产业集群的形成。城市群中具有良好区位条件、相对发达经济基础、较为完善基础配套以及优势明显的人才、技术、金融等竞争要素的城市，逐渐从城市群的周边城市中吸收产业发展所稀缺的要素，从而实现了自身的迅速发展。这一方面诞生了中心城市中具有强大产业拉动作用的大型集群的诞生，在另一方面，也阻碍了周围城市和地区同类产业的规模化发展，进而导致了核心城市和周边或卫星城市在同一产业形态上二元经济结构的出现。

---

① 夏维力、李博：《群效应——从产业群到城市群》，西北工业大学出版社2007年版，第41页。

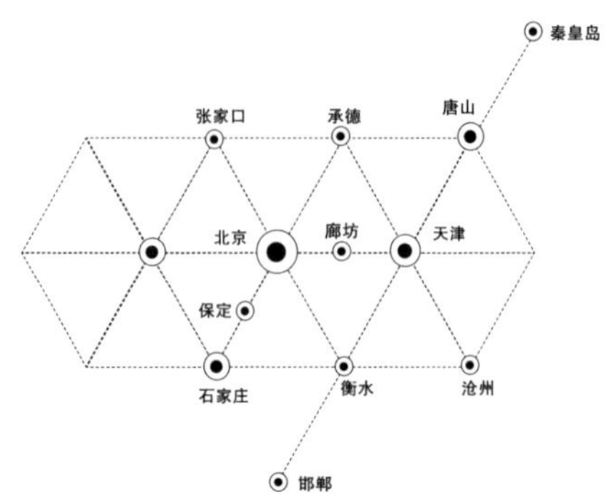

图4-1　京津冀城市群能级主导均衡路径图式[①]

文化产业是高度依赖内容创意的产业，尤其是产业链上游基于自主知识产权的研发和设计环节，创新型人才是文化产业的重要要素资源。京津冀城市群由北京、天津两个直辖市和河北省的石家庄市、唐山市、保定市、承德市、张家口市、秦皇岛市、沧州市、廊坊市八个地区的城镇组成。其占地面积为183704平方公里，占全国总面积的1.9%，人口7605.13万，占全国总人口比重为5.79%。京津冀城市群作为中国经济发展的重要增长极之一，是中国劳动力、资本、技术、信息最为富集的地区。在京津冀城市群以及全国文化产业的空间布局中，北京均为文化经济最发达地区之一，北京市高校云集，文化科教资源优势突出，文化产业发展的要素资源充裕，作为文化经济活跃的主导城市，是京津冀城市群中产业集聚的中心。京津冀城市群经济空间形态的能级主导均衡路径核心特征为“双星—岛链”结构。双星——相比于其他两大城市群，北京与天津两座城市在中国历史上就因其政治中心与门户地位奠定了无可撼动的区域地位，新中国成立后又成为直辖城市，雄厚的基础与实力成为京津冀区域的两极。但两者虽一城之隔，长期以来却竞多合少，

① 王伟：《中国三大城市群经济空间宏观形态特征比较》，《城市规划学刊》2009年第1期。

实力此消彼长，双星同辉的态势一直未能出现。岛链——虽有由秦皇岛—唐山—天津—廊坊—北京—保定—石家庄等城市组成的潜在都市廊道，由于在城市群内部及城市群之间存在大量以农业活动为主的“低谷”地带，同时京津两大核心城市政治效应更多于经济效应，使得区域内部的整体性联系较弱，表现为空间形态上的“断裂”与内部组织关系的“离散”，城市群整体未能出现相对成熟的空间连绵态势，仅如同一个个繁荣而孤立的“岛屿”构成一个链状结构[①]。“双星—岛链”结构产生的“回波效应”使文化创意资源向北京集聚，实现了文化创意产业集群的快速发展，但又在一定程度上制约了天津和河北高端文化创意产业的发展。尤其是河北省，作为京津后花园，在经济发展、产业选择等空间布局战略中，综合配套和服务供给等角色定位，限制了高端业态集聚和发展。在全国文化产业发展的梯队结构中，北京处于第一梯队，天津处于第三梯队的第一方阵，河北则位于第三梯队的第二方阵，远远落后于北京（如表4-1所示）。

表 4-1　我国文化产业发展三大梯队地区[②]

类　型	地区	指数值
第一梯队	北京、上海	85 ~ 90
第二梯队	广东、山东、江苏、浙江	26 ~ 52

① 王伟：《中国三大城市群经济空间宏观形态特征比较》，《城市规划学刊》2009年第1期。

② 数据来自以上海交通大学国家文化产业创新与发展基地胡惠林教授为首席专家的教育部哲学社会科学研究重大课题攻关项目《我国文化产业发展战略研究》课题组研究成果，该成果针对文化产业外部关联度大和产业内部发展要素的复杂性设置了表征和内涵两种评价指数，包括16个一级指标、52个二级指标、91个三级指标和151个四级指标的指标体系 ，从而对我国区域文化产业做出综合评价，该项评价中以100分为满分，依据各区域文化产业的发展情况做出综合评价，得分越高说明文化产业越发达。

（续表）

类　型	地区	指数值
第三梯队	辽宁、山西、湖南、河南、福建、湖北、天津	20 ~ 26
	安徽、四川、河北、重庆、吉林、云南、江西、山西、黑龙江、广西、海南、内蒙古	10 ~ 20
	宁夏、甘肃、西藏、贵州、新疆、青海	0 ~ 10

基于文化产业的发展受制于经济发展整体水平、城市化水平和社会发展基础的影响，城市群中“回波效应”所形成的主导城市必然是高端文化资源集聚的地区，而被“吸纳”人才、技术等创意要素的地区，并不等于文化资源匮乏的地区，相反，其丰富的地域文化资源、特色民俗资源和城市历史文化发展，可以为文化产业集群发展提供特色产业和优势资本。选择差异化的文化业态以及在跨区域的文化产业带及产业链分工与合作，承接产业转移，是区域文化产业集群发展的方向及突破口。

综观全球，在文化产业发展领先的国家和地区，均将跨区域合作提上日程。欧盟通过文化立法的方式将欧盟成员国家共同的文化理念确定下来，在1992年签署的《马斯特里赫特条约》、1997年签署的《阿姆斯特丹条约》、2000年通过的《欧洲联盟基本权利宪章》、2003年制定的《欧盟宪法》中，均有许多关于文化的法律条款。而在《实施2007文化发展新纲要》中，除了坚持其建立欧洲共同文化区域的总体目标，鼓励文化合作，加强基于草根文化的欧洲文化认同之外，新纲要特别强调为欧洲各国多边文化合作提供连贯的、全球性的和完备的方式和途径。从欧盟推进文化一体化的经验和措施中可以看出，加强区域合作，推进文化交流，是实现城市国际化的重要手段。在全球化趋势加剧的现实语境下，“打破各国的经济边界，将有限的资源在全球范围内合理配置，建立世界统一市场，从而实现效益的最大化”已经成为世界各国的共识。

在我国文化产业的区域合作中，跨地区的协同发展模式已经在许多地区展开了现行的探索。利用文化的关联、地缘的接近和旅游线路的串联，跨区域文化产业合作正逐渐打破区域行政壁垒的限制，开始走入以市场主体为主导的深入实施阶段。例如2011年十七届六中全会闭幕后不久，北京、天津、河北、山西、内蒙古五省区市党委宣传部在京共同签署《华北五省区市文化发展战略合作框架协议》，旨在建立文化发展联席会议机制，建立三大跨区域文化平台（即文化产业园区平台、文化贸易平台、文化服务平台）；五省区市中小文化企业信用将互联互通；文化市场综合管理和执法将联防协作。例如对于今后的区域文化建设，五省区市已达成如下共识：发挥首都文化中心的辐射作用，整合各地文化资源，优势互补、错位发展；形成区域文化发展合力，提升首都经济圈的综合实力和竞争力。五省区市各文化企业的跨区域经营行为，也将获得政府支持，尤其是演出院线、图书连锁、电影院线、有线网络等四类文化企业，其跨区域发展行为，将获得政府的重点支持。拟探索建立院线联盟也将成为跨区域文化产业联盟未来工作的重要内容。除了在文化产业领域的跨区域合作外，在旅游产业发展上，尤其是相近地区和具有相似旅游资源的地区也开始了旅游产业的跨域合作。例如2011年11月，地处湘桂黔渝的怀化、桂林、铜仁、黔江等13区市县在旅游节中签订了《文化旅游产业发展战略合作协议》，意在合力开发、打造湘桂黔渝区域文化旅游产业。早在1990年，湘桂黔渝毗邻地区就成立了经济技术协作区，现在，这一协作区已发展成为西南地区重要的区域合作组织之一。2010年协作区成员之间相互推介、引进的招商引资项目达394个，投资额达1386.28亿元，协作区旅游产值达700多亿元。湘桂黔渝13区县市整合协作区域文化旅游优势资源，探索文化旅游产业发展新方法、新途径和新措施，必将对做大做强文化旅游产业，促进文化旅游发展起到重要推动作用。此前，以广西壮族自治区为核心的中国—东盟跨区域文化产业合作机制的确立，已经对文化产业区域合作进行了先行探索。自2002年中国—东盟自由贸易区建设以来，双方贸易额逐年提高，互为第四大贸易伙伴。广西作为中国西部地区文化产业走出去的桥梁和纽带，同时也是东盟各国文化产品进入中国的通道，拥有其他省份所不具有的区域文化发展的战略优势和积聚、辐射作用。广西要充分利用这种区位优势，把兴起广西文化产业发展行动扎扎实实开展起来。广西列入西部大开发的行列，得到了国家在政策、资金等方面的倾斜。2002年，中国与东盟启动自由贸易区建设，广西站在了对外开放的最前沿。2003年，广西成为泛珠三角区域经济合作的一员。自2004年起，中国—东盟博览会永久落户南宁，强化了广西对外开放的国际形象和门户桥梁作用，使广西的对外开放和经济建设进入一个新的发展时期。2005年广西加入大湄公河次区域合作，成为多个区域性合作的重要成员。当年，中国与东盟签署了《中国与东盟文化合作谅解备忘录》，广西积极探索双方在文化领域的深入合作并取得了积极的成效。 随着文化产业发展愈加趋于科学理性阶段，文化产业行业之间“无边界”的问题也将进一步凸显，不仅行业之间，文化产业的区域竞合也将呈现出愈加明显的趋势，如何有效利用资源，共享平台，形成突出优势、错位竞合的发展格局，成为许多地区开始深入思考的议题。跨区域的文化产业合作，可以有效利用资源和地缘的优势，以形成拳头的核心竞争力吸引更大的市场，获得更广的关注，在当前文化消费形态日趋多元化，文化消费市场不断扩张的时代背景中，必将有利于区域整体文化产业增加值的提升。

（二）集群“扩散效应”

区域发展是一个由点及面、渐次扩展的动态过程，区域发展的不平衡性是不可避免的，任何一个区域的发展，总是最先从一些点开始，然后沿着一定的轴线在空间上延伸，点与点之间的相互作用及经济联系往往在空间上沿着线状单元联成轴线，轴线的经纬交织最终形成经济网络。当区域整体发展水平较低时，只有集中经济增长势头于少数几个点上，才能获得最大经济效益，核心极化对边缘的回波效应必然大于扩散效应，造成核心发达、外围落后的区域差异。而当区域整体发展水平提高后，区域积累了一定财富，核心也达到了足够大的规模时，才有可能也有条件分散经济增长势头于整个区域，表现为扩散效应大于核心对边缘极化的回波效应，扩散效应发挥作用的结果，必将推动区域的协调发展和整体发达①。“扩散效应”是所有位于经济扩张中心的周围地区，都会随着扩张中心地区的基础设施的改善等情况，从中心地区获得资本、人才等，并刺激促进本地区的发展，逐步赶上中心地区②。

一般而言，在城市群的形成过程中，“回波效应”和“扩散效应”同时起作用，但在城市群发展的不同阶段，两者之间呈现出此消彼长、此强彼弱的博弈状态。在“回波效应”和“扩散效应”的动态平衡中，产业主导城市逐渐达到产业发展最大的承载力，许多发展的必备要素边际成本开始上升，如产业环境的容纳程度降低、劳动力的成本上升等，各种城市问题开始显现，“回波效应”开始减弱，文化产业集群的发展必然开始向外辐射和转移。

长三角城市群经济空间形态的能级主导均衡路径核心特征为“单极—扇面”结构。其中，单极城市上海作为核心区所获得的中介机会不断增多，促使产业向其集聚，上海邻近城市受其溢出效应影响，苏州、无锡等城市城市经济得到了较大程度的发展，最终形成了集聚状的极化区域，扇面—扇面板块的出现，主要与目前长三角已有的两条轴线有密切联系，第一条轴线为上海—南京的北翼轴线，第二条轴线为上海—杭州的南翼轴线。正是这两条的

①② 王家庭：《建立国家综合配套改革试验区的理论研究》，《人大报刊复印资料——体制改革》，2008年第2期。

轴线存在，使得整个地域空间出现两两相夹的扇面[1]。长三角城市群的空间布局使文化产业集群的空间分布呈现出鲜明的区域特征。其主导城市上海的文化产业最为发达，文化产业的贡献率高，文化产业集群的集聚化和集约化程度同样最高。作为联合国教科文组织创意城市网络中的“创意之都”，上海文化产业发展的创意、人才、资本和金融等要素，不断通过城市群空间组织结构进行轴线扩散。其一是沿“上海—南京”北翼轴线进行扩散，其二是沿“上海—南京”南翼轴线进行扩散，而南京市和杭州市则凭借良好的经济发展基础、丰裕的社会资本环境、高校相对云集而源源不断供给的创意人才和技术要素，并借助上海国际金融和贸易的辐射扩散，不断发展基于创新和创造的文化产业，从而使长三角城市群脱离了单一城市原创型文化产业发达的格局。

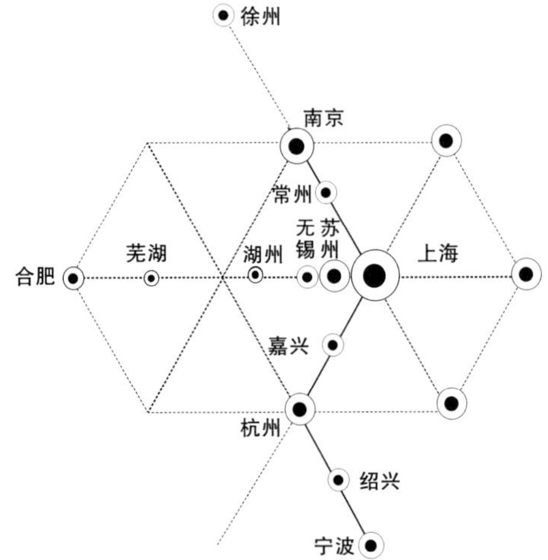

图4－2　长三角城市群能级主导均衡路径图式[2]

①②　王伟：《中国三大城市群经济空间宏观形态特征比较》，《城市规划学刊》2009年第1期。

除了“上海—南京”和“上海—杭州”基于扩散效应形成的“双翼”之外，在上海与苏州、无锡和常州之间也形成了一个稳固的三角形（如图4-2所示），以“苏锡常”为核心，承接高端文化产业的中端转移的产业集群已经形成，它们与主导城市上海、副中心城市南京和杭州构成了错位发展与有序合作的产业发展格局。以动画产业为例，上海在动画产业发展中的格局，以面向全国的文化创意形象原创和面向全球的国际文化贸易为核心，杭州和南京则专注于动画形象的创意设计和动画产品的创意孵化，而“苏锡常”地区则以动画产品的加工制作、动画衍生产品的设计生产以及动画衍生产品中主题公园的服务体验为主。从动画产业的城市群分工中可以看出，单个城市往往不具备产业发展所需的全部资源，或者不完全具备产业链各环节所有的比较优势，而城市群之间的合作与协同创新，则可以充分利用各自优势，吸引产业链不同层次和不同环节的企业形成集聚。例如上海所具有的全球金融和外贸的高端业态基础和优势，“苏锡常”所具备的劳动密集型产业的优势，可以使它们在城市群中实现文化资源的共享和文化产业的错位共赢。

长三角城市群能级主导下的文化产业集群发展，充分吸收了跨区域范围内集群协同的优势资源和要素资源，展现出复合型核心竞争力。以无锡（国家）数字电影产业园为例。其所处的地区江苏省无锡市位于长三角城市群和苏锡常城市圈交汇区域，经济发展基础良好，正在成为文化产业发展的集聚地，产业集聚效应明显。该区域发展基础良好、资本市场活跃、民间消费旺盛、国际合作密切，多元文化业态发展成熟，苏南五市文化产业增加值约占江苏全省总量的四分之三，区位优势突出，目前，江苏未来影视文化产业创意产业园、江苏环球数字欢乐谷、苏州“中国光华文化创意产业园”、无锡盛大公司第三代城市主题文化乐园、常州“嬉戏谷”、扬州“智谷”、江苏文化科技产业园等一批园区正在成为文化产业发展的集聚地，产业集聚效应明显。

从跨区域间的政策环境看，江苏省和无锡市高度重视文化产业发展，文化产业发展基础优越，产业格局初现。江苏省“十二五”发展规划提出加快文化产业园区、创意文化街区、数字出版基地、动漫和数字电影产业基地建设，建设一批高起点、规模化、代表国家水准、体现未来方向的文化产业示范基地和示范园区，形成优势明显、特色突出的文化产业群，无锡全市共有文化创意产业企业4600多家，涉及影视制作、工业设计、动漫网游、广告会展等领域，为园区二期建设和后续开发提供了良好的客源。该集群以数字电影产业运营、内容创作、技术研发、配套服务等电影文化产业的全产业链运行为主导，是江苏省推进文化与科技融合的重要载体，符合江苏省战略发展格局和无锡市城市转型升级的战略方向。

从跨区域间的要素禀赋优势看，在省域范畴内，江苏全省有60多个文化（创意）产业园区，4个国家级动画产业基地，7家国家文化产业示范基地，18个省级文化产业示范基地和7个省级文化产业园区，为本项目开发提供了良好的市场合作、产业配套基础。在市域范畴内，数字电影产业业态关联性较高的园区、基地、项目建设，有效降低了项目运行成本，提高了项目资本回报率，缩短了项目投资回收周期。集群周边，国家动画产业基地、国家动漫游戏产业振兴基地、国家工业设计园、江苏省文化创意产业园、江苏基础软件园、江苏软件外包园、江苏省文化产业示范基地等纷纷落户无锡，促进了各类文化产业载体的建设。

从区域内部集群周边看，江南大学、北京大学软件与微电子学院无锡基地、无锡职业技术学院以及埃卡内基等高校和实训基地，有利于与影视创意园区的文化交流和“产学研一体化”的发展，而周围的太湖鼋头渚、蠡园、三国城、水浒城、唐城等国家4A、5A级景点也有利于开创以“影视”为主题的旅游业项目，推动无锡数字电影与文化旅游协同化发展。毗邻区域内，商业设施和关联产业开发，带动了项目文化旅游人气，注入了新的发展驱动力。万达地产计划投资300亿元打造万达商业广场及影视游乐基地，有力推动了园区周边土地溢价和资产增值，为集群的公司化运行和管理提供了有利的发展契机。

综合上述有利于集群协同创新的产业环境、发展氛围、产业空气和制度环境，无锡（国家）数字电影产业园的发展定位，远远跳出了无锡市域范围，以面向长三角、辐射全国、链接全球的思维和发展思路，定位为国际知名的影视拍摄制作高地、影视制作研发高地、影视文化交流高地、影视人才实训高地、影视动漫衍生产品开发高地、世界领先的现代科技与影视文化融合的产业示范区和先导区。其产业定位为“以国际化视角、工业化手段、市场化运作，将集合影视内容产业，拓展影视关联产业，产学研于一体，创意、生产、交易、消费联动，突出数字化、高新技术特色”的影视基地。集群在产业布局上，以数字电影生产制作、技术研发、内容创意、发行传播、衍生产品生产销售等产业为主导产业，以影视旅游、影视服务、休闲观光、体验娱乐等产业为培育产业，以物业租赁、商业开发、技术配套等软环境建设为辅助产业，本项目以国际数字电影产业盈利模式为依托（在好莱坞影片的进账中，影院的票房收入只是其中20%，后电影产品开发，例如通过其他媒体传播以及衍生产品生产销售等占其影片总收入的80%），通过发展多元业态，拓展盈利渠道，提高投资回报率。集群在运营模式上，从新型城镇化和建设社会主义文化强国的战略高度出发，把握产业发展的核心规律和基本特质，以关键的功能性聚合为突破口，抓住国内外电影市发展机遇，充分利用先发优势，开创符合中国电影产业发展趋势的新一代专业影视基地，从而有效规避了当前国内主要竞争者重复建设外景地引起的不良竞争，抓住产业核心收益，拒绝边缘收益。通过对制片公司总部、技术服务、后期制作、展示与传播等产业关键增值环节的功能性聚合，以较小地方成本换取较高产业收益。

二　跨区间的集群资源配置

跨区域配置资源是因为区域之间存在对某种农矿原料、技术、资金、信息或劳动力等方面的供求关系。从根本上讲，只有区域之间资源有互补性，才有建立经济联系的必要，才会有跨区域的资源配置。区域之间跨区域配置资源的程度的强弱与区域之间的互补性成正比。主流经济学认为，资源配置的方式有两种：计划配置与市场配置。计划配置是政府部门根据社会需要和可能，以计划配额、行政命令来统管资源和分配资源。地方政府之间为了实现区域自身的利益，可能在资源输出地和输入地之间形成一些协议，这种跨区域政府的协议性约定配置也属于计划配置的范畴。由于信息不充分、激励不足等原因，计划配置往往引起经济活动的低效率，且容易产生寻租，影响社会的公平性。市场配置是指市场主体在市场信息的引导下，通过市场价格的波动、市场主体对经济利益的追逐、市场供求的变化等，调节资源的配置。市场配置克服了计划配置信息、激励不足的问题，但也存在盲目性、自利性、滞后性的缺点，带来负的社会外部性①。随着改革开放和市场经济的完善，当前，跨区域资源配置以市场配置为核心，以区域规划、城乡规划和土地规划“三规融合”为参照对象，通过有效调动区域内的资源要素，以发挥产业的禀赋优势，提高产业竞争力为核心诉求，已经成为城市发展、产城融合与文化更新的重要路径。

城市是科技、文化、和信息、资本汇集的中心。根据级差地租理论，具有比较利益的行业会不断排挤具有较低比较利益的行业，体现在城市空间结

① 白国强、李韬：《跨区域配置资源理论探析》，《经济研究导刊》2012年第5期。

构变动上就是，高比较利益的行业逐渐占据了城市的核心区域。文化产业是具有较高比较利益的行业形态，因此，在产业的分化和转移中，文化产业不断在城市的中间区域集中，形成了文化产业集群。

根据前文分析可知，城市群之间协调区际资源，通过分工与合作发挥比较优势的空间组织方式，实现了群内个城市产业的协调发展。同样，城市内部资源的配置和要素的关联，可以在有效范围内实现产业要素的合理配置，从而有效提升产业的规模效益和范围效益，通过成本的控制和降低实现文化附加值的提升。例如CBD[①]是城市的核心区域，其形成过程是较高比较利益行业集中的结果。以北京市朝阳区为例。CBD—定福庄国际传媒产业走廊的规划和形成，是不断进行区域内资源的配置和要素的流动，以达到文化产业市场要素报酬递增的进一步集聚，使文化生产要素和资本要素能够将呈点、线、面相结合的产业空间布局。CBD—定福庄国际传媒走廊[②]（以下简称“传媒走廊”）以北京CBD国际传媒产业园和定福庄传媒文化产业区为两个端点，贯穿通惠河、朝阳路和朝阳北路，东西横向距离15公里，区域面积40多平方公里。传媒走廊的形成，是北京城市发展中“回波效应”和“扩散效应”共同作用和均衡博弈的结果。 传媒走廊的西端节点CBD地区北起光华路，南至建国路，东起针织路，西至东三环路，面积约30公顷，是国际金融、国际组织和要素市场的集聚地，CBD产业的不断集中、高端资源的不断汇聚以及城市人口数量的增多，使其承载能力达到一定的极点后，开始寻找产业转移和扩散的空间。东端节点定福庄板块，属于新北京城市规划中重点

① CBD（Central Bussiness District），是现代化城市以商务办公为主的第三产业集聚地，CBD的形成必须同时具备三个条件：现代化城市的市中心、以商务办公为主要功能、第三产业集聚之地。

② CBD—定福庄国际传媒产业走廊范围：朝外、建外、三里屯、呼家楼、团结湖、六里屯、麦子店、双井、八里庄、南磨房、东风、平房、高碑店、常营、管庄、三间房。

建设的东部次中心区域，是城市十大边缘集团（城市次中心）中重点建设的区域，定福庄板块与西端的CBD形成了轴线连接的点网结构空间布局。沿北京CBD—定福庄国际传媒产业走廊共有北京国家广告产业园、国家音乐文化产业基地、国家对外文化贸易基地、国家动漫产业基地4个国家级文化产业园区，凤凰国际传媒中心等30个重点产业基地，形成了文化创意产业园区网点布局、纵横交错的产业集群。2011年1～11月，北京CBD—定福庄国际传媒产业走廊规模以上文化创意企业实现收入超过1036.5亿元，约占全区文化创意产业收入比重的三分之二，年利润额和资产总额分别为37.9亿和972.0亿，聚集了973家规模以上文化创意企业，吸纳就业9.6万人，以上四大重要经济指标占朝阳区文化创意产业指标比重均超过50.0%。

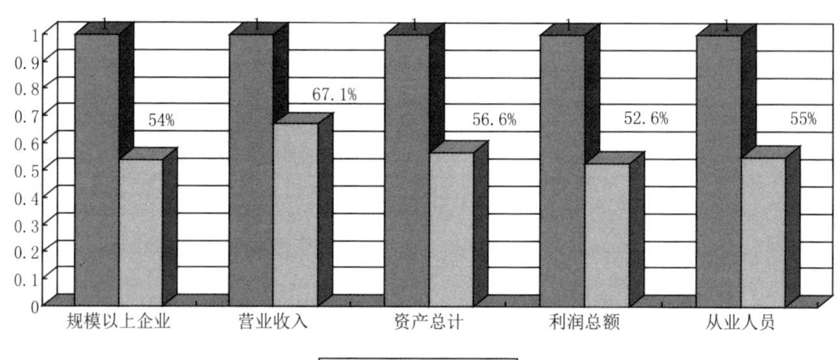

图4-3　2011年1～11月CBD—定福庄国际传媒产业走廊重点指标占朝阳区的比重

表 4-2　传媒走廊与朝阳区文化创意产业发展情况

指标名称		数　值	增速（%）
收入合计	传媒走廊	731.1	8.5
	朝阳区	1221.8	6.9
从业人数	传媒走廊	107536（占比 53.4%）	
	朝阳区	201527	

在传媒走廊产业集群内部，传媒类企业均占到入园企业的60%以上。另外，相邻的集聚区，如惠通时代广场、莱锦创意产业园，主导业态均为传媒产业，入园企业主要集中在总部型企业和投资传播环节，而东部三间房动漫孵化基地、东亿国际传媒产业园等园区，同样主业为传媒产业，但其入园企业主要集中在内容原创和生产环节，这样使临近的园区互促发展，形成更大的集群，而处于不同位置的集聚区在功能和产业链条分工上错位互补，实现联动发展。

进一步分析CBD—定福庄国际传媒产业走廊各个重点指标的行业构成，从规模以上企业数来看，广告会展业聚集的企业最多，达349家，占比为35.9%；软件、网络及计算机服务业，旅游、休闲娱乐和其他辅助服务业拥有的企业数量都超过了100家。文化传媒业拥有规模以上企业数量共593家，占国际传媒产业走廊的六成左右。从收入来看，截至2011年年底，文化传媒产业的收入为519.8亿元，占CBD定福庄国际传媒产业走廊文创收入的50.1%。其他辅助服务业，广告会展和软件、网络及计算机服务业收入位居前三位，分别实现收入298.4亿元、248.8亿元及171.3亿元。从资产额来看。文化传媒业实现资产额513.0亿元，占CBD—定福庄国际传媒产业走廊文创资产的52.8%。广告会展和其他辅助服务业资产额分别为206.4亿元和243.9亿元，处于第一梯次；旅游、休闲娱乐，软件、网络及计算机服务和新闻出版业资产额分别为147.2亿元、132.9亿元和124.6亿元。从利润来看。文化传媒业的利润实现额为15.8亿元，占国际传媒产业走廊文创利润的42.5%。广告会展和其他辅助服务业年盈利都超过10.0亿元，两个行业的利润总和超过传媒文化走廊利润总量的六成。从吸纳就业来看。软件、网络及计算机服务业共吸纳劳动力2.4万人，占比超过四分之一，其他辅助服务业从业人员数量也超过两万人，两大行业平均从业人员占功能区整个文化创意产业近一半，广告会展业和旅游、休闲娱乐业的从业人员数量都超万人，分别为1.6万人和1.5万人。文化传媒业的平均从业人员为5.2万人，占国际传媒产业走廊文化创意产业就业人员的比重为53.6%。

从传媒走廊的发展轨迹和产业发展情况中可以看出，一方面，CBD在产业集聚、扩张与升级中不断进行空间演绎，从“回波效应”到“扩散效应”进行多中心组团结构变化，形成了传媒走廊的东端节点定福庄传媒文化产业区，另一方面，朝阳区文化创意产业的企业和园区围绕传媒走廊形成了要素集聚，区域内企业、园区和集群之间形成了良性互动与产业融合，在东西端点之间形成了带状分布的产业空间，实现了传媒走廊东西端点产业发展的无缝对接，为文化产业要素流动和市场运行提供了渠道和载体。

从城市群之间到区域之间，文化企业聚集在高密度的创意要素空间内不断碰撞，使文化产业集群成为区域创新的源泉，集群资源配置能力的加速带来了创新的加速和市场要素流通的加速，进一步推动了产业集群的升级，而产业集群的每一次升级和每一轮创新，又实现了城市主导产业布局的优化和调整，产业价值链的优化及产能结构的调整，城市群在文化产业集群的辐射力和影响力下，不断提高自身的竞争力，成为更具综合能力的区域经济体。

第二节　中观层面：区域内的圈层结构

圈层结构是基于中心地理论和产业空气理论、在区位比较优势的作用下形成以文化产业集群为圆心的区域中心地。文化产业主导企业的活跃，不断吸引着相近或相似产业（企业）的集聚，企业在分工与合作的市场机制中，形成适合产业创新和集体学习的产业空气。由此，区域内逐渐形成了以文化产业集群为核心的圈层结构。文化产业集群的圈层结构的空间演进路径往往处于动态博弈均衡中，它们往往以中心地为圆心进行集聚，又以比较优势为诉求进行分散，进而达到成本与市场的均衡分布，最终在生产—居住—消费之间达到平衡，催生了功能复合的综合性集群或集群综合体。

一　按向心力集聚的文化产业主体

经济活动是城市群空间扩展的决定因素。文化产业的资源配置和要素流动在一定程度上打破了二元经济地理结构，从而在区域空间上产生了新的格局，形成了城市空间的向外延展和向中心深入的发展局面。在都市圈、城市群等跨区域地理空间内，文化产业集群不断进行基于“回波效应”和“扩散效应”的博弈，形成了城市群内集群点网式布局结构，在区域内部，文化产业集群则不断按照“向心力”集聚和“离心力”分散的博弈过程，形成基于核心文化产业集群的圈层结构。按向心力集聚的文化产业园区产生集聚效益，并由此带来经济发展的乘数效应，带动相关产业及周边产业的发展。基于向心力的集群主要按照三种规律进行空间布局。

（一）依照区域经济发展水平进行集聚

文化产业进行集聚的第一个阶段是以企业为主体，进行市场自发的区域性集聚。文化创意企业集中分布的区域与经济发展水平呈正相关，经济发展程度较高的地区，拥有的创意要素、人才资源、金融环境和资本市场等基础条件都更为突出，为文化产业发展提供了良好的产业生态。以中国文化企业

30强[①]为例，通过对东中西部骨干企业分布数量的统计变化中可以发现，文化企业的优势资源和核心竞争力仍多数分布在经济发达地区，在集聚态势上呈现出愈加向经济发达地区倾斜的状态。从具体数据上看，四届文化企业30强的区域构成中，东、中、西部地区入选企业的数量比分别为18:6:6，22:7:1，24:5:1，23:5:2。整体来看，东部地区企业数量较为集中，文化企业优势资源更加趋于向东部经济发达地区汇聚，骨干企业在区域文化产业发展中的引擎拉动作用愈加明显。

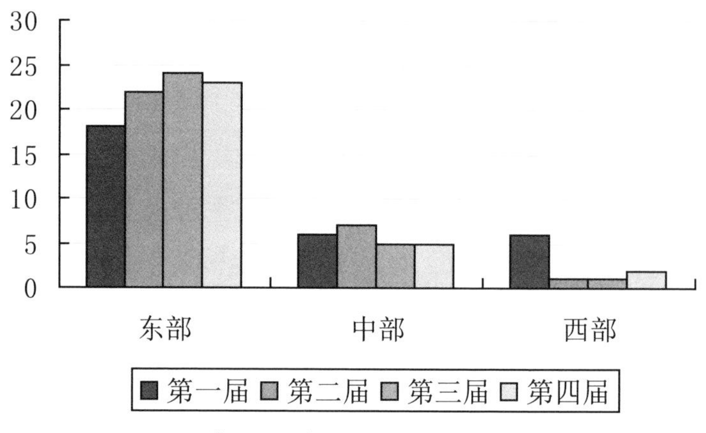

图4-4　第1～4届中国文化企业30强区域分布

企业集聚的核心问题是企业自身选择发展战略和市场半径的问题，也是企业生存环境与产业生态的自主选择问题。文化企业在区域能为内进行向心力集聚，正是基于中心区域或中心城市良好的发展基础和发展条件。

经济基础为人才集聚和产业配套提供发展基础。许多文化产业园区都是

① 自2008年以来，光明日报社和经济日报社连续四届发布“中国文化企业30强”，累计已有56家文化企业入选。“中国文化企业30强”不但集中展示了我国文化改革发展的主要成果，而且通过梳理标杆文化企业的成长轨迹，深刻反映了我国文化产业发展的基本现状和发展趋势，进而在推动文化产业成为国民经济支柱性产业，建设社会主义文化强国的进程中发挥着日益重要的作用。

依托所在城市的大学作为辐射源。前文提到的CBD—定福庄国际传媒走廊的东端区域，围绕中国传媒大学分布着北京国家广告产业园、国家音乐文化产业基地、国家对外文化贸易基地、国家动漫产业基地4个国家级文化产业园区、东亿国际创意产业园、传媒产业孵化期、莱锦创意产业园等文化产业基地， 发达的传媒产业基础、良好的智力资源支持以及区域内北京电视台和中央电视台强大的媒介渠道，与产业集群之间形成了基于产业孵化、培育和不断壮大的互动。在浙江杭州，杭州数字娱乐产业基地、国家动画产业基地则依托中国美术学院的创意人才支撑，在该区域及周边地区，集创意、研发、产品制造和市场推广为一体的产业链对浙江省乃至长三角地区都具有很强的辐射性。

交通网络为要素集中和市场配置提供便利条件。以交通骨架搭建起的区域网络是一种比组织机构松散、更富于灵活性的结构，但又比市场更具稳定结构的协调机制。由于具有更适宜的灵活性、稳定性以及可信度，网络越来越引人注目，成为降低不确定性的手段。当考虑到劳力、技术及知识时，网络内嵌于组织机构，成为结构化的原则、价值和关系。为了更富于效率，大多数网络都需要空间上的接近，生产及产品越复杂，这种需求就越迫切[①]。由交通网络的便利性而搭建的集群产业网络，一直以来是全球分工协作中重要的地理集中形式，交通网络的邻接性和便利性，有效降低了物流成本和沟通成本，既有效承接了区域产业转移，又共享了地缘文化相近优势下的知识资源。

产业生态为自主创新和规模成长提供发展保障。产业的区域性集聚在市场机制的作用下自发地发展起来，随着市场逐渐成熟，集群发展到一定规模，开始引起地方政府的关注，进而根据发展战略给予扶持和引导。因此政

① 吴启焰：《从集聚经济看城市空间结构》，《人文地理》1998年第1期。

府力量的介入及体制机制的完善，可以加快具有竞争力的文化产业集群形成。例如北京市798和宋庄文化创意产业集聚区的形成初期，是艺术创作群体基于相对低廉的成本运行而自发进行地理集中，在集聚形成一定的规模和气候，并产生了文化创意和艺术创作影响力时，政府力量介入，通过财政、税收等鼓励和扶持政策，进一步引导产业健康发展，实现产业集群的规范化发展。

（二）依照要素资源配置方向进行集聚

市场是实现产业集聚和产业转移的根本力量。文化产业是创新要素最活跃的产业之一，其基本要素是创新经济要素、制度要素和社会要素的总和。政府主推建立园区和基地，对成长期的文化产业起到了较大的推动作用。通过建立文化产业集聚区或园区，集聚起许多具有发展潜力和成长空间的企业，通过综合配套的方式进行文化以及相关产业孵化，起到了较好的作用。但是这种方式如果缺少对市场的预期判断或不遵循产业发展规律而急于求成，则不能完全满足文化消费的市场需求，因此，以市场为主导，以政府、企业、高校及科研机构和中介组织等为有机共同体，按照资源配置的方向进行集聚，形成若干文化产业的集团式竞争体，成为企业向心力集聚的另一种方式。这一方式的重点是，建立集中要素资源、整合市场配置能力，共享主体功能渠道的产业发展集团，以强大竞争力的综合形态，按照市场需求进行资源配置，从而可以更加灵活的突破一系列的限制，进行跨地区、跨行业的整合与重组，从地理集中走向产业集聚。这也是文化企业公司治理模式下的普适路径。

创新资源配置的制度设计实现了政府宏观层面、地区层面和微观组织层面的互动。资源配置的理论基础是边际效用理论。边际效用理论的提出使得资源配置效率成为主要研究问题，以马歇尔为代表的新古典经济学理论对市场机制和“效率”的关注度胜过对“公平”的考证。20世纪30年代，凯恩斯学派强调国家干预，使政府成为协调、实现公平与效率的主体。它们共同点是关注政府对市场经济的影响[①]，“制度安排下的协调互动方式，就是各个资源配置主体以共同的配置目标，在不同层面都进行有效的制度设计，提供措施保障，从而使得配置主体间形成一个互相协调配合、联动开放的创新资源配置体系。在这种资源配置方式中，主体参与的积极性和参与程度都得到了明显提高。它既发挥了政府有力的激励监管职能，同时也体现了配置主体间的协调行动，更强调资源配置的可持续性和动态性[②]。”创新之源配置的制度设计下，综合化集团的公司治理模式实现了对人才和技术等创新要素与资金和政策的相互配置，以集团为文化产业集群主体，向上整合区域庞大的市场资源、高校源源不断的科研资源，向下整合金融风险机构、社会资金对产业发展的主体配套，从而实现了集群的快速发展。

创新资源配置的组织管理模式实现了由区域集聚向产业集聚的转化，从而使生产方式更加全球化。市场为生态型集聚提出的产业发展要求，完全是按照市场需求进行文化产品和服务的“量体裁衣”。因此，集群的发展会以一个实体为核心，进行产业触角的延展。因此，在发展思路上，集团化发展打破了以往文化产业园区、集群行政管理按照行政区划分割的矛盾，打破行政区界限，改变完全按行政区制定区域政策和绩效评价的方法，利用当前世界性经济结构战略性调整的有利时机，把优化配置文化企业资产和建立现代企业制度与区内经济整合和形成联合整体优势结合起来，打破地区、行业、部门和所有制界限，以资产为纽带，通过参股、控股、兼并、联营、组织专

① 邵宜航等：《从经济学再到政治经济学：理解包容性增长》，《经济学家》2011年第10期。

② 李应博：《有效制度安排下的科技创新资源配置研究》，《科学学研究》2008年第3期。

业化协作等各种形式发展企业联合，建立跨行业、跨地区的资本市场、技术市场、文化市场和人才市场，充分发挥市场机制的作用。在参照体系上，以市场为标准衡量文化产品和文化服务，按照市场配置资源，分布要素，形成流动性的产业带。进一步提高文化产品以及衍生产品生产能力和文化服务功能，推进优势互补与和谐发展，实现了文化产业生产要素的快速聚集和高效组合。

（三）依照政府主导方式进行集聚

文化产业发展过程中，依靠政府主导的行政力量进行强势推动，有利于产业要素的迅速集中，政府设立专门职能机构、予以资金的大力扶持、支持人才培养、提供技术支撑、帮助开拓国际市场等，加速了文化产业市场化和国际化的进程。

政府主导方式进行产业集聚的方式分为两种。第一种是在集群发展到一定规模和层次后，政府介入集群发展，通过政策等手段解决或弥补市场失灵。例如前文提到的大芬村，其本身的形成得益于改革开放之初深圳作为经济特区优惠的土地政策及廉价劳动力以及物流成本低的独特的关外地理位置，使大芬村作为商品油画产业集群集聚并形成规模，随着“向心力”集聚到一定阶段，产业达到一定规模极限，大芬村的环境、交通、房产市场容量趋于饱和或难以承载产业扩张的需求时，政府适时、适度地介入，完善环境、改善交通、配套设施、加强推介，制定了税收、出口、资金扶持等相关配套政策，对包括大芬油画村在内的文化产业的发展予以专项扶持，改善了产业集群生态，实现了集群的可持续发展。第二种是集群发展初期，政府根据区域发展规划的整体要求，划拨规划用地作为集群发展空间。这种类型的文化产业集群集聚模式，常常围绕主导企业形成基于产业链条分工合作的产业网络，主导企业可以是一个或者多个，在产业门类上具有一定的关联性或互补性，在集群成长的过程中，或通过价值链整合的方式进行集群内合作，或通过并购方式整合相关企业构成大文化集团。例如湖北省武汉市的东湖“文谷”，集聚包括数字出版、动漫游戏、创意设计、影视制作、文化艺术、古玩艺术、民间工艺、演艺娱乐等在内的十大产业，形成以主导企业为引领的产业丛林，其中，湖北长江出版集团建有湖北文化出版城，湖北日报传媒集团在建楚天传媒印务工业园，长江日报报业集团在建长江报业园，知音传媒集团建有知音传媒文化园，今古传奇报刊集团建有今古传奇产业园等。有的大文化集团或旗下公司在其行业领域通过资源整合、参股控股、市场分销、连锁经营方式而形成跨地域的产业群落、企业网络和区域环境①。集群的不断整合与重组，使政府主导下文化产业的地理集中开始转向市场主导下集群的商业整合，这一过程也是文化产业集群走向市场成熟生命周期的必经阶段。

从政府主导下文化产业集群发展的模式上看，在进行集群引导工作时，往往坚持“政府与市场联动”的理念，按照市场规律进行投融资平台体系的建设的集群，才能够获得长久的生命周期。在集群成长中，针对集群内文化创意企业所处阶段不同，政策引导的侧重也呈现出不同的重点。对于研发初期的创业企业，政府主要从孵化政策和专项扶持资金进行扶持，主要政策有房租补贴、技术平台使用补贴、原创资助及高新技术企业的相关优惠政策，以及设立发展专项资金，专门扶持创意项目；对于起步期的中小企业，则提供贷款担保，帮助创意企业有效突破发展的资本“瓶颈”；对于成长期的创意企业，则筹划专项风险投资引导资金。以政府引导资金为杠杆，通过契约式投资联盟和联合募集风险投资基金两种方式，实现资本的撬动和放大，引

① 黄南珊、刘保昌：《湖北文化产业集群发展的前瞻性思考》，《江汉大学学报：人文科学版》2009年第5期。

导更大规模的社会资本进入文化产业领域。由此可见，政府主导型文化产业集群的主要实现方式是，通过制度创新为文化产业集群打造资源共享，渠道通畅、支持强劲的平台，使集群最终形成自身的"造血"系统，具备更强大的面向国际市场竞争的能力。

二 按离心力分布的文化产业主体

在经济全球化的大趋势下，集群之间的激烈竞争迫使集群为寻求更多的资源和市场机会进行区域转移或延伸。根据欧盟委员会（2003年）对世界160位集群专家的调查结果显示，有50%以上的专家认为集群会延伸到国内的大部分地区或多个邻近区域，甚至延伸到相邻国家①。

随着按照区域经济发展程度进行集中的产业集群发育程度不断提高，集群内的分工合作有序开展，催生了文化产品市场活跃度的提高和文化消费的繁荣。这时，文化产业集群开始跳出区域板块之间的制约，打破"条块分割"僵局，在集群内部和集群之间形成产业转移。产业转移是区域内部的某

① 数据来自欧盟委员会2003年的调查。参见Hospers， G.， Beugelsdijk， S.. Regional Cluster Policies： Iearning by Comparing.[J]. Kyklos， 2002， 55（3）：381～402.Jerry Paytas， Robert Gradeck and Lena Andrews. Universities and the Development of Industry Clusters[R]. Paper prepared for Economic Development Administration， U. S. Department of Commerce， 2004. Metcalfe， S.. The Economic Foundations of Technology Policy： Equilibrium and Evolutionary Perspectives[M]. in Stoneman， P. （ed.）， Handbook of the Economics of Innovation and Technological Change， Blackwell， Oxford， 1995.Commission of European Communities. DG Enterprise， European Trend Chart on Innovation [R]. Thematic Report Cluster Policies， Brussels， 2003.Jay Mitra. Building Entrepreneurial Clusters[R]. Final Dissemination Workshop， University of Luton， United Kingdom， 2003.Porter， Michael. Location， Competition and Economic Development： Local Clusters in a Global Economy[J]. Economic Development Quarterly， 2000， 14（1）： 15～34.Marceau J.Manley K. and Sichlem D.The High Road or the Low Road– Alternatives for Australia's Future[M]. Australian Business Foundation Ltd， 1997.Cairney， T. H， Sommerlad， E. & Owen， C. The Knowledge Based Economy： Implications for Vocational Education and Training： A Review of the Literature[R]. Sydney： NSW Board of Vocational Education and Training， 2002.

些产业从一个地区转移到另一个地区的过程。由于区域间经济发展水平、技术水平和生产要素禀赋的不同，形成了产业结构发展阶段上的相对差异，这种差异具体表现为发达与次发达、不发达国家或地区之间在产业结构层次上形成了明显的阶梯状差异，并按高低不同呈阶梯状排列。由于这种产业梯度的存在以及各国或地区产业结构不断升级的需要，产业在国家间、地区间是梯度转移的[①]，梯度转移使集群发展呈现出不同生命周期、不同发展阶段的资源配置与集聚方式的差异。产业转移是文化企业从“向心力”到“离心力”集聚的重要路径。从居住性集群到生产型集群和从生产型集群转向综合社区的两种文化产业集群离心力式分布规律，源自荷兰经济学家范迪克提出的基于进化理论的五阶段成长模型，模型中的五个阶段分别为地理区位型集群—贸易集散地型集群—劳动分工型集群—创新型集群—功能齐全的工业区（M. P. van Dijk, 1997）[②]。这样的集群具备自我调整和生态更新能力，往往能够成为长寿型的产业组织。

另外，从产业梯度转移的理论出发不难发现，产业的集聚遵循产业区位生命周期理论，即以空间经济学为基础，借鉴工厂生命周期论，提出了产业区位生命周期理论。该理论认为，产业区位生命周期为“集中—分散—再集中”，即产业生命周期的动态现象，先是公司的集中，然后会分散，再后来产业的某些部门又会集中，从而产业集聚的动态变化呈现“U”型。从产业转移角度看， 该理论事实上是用产业区位的周期性变化说明了产业的区域转移现象[③]。文化产业集群的发展遵循产业区位生命周期理论，并在知识驱动下

① 戴宏伟、王云平：《产业转移与区域产业结构调整的关系分析》，《当代财经》2008年第2期。

② 王珺：《集群成长与区域发展》，经济科学出版2004年版。

③ 陈刚、刘珊珊：《产业转移理论研究：现状与展望》，《当代财经》2006年第10期。

呈现出新的特征。

（一）从居住型集群到生产型集群

产业转移一方面是基于环境生态、产业持续发展的承载力达到一定极限后，产业为了维持高速发展和满足市场需求而进行的基于产业链分工合作的地理空间移转，另一方面是从群居到群聚的过程，即，文化产业从业者、文化产品的创造者作为文化经济个体单元，在既定空间范围内的实现生活和生产逐渐一体化的社区发展模式。这一模式的主要动力是新型城镇化。城镇化是经济社会发展的必然趋势，是工业化、现代化的重要标志，是在经济不断增长的过程中，由产业结构非农化引发生产要素流动和集中，原来农村的生产方式、生活方式、思维方式逐渐与城市接轨，最终实现城乡一体化。

快速城市化使城市人口不断集中，由此带来社区人口的迅速集聚，快速的城市化表现出精神上的、意识上的城市化，生活方式的城市化。所谓被动城市化，是指农民主观上不愿意被城市化或还没做好城市化的准备，但由于受各种客观原因的影响而不得不放弃农业生产方式和乡村生活方式，最终被融入城市的过程。由于不能主动做出选择和决策，他们只好被动地进行生产、生活方式（包括生活空间实体从乡村到城市、社会身份从农民到市民）等方面的巨大转变和艰难适应[①]。“离土不离乡”的群聚型文化产业集群有效破解了这一命题。以云南鹤庆新华村为例。新华村将民族工艺文化转化为重要经济资源，形成了“一村一业”、“一户一品”的家庭作坊生产格局，不仅带动了旅游业的进一步蓬勃兴旺，而且极大地促进了经济社会的发展、村民生活水平的提高，探索出独具特色的城镇化之路。新华村90%以上的劳动力直接或间接参与到旅游业中，新华人的收入不再依赖于第一产业，农业在当

① 章光日、顾朝林：《快速城市化进程中的被动城市化问题研究》，《城市规划》2006年第5期。

地群众的收入比重中不到10%；二产和三产在新华村引领着新华人进入手工业经济和商业经济时代，逐渐形成了“家家有手艺，户户是工厂，一村一业，一户一品”的生产格局，而且其手工艺生产已完成摆脱了自给自足自然经济条件下的手工业生产，而是完全纳入市场经济体系之中以产定销，以销促产。从群居到群聚，完成了集群单一围绕中心城市或中心区域集聚的转变，通过“离心力”的集聚方式，实现了城市功能组团的拓展，有效缓解了中心城区或城市核心区域用地紧张、资源稀缺、成本高昂等现实问题。群居和群聚的结合，促进了新华村传统手工业“产、供、销”完整产业链的建立，促进了资源、资本、人才、市场、观念等各类生产要素的流动、聚集与优化，通过“离土不离乡”的群聚型文化产业的发展，带动了区域经济的发展。可见，村民们从生产方式、生活方式到思维方式，早已完成“城镇化”过程，形成了独具一格的“不离本土的城镇化”格局。

综上所述，从居住性集群到生产型集群的演进过程进一步说明，只有实现了产业的聚集才能实现人口和各类生产要素的聚集，才能培育兴旺的市场带动强劲的消费，最终促进城镇化的实现。新形势下，工业化因其强有力的产业聚集能力，仍然是我国城镇化最重要的推动力之一，但是结合新的业态，以现代服务业为代表的第三产业同样可以成为城镇化的主要推动力。新华村城镇化的实现，究其根本，离不开依托文化文化产业的综合性服务的发展，是加工业（家庭作坊式的民族手工业）和服务业共同发力的结果。产业发展在各个区域有其不同特点，只要多种产业并存且呈现良性互动的态势，上规模，有效益，一样可以成为我国不同地区实现城镇化的推动力。应根据各自城镇的功能定位、产业特点，采取现代农业牵引、现代工业催生、城镇功能辐射、旅游开发、流通带动、工贸综合等方式，做大做强已经和正在形成的特色产业和优势产业。

（二）从生产型集群转向综合社区

居住性集群向生产型集群转变，是根植于区域文化、传统技艺形成的产业组织形态，它的形成需要经过长期的积淀和培育，而从生产型集群转向综合社区，即从“单位”到“社区”的转变，是产业集群离心扩散的又一重要形式。社区[①]是“进行一定的社会活动、具有某种互动关系和共同文化维系力的人类群体及其活动区域[②]。”从“单位”到“社区”的转变，表明社会管理的重心从“工作场所”向“居住场所”的转移。这种转变和转移，意味着社会管理的基础单元的转换，意味着社会日常生活的支持网络的转换，意味着社会资源和社会机会配置机制的转换。这是中国社会极其深刻的变化之一。社会管理体制从“单位”到“社区”、从“工作场所”向“居住场所”的转变，是为了适应社会结构从传统型向现代型转型的需要，适应经济体制从计划经济向市场经济转轨的需要，是为了应对社会结构转型和经济体制转轨二者犬牙交叉、既相互推进又彼此摩擦所引发的种种社会问题的需要。

城市的空间资源具有高度的稀缺性，尤其是在国际型大都市及一线城市。而作为城市经济可持续发展的基础，空间资源优势城市发展必备的要素。文化产业集群的发展对创意阶层的互动提出了较高的要求，而创意的无边界和无地域的特点，使原创型人群的“单位”和“居所”不受地理空间制约。工业化导致的交通拥堵、环境污染、房价高涨的“大城市病”，驱使传统制造业企业迫于成本压力逐渐转移出中心城市，选择新的区位。制造业的移出导致城市产业空洞化，城市中心区域出现大量闲置空间。创意经济发展

① 美国学者C·P·罗密斯认为“社区”有公社、团体、共同体等含义。美国社会学家R·E·帕克等人又赋予了它地域性的含义。为了赋予“生态共同体”一个明确的含义，帕克首次为这种“社区”下了一个定义：“社区”就是“占据在一块被或多或少明确地限定了的地域上的人群的汇集”。可见，“社区”通常指亲密的社会关系结构、环境、资源、就业、居住等方面利益紧密相关的共同体。

② 郑杭生：《社会学概论新修》，中国人民大学出版社2003年版，第272页。

之初，其产业组织和生产活动规模较小，对空间成本比较敏感。城市废弃的工业建筑历史悠久，有丰富的工业文化内涵，经过设计组合，具有很强的吸引同类企业入驻的能力。与旧城改造相比，创意活动和创意产业新业态与旧厂房、旧仓库组合，降低城市改造成本，空间组合配置效率高[①]。基于创意空间的基本要求及发展需求，从低成本运行的“单位”向综合配套的“社区”转变，成为集群不断成熟完善的重要路径。

从“单位”到“社区”的集群分布模式主要有两种形成路径。

第一种路径是基于低成本产业运行而形成生产集群，生产集群中的创作个体以交通便利及节约生活成本的出发点，选择在集群附近租住或购房，居住群体的增多又促使居住地周边集聚了大量餐饮、娱乐、社会服务等保障性设施，从而使生产集群转向综合生产、娱乐、消费和居住多位一体的发展格局。这一类型的典型个案是798大山子艺术区和宋庄艺术家村落。由于交通便利、租金便宜和空间的开阔与开放，798和宋庄均受到创业型的文化艺术机构的偏爱。798艺术区由不同时期的旧厂房组成，艺术区占地面积近50万平方米，其中七星集团占地面积29万平方米，建筑面积22.5万平方米，实际利用面积12.5万平方米。艺术区以工业遗址的利用为典型特色，在艺术区建设中，将工业厂房中富有特色的部分保留下来并进行艺术设计和点缀，新增设施注意和原有设施的呼应与融合，突出时尚与现代元素，通过旧厂房出租容纳创意阶层。创意阶层的涌入使艺术区周边艺术气息和生活气息更加浓郁，具有自主工作室或创作空间的艺术家以大山子社区为核心，在一定半径范围内群居，逐渐形成了艺术区和生活区互动和融合发展的空间，由于地处城市生活区域，大山子艺术区集聚区同时也是开放的公共文化空间。大山子

① 尹宏：《创意经济：城市经济可持续发展的高级形态》，《中国城市经济》2008年第10期。

社区文化服务、生活居住等综合配套建设的完善，使艺术家栖居的质量不断提高，越来越多的创意阶层以社区为落脚点购买或租赁房屋，大山子周边的房价也随着艺术区的发展而不断攀升。小堡村是宋庄艺术集聚区中一个核心自然村，随着集群的发展，越来越多的艺术创作者涌入集群，小堡村从过去出租农家院，发展到腾出工业厂房，装饰后出租给艺术家和文化机构，并采取向周边村落租地兴建艺术家工作室以满足市场需求，以最原始的创作方式（架上手工绘画）和生产方式（前店后厂），不断进行规模化集聚，艺术家的创作空间与居住空间逐渐合并在一起，观赏艺术创作与感受艺术生活方式逐渐成为宋庄作为原创艺术集群重要的旅游体验。正是因为文化创意的性质是开放性的，具有生活和工作结合、生产和消费结合的特点，文化产业集群才能够实现从“单位”向“社区”的转换，进而实现集群功能从“单一”走向“复合”的发展阶段。随着城镇化进程的加速，大城市发展空间愈来愈受到挤压，城市土地存量空间不断减少，文化消费需求却不断扩张，在城市新区或大城市卫星城建设集生产创作和生活服务于一体的综合性社区，不但有效缓解了城市生态压力，而且以创新集群的方式创造出富有特色的文化功能组团，这将是城市文化经济拓展的新思路。

第二种路径是文化内容创造和是产业生产者的居住功能有机融合，以文化产业集群的生态环境和创意氛围带动居住群落发展，增加居住区文化附加值的发展方式。这一模式通过创意集群和创意地产的结合，以华侨城和常州中华恐龙园等文化旅游主题公园与文化旅游地产共同组合形成的集群为典型。其中，华侨城早期通过主题旅游设施的营造聚集人气，消除区域陌生感，与基础配套的有效补充，共同提升了区域价值。

从华侨城早期（1988～1991年）区域增值情况（图4-5）可以发现，因为

华侨城所在区域距离中心城区较远（约14公里）[①]，所以周边区域房价水平相对于罗湖、福田和南山等城区较低，随着主题文化项目的开发和多元文化产业经营模块的拓展，基础生活配套的落实弥补了区域价值低陷的短板，旅游主题配套使区域成为城市的另一极，大幅提升区域认知度，华侨城文化产业发展加速了区域的城市化进程。到1991年，华侨城房价水平已经成为区域高点。

表 4-3　华侨城发展的四个阶段

发展特征	产业配套居住区	普通居住区	高档住宅区	都市生态区
发展时间	1980 ~ 1991 年	1992 ~ 1997 年	1998 ~ 2000 年	2000 ~ 2008 年
配套建设	锦绣中华 华侨城中学 华侨城医院 华侨城菜市场 邮电局 海景酒店	世界之窗 华夏艺术中心 何香凝美术馆 人文雕塑 建立社区标识系统 OCT 广场	沃尔玛 食街、酒吧街 欢乐谷在建	燕栖湖 燕晗山 欢乐谷主题公园开放 威尼斯皇冠假日酒店 益田假日广场 地铁 1 号线
代表楼盘	海景花园	桂花苑	锦绣花园二、三期	波托菲诺纯水岸
价格变化	2500 元	5000 元	8000 元	9000 ~ 70000 元

在规划用地上，“华侨城”居住用地及配套和主题公园、景区用地分别占整体用地面积的35.78%和31.56%，居于前两位。主题公园和景区是城市的开放性空间，它们是城市文化重要的空间载体。“这些空间界面中的色彩、肌理、材料、形态及其中的文字、记号、图像等信息隐喻了城市历史故事、集体记忆。这些空间的品质直接关系到公众的生活质量、社会交往、情感交流；对于安全感、归属感与认同感的建构起着积极的作用”[②]，“对于百姓表

① 华侨城原是宝安县光明华侨畜牧场沙河分场，1981经广东省政府批准，改制成为沙河华侨企业公司；开发时，华侨城距离当时的深圳城市中心约14km，属于完全的郊区地带。

② 陆邵明：《场所叙事：城市文化内涵与特色建构的新模式》，《上海交通大学学报：哲学社会科学版》2012年第10期。

达政治主见同样具有积极意义”[①]。

从城市发展历程和城市文化演进的方向来看，开放性空间比任何高楼林立、鳞次栉比的建筑更加贴近百姓的生活。虽然在城市中心区域，由于土地资源的稀缺性，开放性空间无法为城市开发建设者带来短期经济效益的快速增值，但从城市文化发展的角度及长远的发展战略下，开放性空间是城市发展的点睛之笔，对城市土地的增值是长期和可持续的，即，主题公园和景区等文化设施开发作为土地和区域的培育期主导工程，主要通过文化消费吸引眼球，通过文化创意提高附加值，通过文化主题氛围的营造拉高区域价值，从而使居住生活与休闲文化体验集群融为一体，将地产开发与文化主题开发相结合，实现了土地价值的最大化。这一模式实际上可以归纳为：在产业组织方式上以集团化的方式整合文化产业资源，以旅游及相关文化产业经营、房地产及酒店开发经营为主业，以优质旅游景区为载体和平台的复合式文化产业开发。以主题公园为载体进行的文化产业扩张是复合式产业集群成功的重要因素之一，主题公园构建了与城市进行对话和与周边社区进行互动的文化图景。

主题公园作为一个场所，场所是社区文化图景构成的基本单元，是城市文化与记忆的重要载体与客体。都市文化的塑造不只是单个场所的塑造，还涉及街区、社区或者区域的整体塑造；需要研究系列场所的多维立体整合策略。场所主要包括两个维度的属性：一个是物质空间属性，包括场所的物质环境（physical setting）与其中的物体（object）；二是社会人文属性，包括场所中的主体“人”（people）、活动事件（activities）及其隐含的意义（meanings）[②]。主题公园以文化旅游为切入点，通过城市文化创意设计的主

① 哈贝马斯：《公共领域的结构转型》，曹卫东等译，学林出版社，1999年版。

② Edward Relph. Place and Placelessness[M]. London: Pion Limited, 1976.

体——广场、文化空间、主题雕塑、标示性建筑、艺术场馆、街道小品等，构成了强大的基于人文图景的“场所叙事”。“场所叙事”即运用叙事的媒介、手段与策略，借助场所的物质与非物质要素/载体，将城市空间的人文信息及其语境（历史与文化故事、集体记忆等）呈现出来，让公众感受到历史与文化记忆的存在，感受一种归属感与认同感；进而融入新功能、新事件、新生活，在人与场所、场所与场所之间建构稳定的、可持续发展的和谐关系，培育城市精神[①]。主题公园的主导产业——文化旅游业的发展使区域人气持续增加，人文配套的营建与运营增添了区域的生活气息，逐步建立高档人居的区域形象美术馆与艺术中心等人文配套的营建虽然对片区住宅价格没有直接拉动，但却赋予了区域更多的人文价值，为其吸引高端人群奠定基础；若干居住小区共同强化了区域的居住氛围，促进了区域生活配套的建设进程。

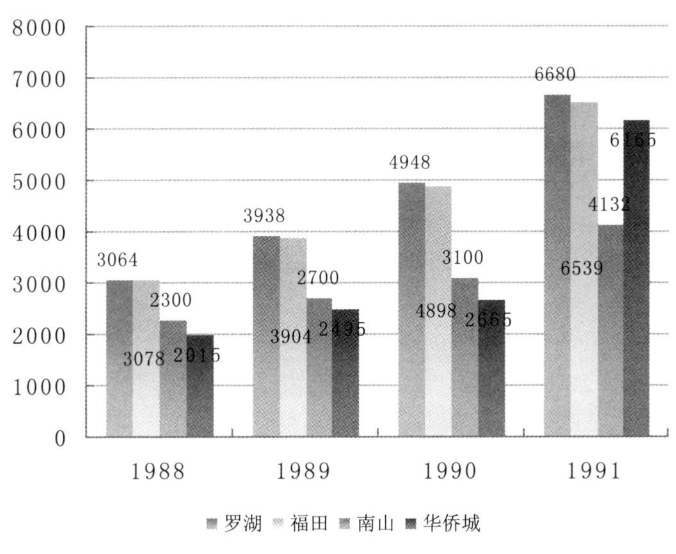

图4-5　华侨城早期的区域增值

① 陆邵明：《场所叙事：城市文化内涵与特色建构的新模式》，《上海交通大学学报：哲学社会科学版》2012年第10期。

主题公园和景区等文化设施的开发是土地和区域的培育期，通过文化消费吸引眼球，通过版权创意提高附加值，通过文化主题氛围的营造拉高区域价值，从而使居住生活与版权体验集群融为一体，华侨城将地产开发与版权主题开发相结合，实现了土地价值的最大化。“华侨城”模式实际上可以归纳为：在产业组织方式上以集团化的方式整合文化产业资源，以旅游及相关文化产业经营、房地产及酒店开发经营为主业，以优质旅游景区为载体和平台的复合式版权产业开发。华侨城不断突破既有产业格局，上下延伸产业触角，逐步打造出一个以文化为核心、旅游为主导，集聚文化旅游、文化节庆、文化演艺、文化艺术、文化科技、文化主题酒店、文化相关产品制造等七大业务板块的文化产业集群。

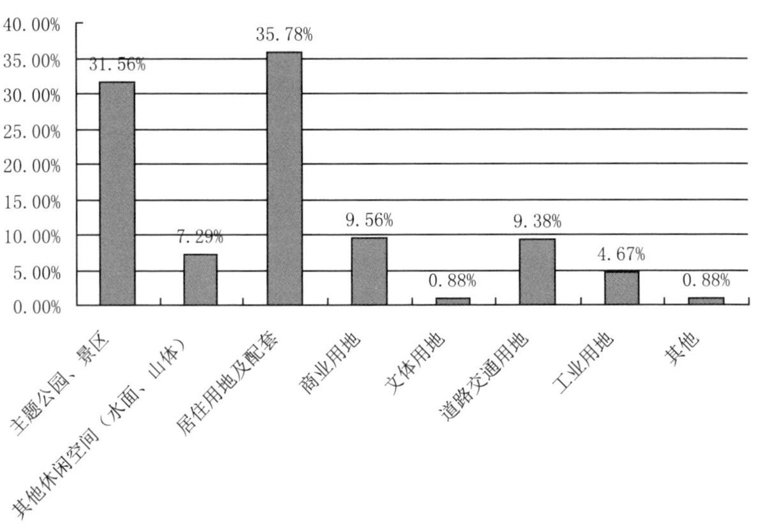

图4-6　华侨城整体开发土地用地性质及比例

随着城镇化发展进程的加速，生态环境与文化景观越来越成为城市发展的稀缺资源。华侨城在集群开发的过程中，将文化创意和文化设计元素融入到基础设施建设中，例如将特色文化要素注入酒店，兴建了中国首家主题酒店——意大利文化主题的威尼斯酒店、打造了中国第一个主题酒店群，将何香凝美术馆、华侨城当代艺术中心及华·美术馆等公益性质的艺术场馆作为居住区和观光区的综合配套，将旧厂房改造成创意文化基地——OCT-LOFT创意文化园，提升城区整体的文化氛围等，从而形成了独特的文化场，使华侨城从远离城市中心区域的“农场”（光明华侨畜牧场沙河分场时期）发展成为国家文化产业示范园区，见证了“最伟大的规划设计师或者建筑师能够将死物化为活生生的灵物、化腐朽为神奇”[①]的文化重塑进程。

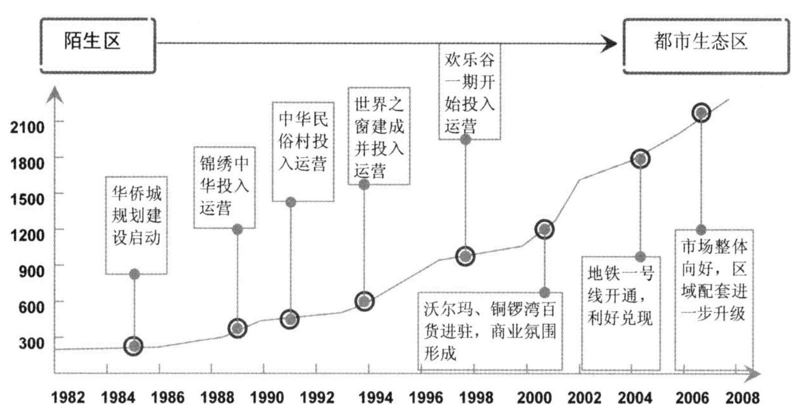

图4-7　华侨城发展阶段主题公园与主题地产建设情况

城市是独特的历史现象；城市是人类聚落的生态系统；城市是生产和分配物质产品的地点；城市是一个力场；城市是一个相互关联的决策系统；城市是一个矛盾斗争的舞台。因此，“城市可以被看做是一个故事，一个反映人群关系的图示、一个整体和分散并存的空间、一个物质作用的领域、一个

① 路易斯·芒福德：《城市发展史：起源、演进和前景》，倪文彦，宋俊岭译，中国建筑工业出版社，1989年版。

相关决策的系列，或者一个充满矛盾的领域”[①]。产业集群是城市群的资源和要素汇聚集中地节点，是城市创新的中心，以产业集群为圈层结构的辐射，构成了城市竞争力的核心。产业集群和城市发展与演变的轨迹存在着共同的规律，它们在整体和分散并存中，不断地进行向心力与离心力的均衡博弈。但是毋庸置疑，从文化产业集群的发展特征、分布规律和发展趋向来看，集群的演进必然沿着文化内容生产创意的核心进行集聚，这一集聚或者是地理空间的集中，或者是虚拟空间的集中，同时，文化产业集群也必然因为城市进程的加速和新型城镇化的推进，以空间功能组团的方式进行分散，在中心城市附近或城市卫星城区域形成具有特色的文化经济体。

第三节　微观层面：集群内的线性结构

线性结构是基于产业价值链理论，以文化产业主导企业为核心形成的产业导入形态。文化产业是以“智力成果权”为资源，以知识创新为动力的产业形态，其产业链的结构也依托产业特性，以文化形象原创为起点，构建了“创作—生产—传播—使用—消费”的线性产业模式。因此，集群内部的文化企业之间分工与合作的出发点是线性链条上的某一环节或某几个环节之间的知识共享。

一　主导企业串联式集群分布

企业是集群发展的重要节点。全球化的发展使集群之间的竞争从企业之间、企业集团之间的竞争演进到产业链之间的竞争。产业链的实质就是不同

① 凯文·林奇：《城市形态》，林庆怡、陈朝晖、邓华译，华夏出版社2001年版，第27～28页。

产业的企业之间的关联，而这种产业关联的实质则是各产业中的企业之间的供给与需求的关系。串联式分布的产业链是集群内企业基于产业上下游分工与合作形成的产业组织方式，表现为围绕同一产业不同环节之间开展的资源互补性合作以及围绕不同产业的相近环节展开的资源整合型合作。

（一）价值链内部的互补性资产整合

以市场要素的资源配置为出发点，加强资本的跨地域流动，打破区域界限和行政范畴，旨在以“市场”为基本出发点，培育更具竞争力的市场主体。从微观上而言，产业价值链内部整合是指产业的主导和强势企业通过收购、兼并、合并、合资、战略结盟等方式和全部收购或入主控股、托管、信托、租赁、发行可转换债券等产权融资方式，消除在本产业内、或者跨产业、跨国、跨地域存在的各类障碍，重新配置和组合各种生产要素，从而延伸价值链，扩大市场份额，形成产业发展的主导力量①。企业战略、结构与竞争、需求条件、要素条件、相关和支持性产业条件四个基本要素以及机遇和政府两个附加要素是影响集群演化的重要因素②在扩大规模的过程中，实现管理模式、资金使用、技术开发与市场开拓的重组，兼并联合可以让不同产业部门间的企业的共同经营，将自身扩展为业内的“航空母舰”，可以有效地实现各种优势的互补，减少对现有业务的单向依赖和企业利润率的波动，降低经营风险，从而提高整体综合经济效益。

企业的兼并重组是优化文化产业结构，提高文化产业资源配置能力，提高文化企业竞争力的有效途径。由于企业兼并既促进新兴技术部门产生、壮大优势企业实力，又能改造传统部门、淘汰无发展前途的企业，因而其作用

① 赖茂生、闫慧、叶元龄、李璐：《内容产业与文化产业整合与协同理论和实践研究》，《情报科学》，2009年第1期。

② 产业集群的资源整合模型参照波特提出的“钻石模型”。

是其他资产重组方式所不可比拟的。如与破产相比，兼并能同时壮大优势企业，与联合或合并相比，兼并又能发挥“劣汰”机制。正因为如此，企业兼并在世界范围内十分广泛[①]，而集群的形成则有利于企业间展开兼并和重组。

文化企业的主业为以内容创意生产为核心的文化产业，但辅业拓展到具有更大投资回报率的行业，在辅业拓展时通过互补性资产的整合，吸纳辅业的行业领域中专业化的企业单元以弥补企业在该领域业务的不专业和涉足时间较短等缺陷。例如辽宁出版传媒上市后，整体收购其控股股东辽宁出版集团持有的辽宁少年儿童出版社、春风文艺出版社和辽宁音像出版社100%股权，并向非文化领域扩张，出资近2亿元认购中天证券新增的注册资本，参股设立铁岭新星村镇银行。江苏凤凰出版传媒集团分别参股南京证券和江苏银行，成为两家金融机构的第二大股东。再者就是国际资本通过并购，进入监管相对宽松的境内新兴文化产业。例如韩国移动通讯企业SK电讯2008年收购北京太合麦田42.2%的股份，国际资本进入中国娱乐产业，此外，汤姆森收购路透网40%的股权，成为路透网第二大股东，澳洲电讯先后收购皓辰传媒、泡泡网等[②]，以资本合作的方式进入文化产业。毋庸置疑，金融工具已经成为文化产业集群资源整合的重要杠杆。

除了兼并重组的价值链重构模式之外，以媒介融合为代表的价值链整合降低生产成本、提高产业利润率和发展效率的方式，也是当前产业集群纵横联合的主要方式。从传媒产业的角度来看，媒介融合不单纯是由技术带来的不同媒介形态之间的互动与整合，它还上升到了产业层面的融合。进而言

① 陈佳贵、黄群慧：《推进企业兼并重组 深化国有经济改革》，《光明日报》1997年10月13日版。

② 《文化产业整合 资本力量打破体制壁垒》，《经济参考报》2010年6月24日版。

之，它不仅改变了媒介的信息传播、社会监督、文化娱乐等传统功能，而且，其生产形态上也发生了深刻的变化，从而影响到整个产业链的重组与发展。不同行业、不同产业间的融合打破了昔日的生产结构，而生产链上的各种元素通过在内容、网络等终端上的交错融合也产生了新的生产关系，并进入到市场参与竞争[①]。以动画产业为例，企业之间、行业内部的资源整合与媒介融合，不仅为中国电视动画的业态创新注入了一股新鲜血液，也促使着动画市场不断走向变革。在电视动画领域，产业融合主要体现在两个方面，其一是电视动画与电视媒介的其他形态之间的融合，其二是电视动画与艺术创作形态之间的融合。

随着国家文化产业振兴步伐的加快，与文化产业各行业相互融合、渗透的电视动画作品不断突破，在题材的选择、故事情节的设置和人物形象设计等方面，开始脱离“扁平化”的局限，在受众面上得到进一步拓宽，根据影视作品、游戏作品和网络文学作品改编的电视动画作品，赢得了数字娱乐时代人们的喜爱。在电视剧与动画作品的改编上，《武林外传》《家有儿女》等一系列动画作品，正是实现了同一文本在同样媒介载体上不同艺术形态的传播，不但最大限度地利用了文化资源，而且为文化产业的业态创新提供了探索的模板。北京联盟影业投资有限公司制作的《武林外传》，是章回体古装电视喜剧《武林外传》的动画版，以俏皮的语言、幽默的形式讲述了发生在同福客栈的有趣故事。该片以动画的形式加入了更多的夸张和想象，色彩亮丽、节奏明快、造型鲜明，在文化符号的提炼和影射上更加典型。天地人传媒有限公司制作的《家有儿女》，是电视剧《家有儿女》的动画版。它以中国人特有的文化生活背景、思维习惯和行为方式来表现家庭教育新旧观念

① 蔡骐、肖芃：《中国语境下的媒介融合》，《湖南师范大学社会科学学报》2010年第8期。

的冲突与变化，其戏剧冲突和故事情节都极具家庭观赏性，也因为选择了动画艺术表现方式，娱乐效果更加突出。除此之外，许多电视栏目在表现方式上都融入了动画的表达方式，例如一些游艺竞技类的电视娱乐节目，通常以动画的方式介绍游戏规则，还有许多新闻栏目，也采用动画的方式来表达没有取得实景拍摄素材的新闻点，从而使电视画面更加直观。

此外，电视动画与其他艺术形式，例如戏剧、小品、相声等传统艺术之间的融合现象逐渐突出。将小品、相声等艺术形式“动画化”在今天已经不是一种新鲜的艺术形式，早在多年以前，央视的《快乐驿站》栏目就开辟了这一先河。电视文化开始日益彰显出大众性、快餐性的特性。电子媒介信息充斥在人们生活节奏加快的语境中。娱乐和喧嚣过后快乐反而悄然缺失了。在寻找快乐的同时，人们身心疲惫。这种当今文化语境下受众心理需求的不断扩张，使“快乐”制造者成为救世主。同时，大众对于“神话”的向往也亟需一个“舞台”的出现。这使得“小品化”的电视节目制作方式，愈加普遍。“小品化”则意味着一种即兴的、零碎的、即时的文化产品生产、制造方式与形态。“小品化”是对以往文化产品所崇尚的完整、系统、严谨的、体大思精的“体系化”的反动。也许是现代生活节奏过于紧张，也许人们已不习惯去读解、理解或建构“体系”，总之“小品化”是当下文化生产与制造的主体方式。在《快乐驿站》之后，更为多样化的地方戏曲被改编为动画作品，带有浓郁的地方特色和不同种类戏曲艺术特点的电视动画作品应运而生了。“马氏相声”诙谐幽默、耐人寻味，是传统相声艺术的代表。天津福丰达影视科技投资发展有限公司制作的《逗你玩——马氏相声专辑》，以马三立、马志明等相声名家的相声表演原声为依托，通过生动的动画人物形象，夸张的情境描述，表现出相声所要表达的故事情节，同时配以适当的音效，使传统相声名段更具观赏性和趣味性。在传统戏曲艺术与动画创作的融合方面，京剧《真假李逵》、晋剧《凤台关》、昆剧《十五贯·访鼠》、黄梅戏《女驸马》、豫剧《花木兰》、锣鼓杂戏《鸿门宴》等，以及列入非物质文化遗产保护名录的珍稀剧种：耍孩儿《猪八戒背媳妇》、碗碗腔《打老婆》等涵盖了54个剧种的100个剧目，均以电视动画形式予以呈现。剧中的音乐和演唱保留了原作的精华，由优秀戏剧演员配唱，而剧中的形象却以动画形象来进行了诠释，富有较强的艺术性。例如，杭州时空影视文化传播有限公司、中国美术学院联合制作的《戏曲动画集粹》，将动画艺术与戏曲艺术相结合，用动画的形式再现了《白蛇》《贵妃醉酒》《武松打虎》《智取威虎山》《对花》《惊梦》等精彩戏曲唱段，画面精致唯美，能够给观众带来传统艺术形态美好的视听享受。更为重要的是，戏曲动画这一形式，借用最时尚的数字技术外壳，传递最古老的民族文化精粹，通过盘活传统文化资源，有助于地方戏要摆脱生存窘况和发展困境，使人们在娱乐化的语境中，接受戏曲文化的精髓。

从以上电视剧、相声作品和戏剧戏曲作品的动画改编和创作上来看，这一类题材动画作品的涌现，无不说明了动画产业等“文化产业具有一次投入、一次研发而成果却可以多次转化的特点。一个故事、一个人物形象，可以转化为出版物、影视作品、动漫游戏、舞台演出等系列衍生产品，使成本不断分摊，在经济收益上产生叠加效应”[①]。而由于技术变革带来的一系列经济、规制和文化力量的驱动，媒介融合在美国媒介公司中正成为一种常态。经济方面，规模经济和范围经济特点使得电视传媒机构不断积蓄扩张规模和产品使用范围的内在冲动[②]，因此在这一趋势下，动画产业的关联行业之间融合度不断加强并越来越一体化。在动画产业的主体拓展中，漫画、电视动

① 欧阳坚：《开启文化产业发展新纪元》，《求是》2009年第23期。

② 喻国明、戴元初：《媒介融合情境下的竞争之道》，《新闻与写作》2008年第2期。

画、游戏和电影动画等相关行业通过改编、嫁接和植入等方式，派生出不断膨胀的产业空间，极大地推动了动画的市场化程度。同样以视听为主要传播手段，同样以视听体验为途径获得乐趣和享受，有着大致相同的目标市场的电影动画、电视动画、漫画和电子游戏之间，不可避免有着密切联系，而且呈现出一种全方位融合的趋势。融入了游戏的娱乐本质，动画的幻想艺术后的电影，也必将给观众带来全新的视听享受，也会因“互动”而更具魅力。因此，动漫、游戏与电影之间的互相改编也逐渐成为视听产业发展的趋向之一。从产业的本质上来看，电视动画、电影动画与电子游戏在产业合作上也具有很大的潜力，存在着很大的互补性——较之于电影和电视，游戏的产业链条更为丰富，市场拓展空间也更为广阔，可以为电影与电视动画提供新的发展空间；而发展已很成熟的电影动画和电视动画，则可在艺术表现、文化叙事和精神享受等方面给予游戏以养分。这些相似性和互补性为它们的产业合作提供了坚实基础。而电影、电视和漫画的消费群群和游戏玩家群，彼此构成潜在的消费市场，蕴藏着巨大的商业空间，因此三者之间的跨界合作也是必然的。与此同时，游戏和动漫作品借鉴影视的叙事手法、视点切换和场景渲染等艺术语言，其艺术水准将逐步得到提高。

未来，动画产业不同层次之间的不断融合与渗透，使动画产业“无边界”的命题进一步深入，动画在电视栏目之间的融合，动画艺术与其他艺术形态之间的融合，都将为电视动画创作提供新的内容和素材，而媒介资源之间的完全共享，也让电视动画创作有更为广泛的选择，这对于正在扬帆起航的中国动画来说，充满了鲜活的机遇，但更是对于以往发展思路局限性的颠覆式注解。

从企业构成的价值链丛林中可以清晰地看出，企业间分工的实质是企业集聚形成的核心所在，也是其理论依据的关键之处。正是因为企业之间的资源共享和合理分工，企业集聚才会具有无论是单个企业还是整个市场都无法具备的效率优势，集聚保证了分工与专业化的效率，同时还能将分工与专业化进一步深化，反过来促进企业集聚的发展。文化产业集群的形成，有利于企业间分工的深化。而市场经济体制下企业分工的趋于合理及分工进一步的明确，主要以兼并重组为表现形式和实现路径。

（二）价值链外部的一体化产业链

在创意网络状产业链中，知识是最主要的资源要素，产品关联和资产关联都让位于知识的关联，知识的不可分性对于产业链整合的影响大于产品和资产的不可分性。在创意产业链中，创新知识的拥有者主导产业链互补性资产的整合，这些主导者可以是单个的创意企业，也可以是由多个企业结成的联盟，通过拥有知识优势的“舵手”，借助辅助资源，进行知识的整合。隐性知识是文化产业集群竞争力的核心。当集群中的单元（企业）希望从集群中主导企业获取隐性知识时，必须与主导企业之间发生密切的关联，但在知识网络愈加复杂、信息知识日趋膨胀的数字时代，仅仅依赖市场交易或产业转移。难以掌握知识体系。而以知识联盟的方式构建基于集群的知识网络，便可使隐性知识显性化，在价值链外部进行重组，从而更好地实现知识的传播、转移和共享。

价值链的重组和文化资源的整合往往可以形成可复制的文化开发模式，从而提供更有利于资源转化的知识结构。举例而言，深圳田面“设计之都”产业园是由民营文化企业——灵狮文化公司直接投资、管理和运营的一个以工业设计为主导的创意产业园区，并在全国首创了“数字化一站式增值服务平台运营模式”。“设计之都”产业园的主要特色，一是园区的产业定位较明确，依托深圳雄厚的产业基础，将园区定位为以工业设计为主导的产业集聚地和工业设计高端服务基地；二是管理运营模式与产业发展紧密结合，园区增值服务六大商业平台，搭建了符合市场规律、具有可操作性的商业模式。通俗讲，这种模式即基础服务+经纪人的增值服务运营模式，比较好地解决了推动创意产业向产业化方向发展问题。但从运营实际情况来看，纯粹的民营机制在推动该模式进一步做实、做大、做强方面尚有很长的路要走，仅仅是树立了一面行业旗帜，面对尚处于发展初期的整个创意产业现状，还急需企业与政府资源的对接与捆绑，使政府资源和市场资源得到有效整合[①]。

从田面“设计之都”企业价值链增值模式的成功经验中可以看出，知识联盟是企业为达到增强或创新企业核心能力的战略目标，与其他企业或组织结成的以知识共享和转移并共同创建新知识为主要特征和手段的高级战略联盟形式，以结盟伙伴间学习和创造知识为基本特征，强调联盟伙伴间的信任和创意产业链整合的实现模式密切联系，更重视在学习伙伴能力基础上的共同创新，重视自身的学习能力，期望通过建立学习型组织，使在联盟中获得的新知识能够顺利地在组织内传播，并转化为企业核心能力[②]。在文化产业集群中，知识是最重要的资源要素。产业链的拓展，关联产品的设计和研发、生产和营销，都基于知识的创新。创新的知识主导着整个产业链，从而实现对互补性资产的整合。在文化产业的价值链中，知识的核心作用体现在以基于隐性知识的文化原创聚集辅助资源，进行知识整合。产学研一体化的文化合作模式，便是其中一种重要的方式。其出发点是培养和凝聚文化产业高层次人才及创新团队，将科研成果转化为生产力是建设创新型国家的智力基础。落脚点是在充分发挥学术力量支持和服务区域文化产业发展以及为文化企业发展提供动力支持方面，推进产学研紧密结合，通过与社会资源共享搭建文化资源的产业转化平台。

① 参见深圳市委宣传部关于《深圳市文化产业园区和基地建设发展情况汇报》。
② 中野晴行，甄西译：《动漫创意产业论》，中国传媒大学出版社2007年版。

文化产业的核心和必须要素是产业链、知识产权和创意，高校是提供创新体系和文化创意的人才源泉，基于产学研联盟的文化产业集群建设往往以“基地”的模式将人才培养和文化创意成果转化紧密结合，重视市场需求对科研的推动作用，同时大力加强产学研结合服务体系的建设，保证产学研结合的联系渠道畅通，技术服务平台完备，及时发布学校的技术成果和科研优势信息，为产学研合作营造良好的软环境。对于产学研合作的路径而言，不一定要创建或者引用一种固定的模式，而是根据地方发展需求和企业成长需求，探索一种灵活、动态和长效的合作愿景。首先，应该是一个能够落到实处的产学研合作模式。合作机构、人员、地点、任务、经费全都落到实处，使得双方的产学研合作有了坚实的物质、人员和制度的保障，从而不会流于形式。其次，应当是建立在长效机制上的合作模式，也必须是一个全方位、立体型的合作模式，可以针对去与文化产业发展的不同需求灵活提供不同服务，其服务内容会涉及人才培训、项目规划甚至国际合作等诸多方面，将最大限度地为区域文化产业的发展提供丰富的人才资源和可持续的智力支持。

二　主导企业并联式集群分布

产业集群偏重空间位置组织，而产业链则更强调其产业链条关系组织。在文化产业集群范畴内的产业链，不仅注重地理空间的集聚，更注重产业虚拟空间中的紧密合作和关联，其关联网络构建的重要节点便是“文化贸易”。分工是产业集群、产业链产生与发展的基础，分工与专业化发展促进劳动生产率的提高和技术的进步，进而促使生产规模的扩大，形成规模经济[①]。同时，专业化分工的发展在产业集群中形成了具有特色的柔性专精的产业链生产网络化体系。分工决定了产业集群的形成和产生，产业集群形成以

① 亚当·斯密：《国富论》，华夏出版社2005年版，第12页。

后又推动了产业集群区域分工专业化的快速发展[①]。正是因为社会分工与集群和产业链之间存在着动态互动关系，集群的分布规律从单一的、静态的串联式产业链合作逐步演化为复合的、动态的并联式协作。

（一）基于文化产业版权复用的系列化产业链

文化产业"具有一次投入、一次研发而成果却可以多次转化的特点。一个故事、一个人物形象，可以转化为出版物、影视作品、动漫游戏、舞台演出等系列衍生产品，使成本不断分摊，在经济收益上产生叠加效应"[②]。系列化产业链分布是基于同一个或同一系列文化产业版权形象而进行的系列产品开发，其系列化的存在模式是基于不同的媒介、不同的渠道和不同的形式的需要。系列化产业链设计可以有效利用优质版权形象资源或原创文化产品，借助品牌价值驱动产品价值，实现文化价值的增值。

按照文化产业的特点，系列化产业链是适合文化产业发展的模式。以动画产业链为例，作为以动画形象为核心版权产品的产业，其产业系列化产业链分布，可以通过版权连结电视、出版、电信、网络、音像、广告以及相关商品渠道，形成动画产业组织群落。例如《武林外传》从电视系列剧开始，依托剧中人物形象，逐步开发了动画、漫画和游戏等系列文化产品，并在市场上取得了良好收益。

可以说，基于文化产业版权复用的系列化产业链组成的文化产业集群，已经跳出地理集聚的限制，而转向以版权为核心的产业链上下游的延伸。其中，集群的分布形态主要分为两种模式，其一是几种不同的生产、经营形态保持良性竞合和互动的局面，各自呈现出不同的特色和优势；其二是几种模式之间进行可以畅通地跨所有制的合作，发挥各自在产业链不同阶段的功能

① 阿弗里德·马歇尔：《经济学原理》，商务印书馆1997年版，第256～331页。
② 欧阳坚：《开启文化产业发展新纪元》，《求是》2009年第23期。

并激发整体运营的活力。围绕系列化产业链形成的“产品丛林”代替了地理空间高度集中的“密集型集群”。

（二）基于文化增值的金融产业链

多元化产业链是核心文化内容向相关衍生品产业进行延伸或者是文化产业与国民经济的其他行业相互融合的产业发展形态。以文化产业集群为单位发展多元化产业链，一种方式是以龙头企业为核心，进行主业与辅业的战略布局，从而通过行业之间的协同获得更高的投资回报率，另一种方式是以集群主导企业为核心，以集群内部或外部相关企业为节点，形成战略合作框架，通过文化产业与其他行业的融合获得更高的投资回报率。

实现产业与资本市场对接的投融资体制创新是文化市场化发展的核心内容，拓展文化投资市场是文化体制改革的催化剂，国有文化企业是培育文化产业战略投资者的关键力量。文化产业作为新的经济增长点，其发展潜力和市场前景受到资本市场的关注。以投资基金等金融工具为杠杆，在推动文化产业快速发展的同时获得较高的资本回报，是文化市场发展到一定阶段的必然产物。基金是金融制度创新的产物和金融资产选择的重要形式。文化产业投资基金以资本为中介经营文化产业不仅可以合理配置文化资源，而且有利于国有文化企业进一步完善现代企业制度和更好地发挥政府在文化产业发展中的扶持与引导作用①，激活市场在文化产业运行中的资源配置与流通功能，推进民间资本在文化产业投融资中的主动性。随着我国经济社会的快速发展，文化产业进入黄金成长期，多元化和专业化的资金募集方式和投资渠道成为产业和市场的共识。在资本市场，选择选择基本面较好、业绩增长确定的具有安全边际的文化创意企业进行投资在资本市场上已成共识。投向文化

① 向晓梅：《中国文化产业投资基金组建模式研究》，《广东金融学院学报》2010年第25卷第6期。

企业的产业投资基金便是其中一种重要的金融产品。基金的投资对象往往是文化内容和文化产品传播渠道中市场条件好、具备良好盈利记录和稳定现金流、预估资产具有盈利潜力的企业，因此，细分行业龙头也是主要的投资对象。

在我国现有的近200只文化产业投资基金中，公开披露的文化产业股权投资基金有几十只，其投资主体构成主要为政府、传媒集团、券商、金融机构、专业的创投团队等，国有资本和民间资本参与文化相关产业的资本运作，已经成为普遍现象，文化产业的发展在金融杠杆作用下与市场对接的更加紧密，文化企业之间以金融为纽带进行资产重组或资本创新，正在成为文化产业发展的重要趋势之一。从总体上而言，我国文化产业投资基金在组织形式上主要包括公司型、契约型和有限合伙等形式；从产业投资阶段来看，主要有天使投资、风险投资、企业并购重组、证券等多种形式，分别运用与产业初创、高技术行业、成长成熟期等。

首先，从区域分布来看，经济发展基础较好及文化改革发展强劲地区基金活跃度较高。从全国范围来看，文化产业的成长与经济发展基础以及区域经济社会的要素结构、需求结构和产业结构基础紧密相连。文化产业投资基金作为一种驱动文化产业快速发展的金融工具，不仅与区域经济社会发展基础和市场发育程度密切相关，而且与资本市场的活跃程度及文化改革发展的开放程度相关。我国文化产业发展基础较好的地区，往往是东部经济发达地区，这些地区的金融体系较为健全，市场机制灵活有序，骨干企业和国有金融机构实力雄厚，民间资本较为活跃，是产业融资的重点区域，具备文化产业投资基金建立和成长的基础和市场空间。因此，文化产业基金股权投资主要分布在一线经济发达城市。从统计数据看，2012年1～9月，全国共发生128起文化产业股权投资案例，大部分发生在一线城市，其中北京66起，占51.56%，上海23起，占17.97%，广东13起，占10.16%。从文化产业投资基金的募集地区分布来看，2012年1～9月新设立的30只基金中，上海11只，占36.7%，北京9只，占30%，广东2只，占6.7%，湖南、重庆、天津、浙江、山西、湖北和香港各1只。相应地，目前文化产业基金主要投资的地区也为经济发达地区，主要集中在北京以及江苏、广东、上海、浙江等沿海地区，这些地区集中了大量的文化产业类企业和优质项目，能够更好地推动文化产业投资基金实现保值增值。

其次，从行业分布来看，综合性文化产业及文化产业溢价较高行业的基金数量较多。几年来，以文化创意、数字出版、移动多媒体、动漫游戏、网络文化、文化与旅游结合的主题公园等为主体的新兴文化产业发展潜力正在逐步释放，文化与科技融合、文化与旅游结合的产业关联效应已经开始显现并逐步扩大。新媒体、新技术为文化传媒业注入新的活力，新媒体是基金重点关注的另一大方向。此外，中国经济转型将促进民生消费领域大发展，旅游、教育、体育、艺术品经营、文化设备等与文化产业结合密切的行业也是文化产业投资基金的关注重点。以中国文化产业投资基金为例，在投资比例上，传统媒体、新媒体、文化衍生产业的占比分别为4:3:3。在募集行业上看，2012年新设立的30只文化产业投资基金中，综合性文化产业为10只，互联网（包括移动互联网）5只，传统媒体4只，旅游和艺术品各3只，物联网2只，电影、教育和手机游戏各1只，在30支只文化产业基金中，有27只基金公布基金募资规模。共募集金额约709.52亿人民币，其中以综合性文化产业基金募资规模最高，为281.57亿元人民币，占募资总规模的39.68%;其次为文化旅游基金，为200亿元人民币，占募资总规模的28.19%。其中文化旅游基金的单个平均募资规模最高，为100亿元人民币（例如2012年9月发起设立的文化产业基金中，中诚腾龙旅游文化产业投资基金募集规模达到150亿元，其主要投资方向为文化与旅游结合的主题公园及配套项目建设）;其次为互联网基金，为29.85亿元人民币。可以明确，在文化产业各行业中，专注于文化与旅游融合、文化与科技融合等复合型新兴业态领域的企业或项目，行业的附加值及产业的溢价更高，资产构成中，轻资产比重较高，具有良好的发展前景和增值潜力，因而获得了投资机构的普遍青睐。

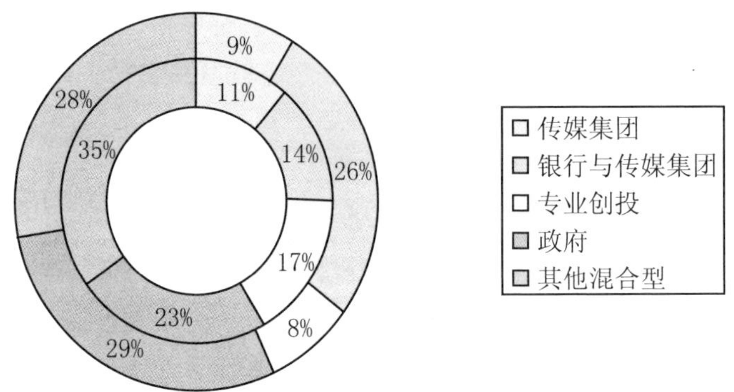

图4-8　2012年1～9月新设立的不同投资主体的文化产业投资基金的数量和规模（内环为数量，外环为规模）

第三，从股权结构来看，依托骨干文化企业的企业国有控股基金规模和层次较高。随着文化消费进入快速增长期，面对人民群众快速增加的精神文化需求，要在短时间内迅速增加文化产品和服务的供给能力，迫切需要一批骨干文化企业。骨干企业在文化产业发展中发挥着重要引领作用，它们也是文化产业投资基金发展的中坚力量。产业投资基金的投资对象往往是文化内容和传播渠道中市场条件好、具备良好盈利记录和稳定现金流、预估资产具有盈利潜力的企业，因此，细分行业龙头也是主要的投资对象。例如在现有的141只文化产业投资基金中，公开披露的文化产业股权投资基金共35只，其投资主体构成主要为政府、传媒集团、券商、金融机构、专业的创投团队等，在股权结构中，由多家不同主体组成的混合型文化产业基金数量最高，为12只，占比34.29%；政府为投资主体的数量占比23%，规模占比29%;银行与传媒集团共同作为主体的尽管数量仅占14%，但募集资金的规模占26%。（如图1所示）基金规模上以政府为代表的基金募集总金额最高，为344亿元，占比22.86%。国有资本投资或参股的文化产业投资基金整体规模较大，其主要原因是基于文化产业投资基金本身的特点。因为文化产业投资基金以价值投资为基本投资理念，其增值关键在于“集合投资、专家管理、分散风险、共同受益、运作规范”的资金运作机制，即具有文化产业专门知识的专家和基金团队运用分散投资的形式，将集合而来的多方资金投向具有潜在收益的文化产业项目，国有控股或参股发起的投资基金具有强大的资本控制能力和人才吸纳能力，可以更好地整合资本遴选优质项目进行投资，管理更加专业、退出机制更加完善，因而风险系数更低。

除投资基金选择文化产业的优势项目进行投资带动文化产业的市场增之外，文化企业本身也通过多元化产业链的构建，以金融为杠杆参与到其他行业的投资中。从全球第三、德国最大的以出版为核心业务的媒体集团贝塔斯曼为例。贝塔斯曼和核心文化业务是图书出版，旗下拥有诸如兰登书屋、矮脚鸡·双日·戴尔、环球、安克尔、黑天鹅等一系列图书品牌，围绕图书出版打造的物流网络体系，成为其产业链发展的一个方向。除此之外，旗下桑诺柏斯的唱片制作公司继续延展产业链，开发各种文化产品并整合成贝塔斯曼音乐集团。同时，贝塔斯曼还涉足到经济、传媒和医药等具有较高投资回报率的战略性新兴产业的投资中。为了更好地拓展产业链，实现资产的增值，贝塔斯曼成立了贝塔斯曼亚洲投资基金，投资领域包括垂直化媒体、社交类媒体、移动互联网、在线广告技术服务、在线教育和业务流程外包等。基于文化增值的金融工具正广泛应用于企业产业链条的拓展中，以金融工具为杠杆，以文化增值为目标的文化产业集群，在市场中形成了以“产业”为集聚中心的集群组织。

从总体上而言，文化产业资源与金融的对接形成了以资本市场为杠杆的虚拟集群。在虚拟集群中，基金等金融产品是文化产业集群的重要节点，它们有效拓宽了我国理财管理的渠道，拓展了文化企业的融资渠道，为文化产业发展分散并公担风险，有效推动了文化资源与金融结合的进程，实现了政府引导创新与产业乘数效应的叠加，极大地提高了文化产业的投资率，也打破了对于传统集群以地理集聚为空间组织方式的集群认识定式。

文化产业集群在微观层面的分布布局，进一步表明，文化作为全球价值链凝聚的核心和一种高度依托智力资源的无形资产，其形成集中、集约和集聚的关键要素不再以地理集中为唯一方式，以文化分工与合作，文化价值链的延展和文化产品多元组合为主要方式的线性结构，已经越来越成为版权产业集群的分布方式，以线性结构的串联分布或并联分布构成的文化产业功能网络，已经构成强大的文化经济体，愈加深刻地影响着全球贸易和经济合作。

第五章　国外文化产业集群发展的经验

第一节　集群设计

以文化及相关产业为主营产业的企业，按照一定关联集中在特定地域范围内，形成基于分工与合作的有机产业群落。作为产业经济的一种重要组织方式，集群的发展必须与区域发展紧密结合起来，把产业的发展区域具体化，并将产业经济发展的一般规律与文化产业发展的特性贯穿在规划的全过程中。区域规划是落实集群规划的重要工具和手段，它与产业规划相结合，从产业门类的视角，解释了区域选择的产业门类及推动产业发展的对策，又从区域空间的视角，诠释了区域采取的产业布局以及区域空间组团的形成策略。基于集群可持续发展的空间设计和产业规划，是集群成长的前提。“从全球范围来看，各国（或地区）的产业集群不可避免的有重叠和相同的成分，由于规划的科学和政策的有力支持，各国着重扶持的产业集群对提升地区经济地位乃至促进国家的经济增长以及创造就业机会方面起到了令世人注目的作用[①]。”近十几年来无论在发达国家还是在发展中国家，集群的促进作为一个地方化和区域化的经济发展概念，均日益受到重视，出发点是集群能

① Wolff, M.F. Japan's “New ” Industrial Policy Revives Old Successful Ways[J].Research Technology Management, 2004,(6)：2～4.

激发更高的竞争优势潜能①。

一 顶层文化设计

城市是人类的栖居地，城市精神和城市品质对于是人类幸福生活的根基。当前世界正处于城市化加速发展时期。世界城市化规律证明，一个国家城市化水平达到30%以后，将进入加速发展阶段，中国正在进入城市化进程的快速发展阶段，随着城市化水平的提高，城市文化竞争力越来越凸显出其重要地位。文化是一个城市的魅力所在，城市的个性、形象和品牌是一个城市区别于其他城市并能够脱颖而出的重要因素。然而在城市化进程中存在着一些误区，导致在大规模的城市化同时，存在城市文化传统和个性的丧失、千城一面的怪圈。而我国也正处于工业化和城市化的快速发展时期，因此，如何从文化的角度进行城市规划和建设，对于树立城市形象，加强城市形象交流，走城市发展的可持续之路，具有十分重要的理论价值和实践意义。

重视文化建设是国际城市的普遍做法。从国际上看，近几年，一些世界级城市纷纷从未来发展的角度提出了一系列增强城市文化竞争力的战略目标和部署。如，法国总统萨科奇2009 年4 月30 日宣布首都巴黎未来20 年的拓展计划， 取名“大巴黎”（Grand Paris）。 目标是重塑巴黎，重组交通，把巴黎建造成可持续发展、具国际竞争力、能创造财富和就业、不再有郊区概念的绿色环保大都市。“大巴黎”计划不仅提出了“维护自然环境与历史文化的和谐”的行动计划，而且进一步提出“在市中心建造一组外形犹如八片花瓣的新文化地标建筑”以实现“向诗般的巴黎倾注美丽”的目标，将城市文化建设从更高层面推向务实；伦敦市2003年公布了《伦敦：文化资本，市长

① Sternberg R & Kiese M & Sch{K9R260.JPG}tzl L. Clusterans{K9R260.JPG}tze in der regionalenWirtschafisf{K9R260.JPG}rderung [J]. Zeitschrift f ü r Wirtschaftsgeographie, 2004,48: 159 ~ 176.

文化战略草案》，提出文化战略要维护和增强伦敦作为“世界卓越的创意和文化中心”的地位，成为世界级文化城市；纽约市提出“促进和保持纽约文化的可持续发展，提高对经济活力的贡献度”；新加坡2000年制定“文艺复兴城市”战略，提出新加坡的发展目标是“21世纪的文艺复兴城市，即国际文化中心城市之一”。

加强区域合作是国际城市的发展经验。通过制定区域合作的框架性文化政策，加强跨区域的文化发展项目合作，是当前国际性城市文化建设的重要实践，也为昆明加速建设国际化城市提供了可借鉴的文化切入点。例如欧盟通过文化立法的方式将欧盟成员国家共同的文化理念确定下来，在1992年签署的《马斯特里赫特条约》、1997年签署的《阿姆斯特丹条约》、2000年通过的《欧洲联盟基本权利宪章》、2003年制定的《欧盟宪法》中，均有许多关于文化的法律条款，以及专门的文化方面的法律，如“文化专业人员和艺术作品的自由流动”、“促进文化的财政措施”、“知识产权和著作权保护”等方面的法律规定。其中，《马斯特里赫特条约》标志着欧洲一体化进程进入了一个新的阶段。另外，在《欧盟宪法》第五章第三节第181条款中也做出了关于文化合作的规定：欧盟将采取行动，旨在鼓励各成员国之间的合作，必要时，支持帮助在诸如增进知识，传播欧洲人民的历史文化、保存和保护欧洲文化遗产等领域内展开合作。而在制定并细化各种文化政策的同时，一系列旨在加强欧洲大陆文化合作的文化项目也在紧锣密鼓地筹备和进行之中。1990年7月，欧共体委员会发布了参与加入“欧洲平台”的标准和条件。在此基础上，1991年形成了第一个为至少涉及三个成员国的文化艺术发展提供支持的《欧洲万花筒纲要》。其后，在2000年2月14日根据欧洲议会和欧洲理事会2000年508号决议确立的5年项目《2000文化发展纲要》第508号决议中提出，文化既是经济因素，也是社会居民的综合因素之一，基于这一理由，“它在迎接诸如全球化、信息社会、社会凝聚力和创造就业机会等社会新挑战时，扮演着一个重要角色。”在随后的《实施2007文化发展新纲要》中，除了坚持其建立欧洲共同文化区域的总体目标，鼓励文化合作，加强基于草根文化的欧洲文化认同之外，与前两代文化项目相比，新纲要特别强调为欧洲各国多边文化合作提供连贯的、全球性的和完备的方式和途径[①]。从欧盟推进文化一体化的经验和措施中可以看出，加强区域合作，推进文化交流，是实现城市国际化的重要手段。

塑造城市形象是国际城市的发展共识。1998年5月，美国《商业周刊》指出：“未来竞争的基本单位应定位于城市……当城市成功的时候，整个国家也会成功。”一个城市成败的关键在于城市竞争力，即一个城市持续创造财富的能力。文化作为一种无形的、内在的要素资源，是城市竞争力的重要来源，它不仅具有巨大的凝聚力和辐射力，同时也是一种促进经济社会发展的鼓舞和推动力量。 随着文化因素在城市经济增长、城市建设、城市管理中的作用日趋显著，世界上许多闻名城市都非常重视文化产业与树立城市形象的结合[②]。而具有鲜明的城市文脉和创意特质也是世界名城建设的必备要素，水上之都威尼斯、港口之都鹿特丹、旅游之都夏威夷、建筑之都罗马、音乐之都维也纳、雕塑与绘画之都佛罗伦萨、电影之都洛杉矶、时装之都巴黎、啤酒之都慕尼黑、博彩之都拉斯维加斯、狂欢之都里约热内卢、汽车之都沃尔茨堡、会议之都日内瓦、金融之都苏黎世、大学城之都海德堡、论坛之都达沃斯、会展之都汉诺威、钟表之都伯尔尼、文学与艺术之都爱丁堡、赛车博彩邮票之都摩纳哥等。以面向世界、主题鲜明的全球性文化名城建设为出

① 参见李庆本：《欧洲文化一体化的新进程》，《东岳论丛》2007年第5期。

② 田根胜、卢晓晴：《一种新的蕴涵高附加值的产业资源》，《陆论坛套》2006年第3期。

发点，不断主动适应经济全球化、区域一体化趋势，增强昆明国际经济竞争力、国际文化影响力、国际事务参与力和国际要素聚集力，是昆明在国际城市建设经验中得出的镜鉴与启发，更是未来发展的重要目标。

融入城市美学是国际城市制定规划的出发点。日本学者石川荣耀先生曾对正统的城市美定义如下："把城市的景观物，诸如建筑物、构造物和天然景观加以互相组合和排列，就构成了区域性的景观美。城市里面的建筑群体，在具有统一功能的地区，城市美就是以其自身的明快的形象而成立的"①。城市美学研究的是城市人的审美意识及其活动状态，研究城市人的审美意识是如何形成的，如何表现的，具有何种的美学价值，并可能向何种方向发展等问题。城市美学，首先是一种人文学意义上的美学研究，其次才是技术上的结构研究，或者说，首先是一种精神研究，其次才是一种表现形式的研究。只有这样，城市美学的研究才形成了它的独特性，即区别于传统的以乡村为主要研究对象的传统美学，才有可能在对城市人的审美意识的深刻把握中，建构以城市审美经验为内容的现代美学思想②。在城市美学的关照下，当前城市建设和规划中，开始更多地融入审美文化与审美精神，而审美的要素、经验、和认知也将让城市规划走向更加以人为本的层面。

现代城市规划作为区域发展计划的一种类型，其内容的变更和战略理念的转型是和区域发展理论乃至国家发展观念的调整相同步的。国际范围的城市规划体系从早期侧重建筑外形到重视经济发展计划，再到后来强调城市社会、经济、生态的协调控制③，逐步开始注重美学元素的使用和审美体验的

① 王建国：《城市设计》，东南大学出版社，1999年版，第97页。

② 刘锋杰：《审"城市"之美：中国美学研究的新支点》，《安徽师范大学学报：人文社科版》2004年第5期。

③ 李芸：《现代城市形态规划理念的转型取向》，《社会科学研究》2002年01期第112～116页。

融合。因此，对于城市建设而言，审美主要起到如下功能。第一，以审美认知凸显城市特色，突出城市形象，从而避免现代社会“千城一面”的规划弊病；第二，以审美体验影响城市居民，使公民文化素质得到极大的提升，构成城市文明的中坚力量；第三，以审美评价引导城市建设标准，在城市评价中进一步强调文化品格和城市品质；第四，以审美精神作用于城市综合体建设，使城市文化空间、文化氛围、公共景观等基础设施中融入审美因子，从而提升城市软实力。

二　垂直空间设计

“集群设计”[①]既是集合建筑师群体参与建筑创作的实践，又代表了复合型、多元化的集群空间设计，彰显了社会文化的包容力与生命力。垂直空间设计理念对建筑设计的贡献在于，它是土地资源稀缺状况下实现区域资源集约化发展的一种路径选择（根据WIPO《文化相关产业经济贡献调查指南》，各种研究将建筑设计业的65%至75%作为具有文化成分，而25%至35%与服务有关。服务不一定涉及文化保护作品，必须予以排除）。

① 集群设计的概念发轫于德国柏林自20世纪20年代以来主办的一系列实物建筑展，其中1927年“德意志制造联盟”（Deutscher Werkbund）的魏森霍夫试验住宅区（Weissenhof Siedlung），被称作现代“集群设计”的开山之作。1957年，“明日城市”（Stadt von Morgen）为主题的国际建筑展（Internationale Bauaustellung）邀请了13个国家的53位建筑师对未来城市住宅区和建筑群进行设计，有36个项目建成。

表 5-1　六本木新城公共空间艺术作品

妈　妈	蔷薇花
露易丝・布鲁乔亚作。高 10 米的巨大蜘蛛像是来自世界各地的人们聚集一堂，编织新的信息的场所之象征。	伊扎・简兹肯作。远远超出人的身长之巨大蔷薇是六本木新城的爱与美之象征。（由好莱坞美容美发集团公司提供）
COUNTER VOID	壁画作品
宫岛达男作。玻璃屏幕上飘荡的数码式数字唤起人们无穷的想象力。	索尔・露维特作。这是为朝日电视台入口大厅而作的活泼多彩的圆环形象。（由朝日电视台委托制作）
安娜之石	只将爱……
托马斯・珊黛尔作。斯德哥尔摩海岸群岛旅行时的回忆是我的设计的全部。（设计师语）	内田繁作。与爵士乐名曲同名的椅子是根据想从东西中除去某种重力的思考而设计的。
公园长椅	DAY TRIPPER
加斯帕・莫利森作。设计概念就是椅子本身。它的意图不是挑起好奇心，只是表现与环境的平衡。	朵鲁格设计集团 / 约尔亘・贝与克里斯查尼・欧珀瓦尔 & 尼尔万 V.D. 威尔登作。家具被结合在人类形成的波形上而形成一体。

垂直空间的设计理念在国土面积狭小、资源稀缺的经济发达国家和地区应用十分普遍，以日本六本木综合体为典型。而作为集合文化创作、研发、生产及文化产业配套服务的建筑综合体，六本木的集群设计首先基于日本国家规划的战略布局。2002年日本制定了《都市再生特别措施法》，提出以东京、大阪和名古屋等大东京城市圈核心城市的城市复兴目标，要求城市增强活力、创新能力和提升国际竞争力。东京六本木综合体是在东京以未来理想都市“文化都心”为构想的设计下，以东京旧城更新为契机，整合分散的要素资源，建造的集约式综合体。六本木充分利用地铁交通系统与都市公共交通系统，将地区商业活动与东京整体观光旅游相结合值得借鉴。良好的区位和环境为六本木新城建设提供了要素基础。日本六本木位于东京都港区，是各国大使馆、外资企业、传媒和时尚集中地区域，作为东京重要的交通节点

之一，六本木周边地铁有日比谷线、南北线、大江户线、千代田线等，周边地区分布着新桥虎门商业街、青山赤坂商业区、麻布和广尾高档居住区。六本木新城将规划区内一半以上的区域作为户外开放空间，加强地区与都市之间的融合与协调。在发展定位上，六本木新城以打造“城市中的公园 公园中的城市”为目的，以展现其艺术、景观、生活独特的一面为发展重点。尽管六本木新城[①]容积率高达8，但六本木新城不乏广场和花园，“垂直化”的设计理念和空间资源的高度集约型和有效利用是六本木的特色之一。六本木通过增加大楼的高度来增加更多的绿地和公共空间，并缩短办公室与居住区之间的距离，减少人们的交通时间。六本木的生态公园“屋上庭院”建在剧场楼顶，种植着水稻和其他植物，收获和播种季节邀请在六本木新城办公和居住的人参与劳动，带给大家美好种植体验的同时也降低了楼顶的温度，是非常好的生态环保设计。六本木的广场本身又是装置艺术的展示空间和城市雕塑云集的空间，六本木新城主要的八个公共空间内均陈列了享誉国际的各国设计师代表性作品。

垂直空间设计理念改变了以往集群空间布局的思路，是对当前文化产业集群快速发展中所存在的“圈地运动”现象的有力回击。六本木不但创造了“垂直花园都市”的紧凑型创意空间，将创意阶层的工作、居住、商业、游憩、休闲娱乐和教育医疗等功能集成，又将全球具有竞争力的大企业总部进行广泛集成，而且实现了城市复兴，以艺术中心、美术馆、博物馆、城市雕塑、

① 六本木新城项目占地面积11.6公顷，主要包括森大厦、东方君悦大酒店、朝日电视台、美术馆、榉木坂六本木综合楼和居住区等十栋建筑，是东京第三处高楼群。六本木的森大厦是商业办公和艺术休闲的综合体。其中7～48层为办公区域，集中雅虎、乐天、活力门等众多日本知名企业总部以及许多国外知名企业的分支机构，百度在其中便设置了办公区，约有2 万人在此工作。整栋大厦租金最高昂的49～53层则用作艺术和观光，第49、50层的培训学校和图书馆则24小时开放，为市民提供周到全面的公共文化服务，52层的艺术画廊场举办动漫、电影、服装和现代艺术等主题展览，53层的森美术馆以艺术和生活为主题，介绍以亚洲为中心、全球最顶尖的现代艺术、建筑、时尚和设计等。

装置艺术等功能形成艺术街区，塑造了面向全体市民开放的城市空间创新集群。

三　多元立体设计

文化产业集群集聚了最具原创能力和研发能力的创意阶层，集群的吸纳和辐射能力，使其成为知识资源转化的孵化器和加速器，集群所形成的色彩斑斓的“经济马赛克”为全球瞩目。世界上不同的国家和地区拥有不同主题、区分色彩、文化内容各异的“经济马赛克”，一方面是基于区域资源禀赋的差异造成文化产业选取的知识资源不同，另一方面则是基于差异化区域定位发展策略下，通过对区域间多元化立体设计，使文化产业划分为不同的功能区，从而形避免了经济体本身的恶性竞争。

名称	软件	硬件	信息服务	媒体娱乐
马来西亚高科技城				
新加坡科技园				
日本九州硅岛				
日本筑波科学城				
韩国首尔 DMC				
香港数码港				
香港科技园				
台湾新竹科学园				
上海张江科技园				
上海高科技园				

色块：				
代表产业类别：	首位核心产业	第二位核心产业	第三位核心产业	次要业态类别

图5-1　亚太圈内代表性集群高新技术及信息技术产业业态分布

多元立体设计的主要表现形式是使不同的城市或区域间呈现出不同的主题文化，或不同的集群间尽管发生千丝万缕的关联，但其主导产业或核心竞争力是差异共存的。其主要出发点是基于对城市的功能分区或对集群模块资源最大化的重组。多元立体设计的集群典型是韩国首尔数字媒体城。数字媒体城诞生的时代背景是亚洲金融危机之后韩国决心进行产业结构调整。首尔市政府制定数字媒体城的设计方案时，参考了美国硅谷高新技术产业集群和台湾新竹计算机硬件集群，选择将数字媒体、动画游戏、电影、音乐和数字教育等与数字信息技术密切相关的产业作为发展重点，通过创建数码多媒体生产制作基地和数码技术通信中心为战略目标，力图打造世界数字媒体内容制作基地；世界首个数字媒体技术研发中心和亚洲东北部最好的商业港湾。首尔数字媒体城（DMC）[①]集聚了全国尖端产业最优秀的技术人才与创意人才、时尚娱乐设施与密集的商业，集中了在国内乃至世界均具有行业影响力的知名数字媒体、娱乐技术和数字内容企业，从而形成了基于文化创意内容的研发、生产、制作到发行销售的完整产业链的生态圈。

表 5-2　韩国 U-IT 产业集群分布及发展方向[②]

地　区	集群主题
松岛新都市	U-IT 产业运营中心
首尔上岩洞	数字多媒体内容
原　州	生物科技
大　田	研发设计
大　邱	嵌入式系统软件设计

① 首尔数字媒体城位于首尔西北地区的上演地区，是规模为569，738万平方米的线段数字娱乐集群。DMC与周边的世界杯体育馆、世界杯公园、生态村和IT电信基础设施区共同构成了首尔新千禧城。

② 数据来源：韩国MIC。

（续表）

地　区	集群主题
光　州	通信技术
釜　山	智能物流
济　州	车用咨询通信技术

在韩国U-IT产业的布局中的成功实践主要得益于城市规划与管理的成功推行。首尔上岩区定位为数字多媒体内容为主导的产业（如表5-1所示），因此DMC的设计初衷是符合城市在数字信息版图中的国家角色。1992年上岩区被确定为首尔市五大重要发展战略的核心区之一，1998年韩国宣布千禧城项目开发计划，2001年首尔启动了DMC建设。到2010年，经过多年的建设，DMC与生态园及其周边区域构成了以门户城市、信息城市、生态城市为设计方向，具有流通功能、住宅功能、环境美化功能的城市传媒集群。DMC的设计蓝图是成为首尔未来的副中心，集群功能向多元、立体、交互的城市功能转变，实现了中央商务区、中央文化区、中央居住区、中央休闲区和城市交通枢纽与文化旅游集散地等功能的立体交叉和科学分布。在集群设计理念中，DMC被赋予了“信息技术与文化相遇”的概念，以信息媒体和娱乐进行有机结合为发展定位，通过网络将世界先进文化内容链接起来。DMC的设计旨在赋予这个概念以特色和持久生命力，其建设思路借鉴作用体现在明确而富有全局的定位设计和灵活的机制设计上。在定位设计上，DMC明确将媒体娱乐产业（数字教育、数字广播、动漫游戏、电影和音乐等）尤其是数字娱乐作为核心产业，将软件和IT业作为关联产业。核心产业和第二、三位核心产业是基于对以首尔为圆心，以亚太地区为市场半径的文化经济圈进行综合考察分析之后的综合定位。在亚太圈内，硬件业的市场竞争最为激烈，每个国家都有专注于某一行业领域或以某一主导产业为核心的硬件生产，而软件

业在新加坡和中国台湾具备明显的基础优势。媒体娱乐的发展不但具备竞争优势，而且具备广阔前景（如图5-2所示）。

多元立体设计不同于垂直空间设计理念的旨在将集群功能集约在狭小的地域空间内，而是以文化为核心引导力，在跨区域范围内规划若干围绕文化产业的功能组团，从而实现不能主导产业的文化产业集群的错位发展与资源共享，并将文化产业的原创力、消费体验与休闲居住等功能进行功能复合，初步实现了从产业群到城市群的辐射，对我国文化产业集群规划跳出区域限制和地区行政壁垒，在全域范围内设计面向全球市场的文化经济体具有重要借鉴作用。

第二节　集群治理

“集群治理”是弥补集群发展中市场失灵的一种运行方式，是规范和提升集群市场竞争的优化方式，也是集群发展中自身的内在要求。“集群治理”是推动集群从水平竞争向垂直竞争转化，实现垂直调控和水平制衡的平衡。文化产业集群在公司治理下，可以更好地发展为成熟的、具备良好分工、合作机制，兼具劳动力的匹配与知识溢出效应的空间结构①。“集群治理”的重要性毋庸置疑，但这一问题也是当前我国文化产业集群发展中面临的最重要、也是相对薄弱环节的问题。

一　间接监管

依靠宏观手段及指导性措施来调控和指导文化产业集群运行，力求达成集群增长、集群效率和集群效能等平衡发展，是集群治理的诉求。作为经典

① 刘彦平：《论市场导向的城市产业集群管理》，《商业经济研究》2007年第16期。

集群案例，伦敦西区（West End）间接监管的集群治理模式，既依靠宏观手段推动产业快速发展，又克服了过度监管使市场失去创造活力与创新能动性问题，是集群治理中一种比较典型的范式。伦敦西区是英国表演艺术产业重要的剧场群 。伦敦西区及周边集聚着地特拉法加广场（Trafalgar Square）、皮卡迪利广场（Piccadilly Circus）、唐人街（China Town）、国家画廊（National Gallery）等公共文化设施。整个伦敦共有百余家剧院，其核心区夏夫茨伯里和黑马克两条街区在不足1 平方公里范围内的49 家剧院，整个西区一带共有剧院60多家。在伦敦西区的发展中，英格兰艺术委员会、伦敦发展机构、英国文化媒体体育部对西区的发展提供了很多政策、资金和技术上的支持，英国政府"一臂之距"治理模式和伦敦剧院协会、演员工会、联盟以及专业机构等中间组织对集群的发展起了至关重要的作用。

表 5-3　伦敦文化产业集群概况①

集　群	位　置	主要产业	发展过程与动力
剧院区	W1、WC2	戏剧创作展演	自发集聚、历史积累
Soho 区	WC1	影视制作、广告音乐等媒体产业	自发集聚、历史积累
King's Cross 机会地区	NW1	传媒、艺术院校机构	规划主导
Spitalfields 市场	EC2	创意市集	自发为主、规划参与
泰晤士河南岸文化区	SE1	艺术品展览、旅游观光	规划主导

"一臂之距"是指政府不直接干预文化产业各公司和组织的运行，而是通过建立不属于官方的中间组织，由一些中立的艺术或文化事业方面的专家为政府提供指导意见并负责文化经费的具体划拨。其监管主要依靠各种行业

① 刘云、王德：《基于产业园区的创意城市空间构建——西方国家城市的相关经验与启示》，《国际城市规划》2009年第1期。

委员会和完善的法律体系。除了英国文体部等政府机构积极开展相关研究，出台促进措施，以便使戏剧产业为英国经济作出更大的贡献之外，中间组织在集群治理方面发挥了重要作用。例如伦敦剧院协会每年对伦敦西区各个剧院的观众做调查报告并形成系统的数据分析（该数据分析自1980年起，调研内容包括：每年收集票房数据和观众分析数据，供剧场投资人、制作人、学者等参考。观众分析主要包括满意度调查、年观剧次数、市场营销、游客观剧理由、交通、订票、相关花费、观众构成分析等。票房数据分析会就影响票房销售的各种因素逐一进行分析。每年的报告对商业剧院和享受补贴的剧院进行分析，看它们在演出次数、观众人数和收入方面有何不同，并讨论观众动向与作品类别的联系），旨在通过对市场的研究和判断，指导戏剧表演艺术的产业发展方向。1998年，伦敦剧院协会委托伦敦经济学院的学者对这一问题进行了研究，写出了《温特翰姆报告》（The Wyndham Report），对伦敦西区的演出活动对当地产生的经济作用进行了专门分析，报告第一次提出了如何看待戏剧演出活动所产生的整体经济效应的问题。2001年12月至2004年4月，谢菲尔德大学的谢拉德受英格兰艺术理事会的委托，对英国所有剧院的演出活动对当地经济所产生的作用进行了一次深入细致的研究。而演员工会则着力于保护演员利益。

当前，有限与有效有限政府已逐渐成为我国行政体制改革的方向。随着国家文化宏观管理改革的推行，“大部制”正逐渐简化并整合管理资源，以往“过多的审批、多过的包揽，既窒息了市场的作用和社会的活力，也造成了政府不应有的负担”的局面，将随着行政管理体制改革的推行，而逐步得到改观。发挥市场机制在资源配置中的基础性作用，解决政府职能越位、错位和缺位并存的问题。围绕政府职能转变这一核心改革行政体制，向市场和社会放权，今后还将持续推进，无疑对文化产业集群面向国际市场竞争力的提高，具有重要的促进意义。

二　适度干预

自由竞争经济下，任何经济的运行完全由契约自由和市场价格控制，政府作为一种维持法律和秩序的机构，仅承担一些公共准则或最低限度的社会保障责任，政府为整个社会的经济发展充当着“守夜人”的角色。[①]这一运行机制充分说明，适度干预是经济发展的基本原则，通过政府对经济活动或行为的适当干预，发挥市场的辅助性作用，激发文化创造力，释放文化生产力，是文化产业集群宏观管理的基本出发点。英国谢菲尔德创意产业区和曼彻斯特北部文化小区是创意阶层云集自发形成的文化产业集聚区，在其发展和演进过程中，政府的适当干预推动了谢菲尔德创意产业服务的繁荣，政府的不当干预在一定程度上也导致了曼彻斯特北部文化小区管理的失败。

英国北部城市谢菲尔德是上世纪70年代英国第五大“钢铁城市”，随着钢铁业的衰落，谢菲尔德被废弃的工厂和破落的社区包围。随着80年代流行文化的兴起，以“人类联盟合唱团”、“17号天堂”等乐队为代表，具有强烈创新意识和先锋精神的音乐人，以废旧厂房为创作基地实现了集聚。90年代，谢菲尔德已经积聚起300多个从事音乐、电影、电视、电台节目制作、新媒体、设计、摄影和表演艺术的创作组织和企业。谢菲尔德市议会为了支持文化区建设，于2000年成立“创意产业区服务机构”，负责制定和实施推动文化区建设的相关政策。服务机构的成员虽然由市议会委任，但它的执行董事及具体推进者则由商界人士出任，借此吸纳商业运营经验。谢菲尔德文化区虽然采取的仍是“自上而下”的集群推动方式，但政府的作用主要是在城市基础

① 董仁周：《经济法适度干预的主要缺陷与修治路径》，《山东社会科学》2010年第6期。

设施的建设和产业设备的投入方面，在文化活动和市场发展中并未给予过多干涉。

棉纺织工业发祥地曼彻斯特北部区域也存在大量工业兴盛时期遗留下来的旧厂房。低廉的租金和灵活的出租方式吸引了众多小型音乐公司的集聚，“北部文化小区”开始作为创意集群发展起来，形成了200余家公司集聚的规模。曼彻斯特政府则制定了“创意小区计划”来支持北部文化小区的发展。该项计划并未给予任何财政支持，而是集合了当地商人、居民和工人共同组成“北部小区商会”，推进创意小区建设。曼彻斯特政府对保证和支持小规模文化商业活动的不断增加表示了兴趣，并着手实施一些措施，如建立服务与地方创意产业的项目等。但城市议会的艺术和文化政策官员则认为，地方音乐产业不希望政府有任何干涉，他们更需要一个能令他们自由发挥创造精神的城市，他们所关系的是解决交通、营业执照等问题，这些问题构成了北部文化小区发展的障碍，至此，当地音乐公司和音乐创作者对政府干涉的不信任感及抵触情绪不断滋生，导致了“创意小区”计划的失败。①

政府干预是市场经济的必然要求。政府对资源的优化配置可以有效解决市场经济的盲目性和市场失灵问题。集群的发展需要良好自由的文化环境，只有政府的适时引导和适度干预，才可以实现文化产业集群以市场导向为中心进行高效的资源配置。上述案例表明，政府的全局干预也会打乱市场秩序，从而产生“政府失灵”，而如果继续利用一个“失灵政府”与完全替代市场主导力，必定会加重市场失灵的严重性。可见，一方面，“政府放任不管必将导致市场经济的混乱”，另一方面，政府又不能以完全干预替代市场

① Adam B, Justin O and Sara C.Local Music Policies with in A Global Music Industry: Cultural Quartersin Manch ester and Sheffield[J].Geoforum, 2000, 31: 437～451；陈倩倩、王缉慈：《论创意产业及其集群的发展环境——以音乐产业为例》，《地域研究与开发》2005年第5期。

自由竞争，经济活动只应由政府强制指挥，政府的干预应仅限于确立和保障经济规则。[1]

三 独立开发

自强调放松管制的新自由主义理念开始，西方国家文化与经济的对立关系逐渐解体，为解决传统产业的全球转移所带来的地方衰退问题，创意产业（包括大量兴建旗舰文化项目）成为城市、地方复兴和区域发展的重要举措。同时，为适应后工业社会、知识经济、特别是新经济的到来，大力推动文化产品和服务的国际贸易，[2]以文化为国家发展战略的强势推动和引导，以创新集群为发展载体的战略取得了成功。独立开发便是基于国家宏观战略下企业自主开发和运作的经营模式，它强调产业发展的政策支持和制度环境，强调企业的自主创新和市场的开放成熟。新加坡圣淘沙和新加坡滨海公园是国家文化发展体系下，以创意市镇和创意聚落为呈现方式，以企业为主导进行市场开发和商业运行的典型代表。

新加坡圣淘沙（Sentosa）岛位于新加坡本岛南部，在占地500公顷的区域内，汇聚了西罗梭、英比奥、名胜世界、色拉蓬、升涛湾等具有旅游观光、休闲娱乐、奢侈品购物、餐饮住宿等不同功能的产业发展组团以及海底世界、环球影城、海底生物园、蝴蝶与昆虫王国、Equaries水上乐园等五大世界级主题公园。金沙娱乐综合体由美国拉斯维加斯金沙集团股份有限公司开发和经营。海底世界由新加坡虎豹休闲有限公司开发运营，蝴蝶与昆虫王国

① 金太军：《市场失灵、政府失灵与政府干预》，《中共福建省委党校学报》2002年第5期；鹿彦、李玉江：《跨期消费与投资理论对新古典经济学的超越》，《北方论丛》2010年第2期；王海明：《论经济自由原则》，《齐鲁学刊》2007年第3期；转引自黄明欣：《政府适度干预简论》，《齐鲁学刊》2012年第5期。

② http：//portal.unesco.org/culture/en/ev.php-URL_ID=2461&URL_DO=DO_TOPIC&URL_SECTION=201.html

由圣淘沙开发运营，环球影城、海底生物园、Equaries水上乐园则由云顶新加坡有限公司开发运营，它隶属于云顶集团，总部位于马来西亚吉隆坡。1968年，新加坡政府决定将圣淘沙开发为旅游胜地并成立了新的法定机构——圣淘沙发展局（Sentosa Development Corporation）[①]负责圣淘沙的开发运营。新加坡滨海公园集聚着新加坡滨海艺术中心（Esplanade）和滨海湾金沙娱乐综合体。滨海艺术中心占地6公顷，包括了含纳2000个座位的戏剧院与1600个座位的音乐厅、可容纳220人的小剧场、250人的音乐室、户外剧场与三层楼高的购物中心（Esplanade Mall）。金沙娱乐综合体占地20公顷，包括赌场、歌剧院、艺术博物馆、科学馆、酒店和会展中心等六组建筑群构成。两者不仅体现了集群多元立体设计和垂直空间设计的综合利用，而且在治理方式上彰显出独立治理的特点。

可以说，新加坡集群开发体现了政府为利益主体、集团独立治理的开发思路——借助政府作为利益主体，企业作为实施主体，以实现综合利益最大化为目标，实现整个区域的可持续发展，持续盈利。但必须看到，独立开发的前提是明确的国家战略所营造的产业空气，它是集群发展和文化产品及服务生产、消费的基础条件。新加坡政府提出以知识经济为基础，大力发展创意产业，并将创意产业定位国家21世纪的战略产业，致力于使新加坡成为“新亚洲创意中心”、“一个文艺复兴的城市”、“全球文化和设计业的中心”，通过经济与文化的融合提升城市创新能力，保证了集群开发的成功。2002年，新加坡制定《创意产业发展策略：推动新加坡的创意经济》，其中的三个中心分别是“文艺复兴城市2.0”、“设计新加坡”和“媒体2.1”，分别从新加坡文化艺术基础设施建设、新加坡企业设计能力的提升和新加坡媒

① 1972年成立的圣淘沙发展局下设圣淘沙休闲管理公司和升涛湾私人有限公司。前者负责管理圣淘沙的日常工作，后者负责管理和发展新加坡滨海高级住宅区升涛湾。

体研发制作和交易的提升来推进新加坡创意产业的发展①。在发展方式上，《创意产业发展策略》提出以“创意市镇”（Creative Towns）和“创意聚落”（Creative Cluster）的方式，整合艺术、商业及科技的概念实现产业的高度集中和地理空间的集聚发展。

新加坡不但运用国家的力量成功推动了创意市镇和创意聚落的发展，而且还提出“社区计划”和“公众支持”的国民创意计划。新加坡政府提出带头使用优秀创意产品，在公众场合和公众节日积极采用文化艺术作品打造设计之都；实施创意社区计划，通过文化艺术、产品设计等创意活动整合进入社区发展计划，激发居民的创意潜力和创新激情，为公众提供更为广阔的创意生活空间等。新加坡发展空间狭小，在产业发展思路上，一方面通过向心力的集群方式高度整合资源，实现集约式发展，另一方面又通过离心力的社区方式，将创意资源向公众转移。

1898年英国社会活动家霍华德提出的“田园城市”解决方案设想了第三种社会—经济系统，它的核心是“地方管理和政府自治。服务由城市政府提供，或者由被证明更加有效的私人公司提供，其他则来自于市民本身”②。霍华德认为“每个人都是一名手工业者、一名企业家。这将需要来自各个方面极高的天赋。来自工程师、建筑师、艺术家、医生、卫生专家、园艺师、农业专家、调查员、建造商、商人金融家、贸易联盟友好合作社的组织者，以及最简单的无技术工人和那些各种各样的无技术的人们”，“这是一种新技术的家庭住宅方式，用来创造一种新的社会经济秩序。”不管是伦敦西区借

---

① 三辰卡通集团：《北京文化创意园项目研究报告》，第62～64页。

② 霍华德《明日的田园城市》第八章的内容，是指引导实行一种较为公正、较好的土地占用制度，并在如何建设城市方面树立一种较好、较为合情合理的观点的试验，以促进城市福利为目的。转引自彼得·霍尔：《明日之城——一部关于20世纪城市规划与设计的思想史》，童明译，同济大学出版社2009年版，第101页。

助“一臂之距”依托中间组织间接管理的模式，还是谢菲尔德文化区政府适度干预的初见成效，曼彻斯特北部文化小区政府的干预与文化原创者希冀更加自由的城市环境由此产生的冲突及不信任感，以及新加坡集群开发中政府作为利益主体，授权并监督公司独立开发运营的案例，均说明了文化产业集群的发展是“有形的手”与“无形的手”之间动态的博弈，集群治理的本质则是避免单纯依赖市场或依靠政府的局限性，从而避免区域和城市发展中精英主导而忽视社会多元结构的模式和倾向。

第三节　集群建设

从区域的和社会的角度看，促进和支持知识扩散的区域更易于产生集群[①]。当集群所根植的社会拥有较高的相互信任氛围，而且供应商、生产商、客户及各机构间具有稳定的社会网络关系时，集群便能得以更好地发展[②]。默会知识在相互信任的成员间更易于传播[③]。区域成员间正式的与非正式的合作联系，促进了集体学习效应，降低了社会经济行为的风险[④]。文化产业的核心竞争要素之一是创新内容。产业集群的创新激励机制是集群创新的制度设计。为了促进产业结构调整，提高区域竞争力，许多国家将产业政策的重点转向集群发展战略。知识共享机制、创新企业的设立机制和创新技术的促进

① Ryan C D & Phillips P. Knowledge Management in Advanced Technology Industries: An Examination of International Agricultural Biotechnology Clusters [J]. Environment and Planning C: Government and Policy, 2004,22(2): 217 ~ 232.

② The Cluster Initiative Greenbook [M]. Gothenburg: Ivory Tower, 2003;Bathelt H. The Re-emergence of a Media Industry Cluster in Leipzig [J]. European Planning Studies, 2002, 10: 583 ~ 611.

③ Liefner I. Technologie-und Gr ü nderzentren und regionales Wissenspotenzial [J]. Raumforschung und Raumorderung, 2004,4 ~ 5:290 ~ 300.

④ Wirtschaftsgeographie 1 Theorie [M]. 9. Auflage. Paderborn: Sch{K9R261.JPG}ningh, 2003.

机制保障了集群可持续创新。

一　共享知识资源

知识经济时代，知识已经取代资本、劳动力和土地等传统资源成为竞争力的核心。文化是一种用市场化的生产方式生产知识，文化产业的特点决定了其对知识的宽度、强度度和深度的要求更加深入和突出。知识共享空间强调对知识获取、共享和创造活动的支持。它虽诞生于研究型大学和科研机构或大型的跨国公司研发机构，但服务对象不再仅仅是面对大学校园的一般用户，而是处于全球市场中的企业生产。知识资本高成本（研发费用高）、高风险（更新速度快）的特点，决定了集群选择知识资源的共享及知识资本的转化的战略导向作为产学研一体化的制度尝试。

鼓励知识创新的政策和推动产学研结合的产业集聚和产业功能区建设的战略路径，实现了澳大利亚文化产业的稳健发展。悉尼的澳大利亚高技术园（ATP）由悉尼大学、新南威尔士大学和悉尼理工大学三所著名大学共同创建，位于三所大学主校园之间的中心区域，是紧密依靠大学科研力量和设施型的技术园区。园区创新的重要经验是最大限度的知识共享——鼓励大学和科研院所的科研设备和实验室相互开放并对园区企业开放，真正发挥园区基础资源和地理优势的作用。在园区的组织形式上，澳大利亚的经验同样值得借鉴。例如“依托高校的高新技术园区由几家大学联合发起创办，以董事会形式作为园区的上层管理机构，董事由各大学和相关企业派出：日常管理委托企业公司负责。其特点是重视科技开发资源的综合利用。以大学现有的科研设施基础为依托，强化成果的商品化，紧密大学与企业的联系，为学校的科研提供教学实验基地①。”鼓励高校知识创新是澳大利亚文化产业政策的一项重要内容。布里斯班澳大利亚布里斯班市政府通过IT及KBI集聚行动计划支持产业集聚发展，其集聚空间为跨间资源配置的网点结构，布里斯班形成的3条IT及电子科技的产业走廊分别为以米尔顿（Milton）为中心的“西部走廊”，包括图旺（Toowong）；“南部走廊”，包括西点（West End）和伍尔龙加伯瓦（Woolloongabba）；“北部走廊”，包括福尔蒂德瓦利（Fortitude Valley）、新费尔姆（New Farm）和鲍恩希尔斯（Bowen hills）。其中，西部走廊濒临昆士兰科技大学创意产业园区（简称CIP）是澳大利亚第一个专门从事创意产业的创意实验以及商业开发的园区，得到了澳大利亚政府的大力支持。CIP②由昆士兰科技大学和昆士兰州政府联合投资建设，在文化创意人才的培养上双方合作建立了昆士兰创意产业研究院（Queensland Academy for Creative Industries，QACI）和QUT创意产业学院以及创意产业园区，鼓励和支持昆士兰艺术学院等培养艺术、设计创意人才，CPI一方面为区域发展提供了源源不断的人才支持，另一方面又不断加强对人才的培养和孵化，如投资超过6000万澳币（约合3.5亿人民币，）购置最先进的数字设备以支持创意项目的进行和新创意的产生。软硬件的双力支持使得西部的创意产业走廊的集聚趋势和地位得以加强③。日本书部科学省（MEXT）通过

① 杨庆生：《澳大利亚高新技术园区发展的特点及启示》，《人大报刊复印资料——科技管理》2000年第7期。

② CIP由昆士兰科技大学和昆士兰州政府联合投资4亿澳元，2001年开始筹建，计划总开发面积为16公顷，于2004年5月正式启用，它是澳洲第一个由政府与教育界共同为发展创意产业而合作的项目。园区主要涉及印刷媒体（literature and print media）、视觉表演艺术（visual and performing arts）、音乐创作和出版（music composition and publishing）、新媒体（如动画、游戏和互联网内容设计）、广播电子媒体和电影（broadcasting electronic media and film）、传统艺术活动（heritage activities）等创意产业领域。机构组成方面，CIP主要包括3个企业事业中心（Enterprise Centre）、2个研究中心和1个创意产业学院共6个实体。

③ 参见崔国、褚劲风：《澳大利亚第三大城市布里斯班创意产业集聚研究》，《世界地理研究》2010年第4期。

制定和推动“知识集群计划”推动了集群创新。“知识集群计划”是推进大学—产业—政府关系的一项执行政策，其主要目的是扩展大学的预算，初期的目标是改进用于技术转移和专利战略的设施和人力资源。由于其符合2001年日本科学技术基本计划的目标，为了增强日本的科技优势，“知识集群计划”得到了内阁的采纳。该计划设计了10个项目，并从2002年起开始启动。计划着力于产业—学术合作，产业—产业合作，以及跨产业合作，大约6000家公司通过其项目参与，已经达到自己不同的目标[①]。参与“产业集群计划”有关项目的公司和大学逐年增加，从2001年计划执行初期到2005年4月，参与“产业集群计划”项目的公司由3000个发展到约6100个，大学由150所发展到约250所。创建新企业数逐年增加，2001财政年度1200个；2002财政年度7000个；2003财政年度10000个。参与项目的公司的雇佣人数、销售总额、本期净利润3项指标，超过了全国平均水平并创建了大学风险企业133个[②]。

基于知识共享机制的产业集群“不是简单的企业扎堆，而是通过具有一定水准的企业间协作以及官产学的协作网络，灵活运用各机构间的经营资源，形成企业孵化环境，促进新企业、新业务的不断产生，从而形成优势产业，并以此为核心形成产业的聚集”[③]。即，“以形成产业集群为目标，在集群内形成官产学间、企业间和不同产业间的协作网络的同时，促进创新，创造出新的产业与新业务[④]。”

① Mariko. Convergence on Silicon Island[J].The Japan Journal, 2004, (7): 24 ~ 25.

② 俞培果：《日本的产业集群政策及对我国的启示》，《现代日本经济》2006年第5期。

③④ 日本经济产业省：《产业集群研究会（2005年）研究报告》。

表 5-4　国外集群管理的主要模式

模　式	管理体制	典型集群
自然发展模式	自然发展，完全由市场推动而成，没有专门的管理机构	美国硅谷、128 公路
政府管理模式	由政府设立专门的园区管理机构进行全权管理	日本筑波科学城、韩国大德科学城
大学管理模式	由大学设立专门机构对大学校园内的科学园或孵化器进行管理	美国斯坦福研究园、剑桥科学园
公司管理模式	由各方组成的董事会领导、经理负责的企业管理	印度软件科技园、英国的科技园
基金会管理模式	由政府、企业、银行、大学和其他机构分担义务，共同承担管理职能	法国安蒂波利斯科学园、美国北卡罗来纳三角研究园

二　激发企业内生动力

拥有自主知识产权的核心技术及品牌，具有良好创新管理与企业文化的企业，是文化产业集群集聚的圆心，也是引导文化产业升级，提高文化产业附加值的重要载体。创新企业的设立与制度环境密切相关，良好的经济环境、文化氛围和宽松的制度，将产生文化产业集群赖以生存的产业空气。

从企业角度研究产业集群发展，一个重要内容是企业的迁入和迁出与集群发展阶段的关系。如果一个产业集群有很大的发展潜力，那么它对企业吸引力大，就会有大量企业迁入集群①。硅谷作为世界高科技产业集群的典型代表，是创新企业集中迁入的区域。

硅谷是指从旧金山市向南、沿着旧金山湾延伸到圣何塞（San Jose）的一块面临太平洋的平坦谷地，南北长约100公里、东西宽约30公里、人口不过200万人。1951年，世界上第一个科技园区诞生在美国西海岸加州斯坦福大学，即斯坦福研究园。在此基础上，逐渐发展成为今天的硅谷。硅谷对美国

① 魏后凯：《中国产业集聚与集群发展战略》，经济管理出版社2008年版，第226页。

的贡献不仅表现在强大的经济增加值，更体现在硅谷对市场机制和组织机制的创新上。硅谷地区集中了近万家大大小小的高科技公司，其中约60%是以信息为主的集研究开发和生产销售为一体的实业公司；约40%是为研究开发、生产销售提供各种配套服务的第三产业公司，包括金融、风险投资等公司。1998年，硅谷地区的GDP总值约为2400亿美元，1999年超过3000亿美元，占美国全国的3%左右，相当于中国GDP总值的四分之一左右。如果把硅谷视为一个国家，其经济实力可以排在世界第12位。

硅谷是世界科技园区的典范，自第二次世界大战以来，硅谷为四次技术浪潮的力量提供了最佳的栖息地，是四次技术浪潮的中心。第一次的推动力来自于国防工业，第二次发源于半导体，第三次则是个人电脑，最近一次当属新兴的互联网。事实上，信息技术每一次重大的进步，都由一家在硅谷诞生成长的公司来领导：集成电路（国家半导体、英特尔、AMD）、个人电脑（苹果）、工作站（惠普、太阳微系统）、三维图像（硅谷图文）、数据库软件（甲骨文），还有网络计算器（3Com、思科）。而在最近的互联网繁荣昌盛中，网景、Excite、@Home与eBay的骄人战绩又再次证明了硅谷的实力：尽管地价飙升、劳动力成本上涨、国际竞争激化、商业环境周期性恶化，孕育着创业精神的硅谷却始终在信息技术的滚滚大潮中领先。

斯坦福大学的人才和开放环境是硅谷不断发展与创新的源泉，斯坦福总是处在不断发明、不断创造的过程中，它为硅谷提供了源源不断的科技成果和动力。斯坦福大学鼓励学生创业，斯坦福师生创业是一种风气，硅谷的有些公司就是一些正在斯坦福就学的学生们创办的。与斯坦福大学有关的企业的产值就占硅谷产值的50%～60%。围绕着斯坦福和伯克利两所主要的研究型大学，分布着3000多家高科技产业和许多研究开发机构。大学与产业部门互相依托、互相促进，使得教学、科研、生产三者协调发展。知识信息的创造、加工、传播和应用使得硅谷的科技和经济迅速发展，被誉为“美国新技术的摇篮”。

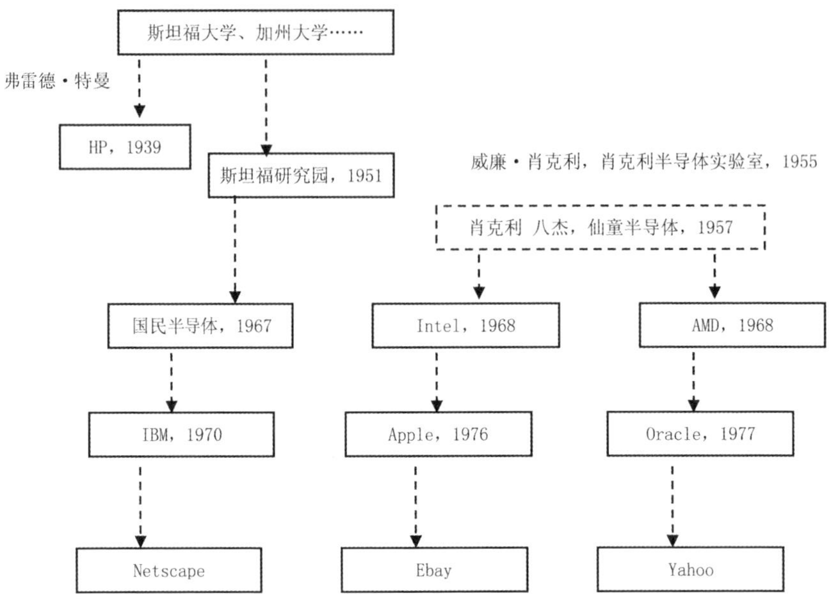

图5-2　硅谷形成与发展的基本线索

硅谷的创业者有了一项新的科技成果或者仅仅是一个创意理念时，会选择若干人组成一个班子进行创业，确定每个创业者的股份比例，自筹少量资金注册公司，进行前期研发；到了一定阶段，需要进行较大的资金投入时，对公司进行评估作价，然后选择投资者，进行资产和资金的组合，办成规模更大的股份公司，或者对这个创业班子及赖以创业的技术成果，按其未来的价值进行量化，折合为若干创业股，班子的每个成员也要确定占股份额，并且要留出一定比例的额度给未来将加入公司的主要骨干①。美国的资本环境和产业化环境尤为硅谷创业人员提供了适宜创新党的“产业空气”。目前美国

① 荣泳霖、宋军、马二恩等：《美国硅谷考察——先进的创新机制》，《科技导报》1999年第9期。

的创业投资机构为2000多家，每年投资规模为600多亿美元，且大部分集中在硅谷。这些资本多来自于对风险承受能力较大、追求高额回报的民间机构和个人，并由具备大量专业技术和丰富投资经验的创业投资经理进行管理和运作，从而形成了硅谷运作成功的资本环境。而大量的创业资本和先进的技术成果又不断进行相互选择，几乎每天都有新的企业诞生，大量的创业资本促进了科技成果的商业化。形成了一个良性化运作组织，不但将最优资本和最新技术等资源按照市场规律进行优化配置，而且充分发挥多个创业资本对多个高科技企业的组织性“孵化器”作用①，推动了硅谷产业的创新集聚和可持续发展。

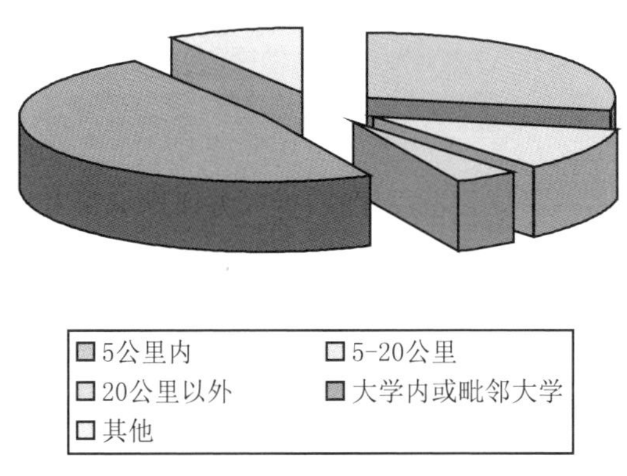

图5-3 科学园与周边大学的关联

三　孵化和应用新技术

随着文化与科技融合在文化产业集群中凸显出愈加重要的战略位置，技术的发展和应用成为集群竞争力的重要指标之一。集群内企业通过整合，能够实现内部资源的集中、统一和有效配置。借助技术的创新，企业能够跨越

① 李彦斌：《美国硅谷成功经验的分析和借鉴》，《科技管理研究》2001年第6期。

内部资源界限，实现对整个供应链资源的有效组织和管理。支持技术创新的政策，可以最大化地发挥对知识产权的保护作用，将技术创新成果予以规范并立法，可以更好地激发技术研发的积极性，将财政税收等金融工具运用到对技术创新的支持与鼓励中，可以孵化出创新种子，形成创新集群。

集群作为一种生产组织方式，必然以创新为组织驱动力，技术创新是集群创新的重要组成，优化集群技术创新制度，有利于知识共享和知识更新。芬兰ICT[①]产业的发展以集群为单位，在创新技术的应用中充分发挥了集群制度的调控、监管与激励作用，是由创新技术走向创新制度实践的典型个案。ICT产业是芬兰经济发展的主要动力。在芬兰，ICT产业的产值占芬兰GDP的比例达四分之一，芬兰70%的外国公司都位于赫尔辛基都市区，而赫尔辛基区域有员工数量在2.5万以上的公司有1万余家，围绕赫尔辛基产生的ICT产业集聚使其被冠以“无线谷”、“数字岛”等城市名片。芬兰原本是一个以森林资源加工业为主的国家，为了更好地推进知识经济战略，上世纪70年代，芬兰放弃了原来的资源密集型发展战略而转向了知识型经济发展，其中以新技术产业为突破点，采取了一系列政策促进知识生产、获取和利用。其一是向自由竞争的政策倾斜，即尽可能少的人为干预和技术中立的竞争政策。保持技术中立和市场自由加快了市场资源配置能力的提高。其二是较高的技术研发创新费用。1999年，芬兰研究开发费用达到37亿欧元，占GDP的3%，该项投入占GDP的比重在全世界排第二位。基金是技术创新的又一支持机构。芬兰研发基金（Sltra）作为一个独立的公共基金组织，主要以种子基金、创业投资和扩张投资的形式为高科技公司投资。该基金支持企业进行试验研究和探索新的科技领域，并跟踪研究和评估芬兰的创新系统。其二是不断完善

① ICT产业主要包括咨询业、内容产业、软件、硬件和电讯六个方面，按照WIPO的产业分类，ICT产业属于核心版权产业和部分版权产业的范畴。

的产业政策。20世纪90年代开始，芬兰陆续颁布或修改了《电信法》《数据法》《商务电子通信法》《电子签名法》和《信息社会保护法》等一系列法律，目前正在执行的国家大型信息技术研发计划有“电子微型化计划”、“未来网络计划”和“交互信息技术计划”。据世界经济论坛最新发布的全球信息技术报告，芬兰已取代美国，成为全球信息化程度综合指数排名第一的国家①。在创新技术促进机制的作用下，芬兰产业集群内在的知识网络创造、获取和利用的知识效率不断提高，产业集群成为国家经济发展的重要引擎。

从总体上看，发达国家文化产业集群政策的目标主要有三个方面：一是减少市场失灵的影响，为集群发展提供良好的产业空气和周全的配套服务。二是将文化产业集群发展纳入国家战略和区域发展规划的重要组成部分，最大限度地利用国家创新资源和区域优势禀赋。三是将文化产业集群作为转变经济发展方式、优化区域产业结构或摆脱金融危机等外部经济影响的重要举措，以此形成区域发展增长极，拉动经济发展。

当前我国深化改革行至制度创新阶段，集群治理也必然要进入到管理创新的新阶段，即通过集群制度的建立健全，形成管理科学的集群。管理创新与制度创新并举，管理创新与技术创新协调，正成为文化产业集群治理的趋向。从国际经验看，文化产业集群政策是产业政策和区域政策的优化组合，不同时期、不同区域条件下，集群制度的设计也千差万别，但毋庸置疑，建立知识资源共享的集群制度，加强集群企业创新能力的释放，提高创新技术的应用效率，是文化产业集群制度升级的重点已经成为全球共识。科学的集群规划、富有前瞻的集群设计、高效能的集群治理及保障有力的集群制度，

① 郑方艳、朱洪军：《赫尔辛基都市区ICT产业发展经验研究》，《中国城市研究》2007年第9期。

将为文化产业集群的发展提供良好的产业布局和空间布局，它们是我国文化产业集群的核心竞争力的基本要素。

四 撬动金融杠杆

文化产业具有高投入、高风险、高回报的特点，政府财政补助无法全面、普惠，银行贷款则面临着评估标准不一，评估体系不健全、版权保护不到位等问题根据国际经验，文化产业投资基金通过专业化管理、规范化运行、风险分散的方式，创新了文化产业融资渠道，适应文化产业投资特点。作为新兴的产业投资门类，为使产业投资范围广，涵盖门类多，投资方式多元，普遍认为现有的针对文化产业非上市企业和项目的集合投资均视为基金投资。文化产业投资基金的发起和设立，对于文化产业集群的市场化运作和公司化治理而言，具有积极的推动作用。

第一，文化产业投资基金的设立有效拓展了文化企业的融资渠道，实现了政府引导创新与产业乘数效应的叠加。国际经验证明，产业投资基金的发展能够极大地提高投资率，创造就业机会，促进高新技术产业发展，推动支柱产业和基础设施产业升级。而通过产业投资基金的收购、并购和重整活动，能够迅速地实现产业重组，进而促进企业上市，深化企业内部改革，提高企业经营管理水平。文化产业投资基金的发起设立强调以专业的投资管理人为主体寻找好企业、选择好企业，使有限的资金向优质的企业配置；基金管理模式能够更好地通过估值调整协议、回购条款甚至对赌性条款，激励获得资金的企业加倍努力，通过投资的示范效应，引导其他产业的企业向文化产业发展，其他领域资金进入文化产业，对文化产业的发展起到了较好的引导作用，有效地破解了以往金融对接文化产业过程中，单一依靠各种专项资金、补贴资金扶持文化企业的各种不足。对于文化产业集群的可持续发展而言，文化产业投资基金有效激发了社会资本对集群内优质项目的投资活力，有效的弥补了政府财税扶持、银行贷款支持力度不足的现状，为文化产业发展提供了有力地金融支撑，使产业投资范围扩大，涵盖门类众多，投资方式。

第二，文化产业投资基金的设立使文化企业的资产价值最大化，以多种金融工具和杠杆，推动产业增值。文化产业投资基金的设立旨在更好地发挥财政资金的杠杆作用，发挥引导和示范作用，带动社会资本的投入，从而推动建立起一个良好的融资平台，更好的扶持文化产业的发展。对于文化产业集群在金融市场的要素配置和流通而言，文化产业投资基金充分利用了文化产业所具有的高投入、高风险、高回报的特点，有有效解决了政府财政补助无法全面、普惠，银行贷款则面临着评估标准不一，评估体系不健全、版权保护不到位等问题，最终，文化产业投资基金通过管理人、公司制等方式实行专业化管理、规范化运行、风险分散的方式，创新了文化产业融资渠道，优化了文化产业集群的产业结构，提供了文化产业集群对接金融资本的建设路径。

第三，我国文化产业投资基金的设立使政策创新的路径更为多元，政策执行的载体更为灵活。政府对文化产业的支持为文化产业发展提供了良好的空间，金融财政支持文化产业发展的政策措施及相关资金保障，往往在一定程度上激发了文化产业投资的热情，促进了文化产业基金的设立。2010年3月，九部委发布《关于金融支持文化产业振兴和发展繁荣的指导意见》，提出鼓励多元资金支持文化产业发展，支持设立文化产业投资基金，由财政注资引导，鼓励金融资本依法参与。2011年7月，中国文化产业投资基金设立，由中央财政部注资，吸纳社会资本加入，充分发挥示范引导和带动作用，旨在充分调动文化产业的投资积极性，促进文化与资本的有机融合。为文化产业发展提供有力的金融支撑。在政策的引导和扶持加速了国有资本和民间资本进入文化产业领域的市场进程，一方面是中央财政创新支持方式，提高资金使用效益的一种新的尝试，另一方面对有效应对我国文化产业发展中面临的市场活力不足，企业融资困难，投资渠道不畅等问题发挥了重要作用。可以说，文化产业基金有效破解了当前文化产业集群中“市场失灵”和“政府失灵”共存的双重怪圈，优化了政府的集群管理效能。目前我国文化产业发展以政府主导为主要特色，而政府对文化产业的金融扶持大多通过税收优惠、财政专项支持来完成，在管理制度、运用效率上缺乏专业视角与市场意识。文化产业投资基金则进一步补充和完善了现有的文化投融资体系，提高政府引导扶持的效能化、集约化。

第六章 文化产业集群发展的思考和建议

第一节 文化产业集群存在的问题

一 国际竞争比较优势不突出

地理集中是产业竞争的产物，是产业应对市场竞争而在产业空间组织形式上的一种改变，是市场经济条件下产业发展到一定阶段的产物，也是现代产业竞争力的重要来源和集中体现①。成熟的文化产业集群是竞争与合作并存的有序经济体。近年来，在国家大力发展文化产业、推动文化经济发展的潮流下，全国各地开始大力发展文化及相关产业，并普遍以集群作为空间发展载体，通过知识共享与分工合作降低了成本，加速了产业的发展，但“地理接近”为特征的产业集聚这种组织形式也面临着一些问题。

（一）文化产业集群的集体效率和要素制约比较优势向竞争优势转化

在新古典贸易理论中，比较优势是一种潜在的优势，表现为某一要素禀赋相对丰富，是一种静态优势。从文化产业集群的形成机理来看，就是要素驱动型集群占主导地位。而竞争优势的理论认为，“竞争优势有两种形式：

① 魏后凯等：《中国产业集聚与集群发展战略》，经济管理出版社2008年版，第70～83页。

成本领先和标新立异。”“企业要在国际竞技场上获胜，它的竞争优势不外是以较低的生产成本或者与众不同的产品特性来取得最佳价格。”因此，竞争优势是一种实际显现的竞争能力，是生产力各构成要素综合协调的结果。在波特竞争优势的钻石模型中，生产要素、需求条件、相关及支持产业和企业战略、结构和同业竞争是主导竞争的要素，而在四大要素之外还存在机遇和政府两大变数，其中，机遇是无法控制的，政府政策的影响是不可漠视的。譬如，包括重大技术革新在内的一些机遇事件会产生某种进程中断或突变效果，从而导致原有行业结构解体与重构，给一国的企业提供排挤和取代另一国企业的机会。政府部门通过政策选择，能够削弱或增强国家竞争优势。竞争优势是产业地理集中的内在动力。随着市场竞争的加剧，产业地理集中越来越取决于竞争优势的发挥[①]。

（二）文化产业集群的柔性化生产方式不突出制约规模经济向范围经济转化

规模经济是伴随着企业生产能力的扩大而出现的生产批量的扩大，以及由此而带来单位生产成本的下降和收益递增的现象[②]。文化产业集群的出现是企业扩大规模形成集聚的结果。当生产水平低的时候，企业通过扩大生产规模可以提高工人在生产过程中的专业化程度，从而提高生产效率，降低生产成本。“当长期平均总成本随着产量增加而减少时便存在规模经济

① 参见Porter, M. 1990. The Competitive Advantage of Nations. London and Basingstoke: Macmillan;Kishimoto, C. , 2004, Clustering and upgrading in global value chains: the Taiwanese personal computer industry' , in Schmitz, H. (ed) , Local Enterprises in the Global Economy: Issues of Governance and Upgrading, Cheltenham: Elgar；魏后凯：《中国产业集聚与集群发展战略》，经济管理出版社2008年版，第68～83页。

② 魏后凯：《中国产业集聚与集群发展战略》，经济管理出版社2008年版，第71页。

（economies of scale）[①]。”但由于文化产业的特性常常呈现出企业基于产业链分工与合作的串联或并联特性，因此很多企业生产不止一种产品，在产品之间由于存在某种关联，产品投入要素、生产设备的联合运用，或者是联合市场计划，或者是能够降低成本的共同管理使企业通常在生产两种以上产品时拥有生产和成本优势。“假设两个企业分配到的投入物相等，单个企业的联合生产超出两个各自生产一种产品的企业所能达到的产量时，被认为存在着范围经济（economies of scope）[②]。”规模经济会引起经济集聚，并且不断强化集聚的程度，在达到一定程度之后便产生规模不经济，这时各种生产要素仍然集聚，规模经济对产业集聚的推动作用让位于范围经济。需求的多样化使产业生产方式发生了转变，适应需求变化的个性化和柔性化生产方式日益重要，而产业集聚正是通过对范围经济的利用，使众多企业集聚在一起。文化产业发展的时代背景是文化消费需求日趋多元化和对文化产品要求的不断个性化，由于生活服务型文化产业的生产方式和产能方式在价值链中的层级不高，基于核心文化产品授权和研发投入不足，使其集聚过程中生产产品的个性化和柔性化不足，因此难以形成范围经济。

二　区域空间和地理制约明显

（一）区域条块分割现象明显

在现实中符合概念标准的产业集群集中度低、特征不明显。“泛地理集中”的概念往往取代“地理集中”的概念，从而出现“统计出的集群”现

① 曼昆：《经济学原理·第二版》，生活·读书·新知三联书店、北京大学出版社，2001年第二版，第293页。

② 罗伯特·S·平狄克、丹尼尔·L·鲁宾费尔德：《微观经济学（第三版）》，中国人民大学出版社，1997年版，第182页。

象，偏离了构建产业集群的初衷[①]。集群的组织形态和集聚空间不再以产业竞争为凝聚力，不再以产业发展和演变的历史积淀为组合方式，而是以政府主导的方式进行企业的集中，集群内基于产业链或价值链的合作不明显，条块分割的独居现象较为普遍，不但缺少根植性，而且可能出现“集聚不经济”的发展状况。集群的空间由地理空间、经济空间和社会空间共同构成，其中地理空间是基础，为产业集聚提供了物理空间，而社会空间所产生的动态的学习和创新活动、报酬递增效应和极化效应，经济空间所产生的产业链和价值链分工和共享导致交易成本的大幅度下降，共同决定了集群的生命周期。

文化产业的行业选择与区域发展定位密切相关。经济发达地区，资本、技术、人才要素呈现出高度集中的分布特征，因此容易在市场各要素的流通配置下自发形成产业的集中，而经济欠发达地区本身纵使拥有良好的文化资源形态，但是在人才、技术等主观元素的配置方面，却不具备综合优势，并且会因为地缘、环境等因素难以形成洼地效应广泛吸引人才，因此，在以人脑为核心创意的文化产业核心层产业选择中并不具备优势；其次，地方政府或行业主管行政部门对产业集群的集约化存在认识误区，常常将集群载体建设看作产业集聚的核心，事实上，产业地理集聚远远没有产业集约发展更富有持久性竞争力。而依靠不同地区经济发展程度和资源禀赋特征及区际之间成本差异的优势，实现产业链条的综合配置，则远远超过了产业地理集聚意义。

文化产业集群的形成和发展与区域经济的发展基础和市场发育程度密切相关。尤其是核心文化产业，对创意和技术提出了更高的要求。文化产业

① 宋昱雯、刘利：《我国发展虚拟产业集群的问题初探》，《宏观经济研究》2006年第11期。

集群的核心是实现文化产业的集约式增长。而集约型经济增长方式要求“将经济增长由主要依靠生产要素的扩张，增加人财物的投入转变到依靠科学技术进步和提高劳动者素质上来。而在这两者之中，提高劳动者素质是最根本的。因为劳动者是生产力中最活跃、最积极的因素，是经济活动的主体和‘决定性’因素”[①]。基于此，依托虚拟空间进行集聚，以核心文化产业的生产制作和研发设计为集聚中心形成基于文化产业价值链的分工合作网络，以文化产品构建网络节点的发展模式，成为文化产业集群发展的一种重要趋势。

（二）地理区位制约文化产业功能发挥

按照地理填充法则，城市作为一种复杂的地理事物，填充了某一特定的空间，城市即可界定为多种经济活动空间集聚形成的地理实体。同时，构成城市的地理要素与固有的空间要素相互作用，从而改变了原有空间的本底，并形成特定的城市空间结构，而中心城市或区域中心内部的经济与产业分布较为紧凑，表现出强大的吸引力、辐射力和综合服务力[②]。中心城市或区域中心具有“经济集中度高、社会分工发达、智力密集、是技术创新与扩散的中心、是区域经济的控制和决策中心以及第三产业比重大”等五个方面的特征，是文化产业竞争力的重要决定性或配套要素。但从当前中国文化产业集群的地理空间看，集群选址往往处于非城市中心区域，这在以生产加工和贴牌制作为主体的文化产业集群中体现得更为明显。文化产业集群的地理位置往往距离中心城区或者城市的商务中心区较远，这也使得文化产业集群除了文化产品生产之外的其他功能难以发挥。而在理论上，文化产业集群应当具备较强的文化观光、休闲旅游、体验娱乐等特质，不仅成为城市文化的地

① 王孝春：《集约型经济增长与劳动力商品化》，《当代经济研究》2000年第4期。

② 张凤超：《金融地域系统研究》，人民出版社2006年版，第95页。

标，而且成为重要的文化名片和旅游目的地。其次，文化产品制造业类的产业集群生产制作环境制约文化效能的实现。在这类集群中，文化产业集群的文化功能与生产功能是混合型的，而作为制造业的产业生产、制作和交易基地而言，多数处于不规范或者非规模化、集约化和高端化状态，集群的竞争力提升空间收到一定制约。总体上而言，集群竞争力的发挥，不仅与一国的产业结构政策相关，也与一国在全球产业分工体系中的地位与变动方向有着密切的联系。

三　产业创新性和互动性不足

集群创新是实现集群可持续发展的关键要素。文化产业集群的创新以制度创新为核心，以技术创新为路径，通过产学研互动和专业化分工，形成灵活高效的创新网络。通过前文对文化产业形成机理的研究可以发现，在要素驱动型、资源驱动型和成本驱动型三种文化产业集群的生成模式中，要素驱动型关注地理空间的发展基础，资源驱动型关注要素资源禀赋的丰富程度，成本驱动型则关注集群内部的政策条件和集群外部的环境成本。集群中的绝大多数集群参与者不是直接的竞争对手，而是为产业链或价值链的不同环节进行服务。

（一）对集群内主导企业的路径依赖使中小企业缺少自主创新和协同创新

我国文化产业集群的形成，主要依靠主导企业的吸纳力和集聚力以及市场经济下自发集聚形成或在政府引导下自觉集聚形成，因此均以中小民营企业居多。从区域内文化产业集群的组织结构来看，按照向心力集聚的文化产业主体往往以主导企业为核心，众多中小企业围绕主导企业在地理接近范围内形成基于产业链上下游分工与合作的集聚。在文化内容生产方面，中小企业的文化原创能力和支撑创新的投入能力都比较低，在文化资源配置方面，中小企业的要素整合能力和抵御风险的能力都比较低，因此，集群内部的分工合作主要围绕大企业进行代工贴牌或加工生产，集群的中小企业之间难以实现关联性强的产业合作，企业的协同创新效应难以发挥，加之与外界资源交流和市场贸易的频率不高，过分依赖主导企业使集群的生态较为脆弱，少数大企业的发展便成为集群风险的晴雨表。

（二）知识产生的线性模式使集群缺少参与和互动难以实现创新

创新活动是一个具有动态化、集成化和综合化特征的复杂的经济社会过程，创新的系统化理解突破了传统上创新活动仅局限于企业，创新产生单纯依赖企业家个人创新精神 ，以及创新过程中从知识生产到应用的单链线性模式。以伦德沃尔、弗里曼等人为首倡的创新系统研究，开创了创新认识和研究的“范式”转换过程。这种“范式”转换传达了这样的含义：创新是由不同参与者和机构的共同体大量互动作用的结果，理解创新参与者之间的相互作用对于改进创新绩效是关键性的，创新和技术进步是创新参与者在生产、分配和应用种种知识中的复杂相互关系的产物，创新绩效在很大程度上取决于这些创新参与者作为要素在系统中的相互作用①。在我国文化产业集群的发展中，集群的地理集聚强度大于产业关联程度，集群内的中小企业缺少自主创新和协同创新能力又导致了集群之间的分工以依赖主导企业发展需求形成单一的线性模式，集群存在的价值仅限于企业集聚产生的基于外部经济的竞争优势，基于集群集体行动的“集体效率”②则难以提高，进而导致文化产业

① 李正风、曾国屏：《创新研究的“系统范式”》，《自然辩证法通讯》1999年第5期。

② 集体效率是从地方外部经济和联合行动中所得到的竞争优势。它主要来源于外部经济和集体行动。前者是偶然的、无意识中产生的，只要企业集聚在一起，这种集体效率一般都会存在，后者却需要一定的条件，即有意识的合作。

集群互动的强度和黏度不足。

（三）核心技术和知识产权是制约集群创新的关键因素

目前中国产业集群内绝大部分企业的技术开发经费占销售收入的比例均低于3%的基本要求，有相当一部分企业不足1%[①]，文化产业集群是高度依赖智力成果，以创新和创意为核心资源的产业形态，制约文化产业创新的因素既有环境和制度层面的因素，又有企业自身的原因。从国家自主创新水平上来看，创新型国家的指标是智力成果在经济社会发展中的贡献率达到70%以上，研发投入占GDP的比重在2%以上，对外技术依存度指数要在30%以下。当前，我国的创新成果、智力成果在经济社会发展中的贡献率为46%左右，研究开发投入占GDP的比重为1.4%左右，对外技术依存度为50%以上，在创新方面与发达国家还存在着较大的差距。从文化企业自身的因素看，文化企业中许多生产制造性行业仍处于以防止和贴牌为主的产业层级低端环节，主要依靠低要素成本和产品低价格来维持竞争优势。文化产业的原创能力不足使其难以在集群中产生“知识溢出”效应，促进知识和技术的转移扩散，为企业创新创造条件，由此主导企业及产业集群无法依靠创新知识、创新制度和创新环境吸引中小企业或相关合作企业的集聚，导致集群内企业外迁，集群的发展因为创新缺位而陷入不良循环。

四　集群产品价值链层级较低

集群的升级有两种形式：一是本地区集群内通过企业间及机构联系加强，提高组织程度和努力程度而升级；另一种是嵌入到全球价值链中促进升

① 魏后凯等：《中国产业集聚与集群发展战略》，经济管理出版社2008年版，第331页。

级[①]。前者通过集群创新的互动强度增加实现“产业空气”的弥漫，后者关注与全球价值链“微笑曲线”的两端，即从低附加价值的生产制造向高附加价值的设计、营销等方向移动，以获得更多价值增值，并通过全球价值链治理而实现集群升级。在我国文化产业集群的发展中，集群发展的市场诉求是着力于实现主导产业的集群创新，以提升文化产品附加值转变经济发展方式，实现区域经济发展的战略转型，因此，提高集群产品价值层级是集群产能结构调整的主要思路。

（一）文化产品附加值较低使其对应集群的层级较低

除了文化创意设计和研发等内容生产外，以文化内容载体类生产，如电视机、收音机、录像机、CD播放机、DVD播放机、磁带播放机、电子游戏设备以及其他类似设备，计算机和有关设备以及乐器等生产，以及照相和电影摄影器材、复印机、空白录音介质，以及纸张等生产为主营产业的产业集群也是文化产业的重要组成。此外，还有一些产业，它们虽然与文化产业的版权功能延展和知识创意的溢出效果关联相对不大，但其产值中有一部分附加值源自于文化原创设计，如纺织、服装和鞋帽行业，陶瓷，家具，灯具，地毯和墙纸等都是劳动密集型行业，是制造业的重要行业，但其款式设计、花色设计、工艺设计等都具有作品的特点，受著作权法的保护。从我国产业集群发展现状看，这类产业集群大多数处于高产量、低附加值、订单式贴牌生产的状况，产品设计整体创新能力较弱，集群呈现出地理集中的特点远远大于机制共享的协同创新网络特征，例如根据《中国版权相关产业的经济贡

① Humphrey, J. and Schmitz, H. , (2002) , How does insertion in global value chains affect upgrading industrial cluster. Regional Studies, Vol. 36, No. 9; Porter, M. 1990. The Competitive Advantage of Nations. London and Basingstoke: Macmillan; Kishimoto, C. 2004, Clustering and upgrading in global value chains: the Taiwanese personal computer industry' , in Schmitz, H. (ed) , Local Enterprises in the Global Economy: Issues of Governance and Upgrading, Cheltenham: Elgar, pp. 233 ~ 264.

献》研究数据表明，中国服装、纺织品和鞋帽业的版权因子为0.4%，博物馆业的版权因子为0.5%，墙纸和地毯的版权因子为2%，家具业和内部装修设计的版权因子均为5%，文化产业集群因为版权因子整体较低、创新驱动力弱，企业之间也缺少共享创新和研发的竞合机制，集群内企业多为单体竞争，集群缺少核心凝聚力和创新力。从产品价值链的角度看，目前我国各地的产业集群大都呈现出一种“中间大、两头小”的菱形组织结构，即赢利较少的生产制造环节能力较强，而利润丰厚的研发、设计以及市场营销、品牌等环节较弱。这说明，目前我国产业集群的竞争优势还局限于中低档生产制造环节，仍处于产品价值链的低端部分①。

（二）文化内容产品在于全球价值链中处于弱势

因为文化产业与版权产业在行业类别和统计分类中的部分相似性，以下援引版权产业的部分数据加以例证。根据中国版权相关产业的经济贡献调研数据，2006年我国版权相关产业行业增加值的构成中，核心版权产业、相互依存版权产业、部分版权产业和非专用支持版权产业所占的比重分别为47.98%、30.16%、7.52%和14.34%，对应的就业人数构成比重分别为48.22%、29.12%，13.01%和9.65%，两者基本吻合，但数据也进一步表明，我国的核心版权产业仍为劳动力密集型行业，其相对于其他行业，智力密集和技术密集的竞争优势尚未完全显现。但从该年度中国版权相关产业海关商品出口总额的构成中，其对应的比重差异明显，分别是核心版权产业1.67%，相互依存版权产业91.37%，部分版权产业6.96%。以完全从事创作、制作和制造、表演、广播、传播和展览或销售和发行作品及其受保护客体为重点的核心版权产业的版权产品难以进入全球市场，而以从事制作、制造和销售其他功能完全或

① 魏后凯：《论我国产业集群的自主创新》，《中州学刊》2006年第3期。

主要是为作品及其他受版权保护创作、制作和使用提供便利的设备的相互依存的版权产业，却成为全球市场的主要商品（如图6-1所示）。

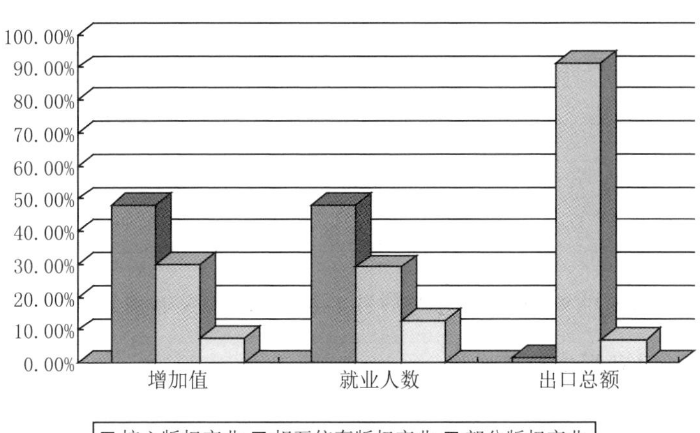

图6-1　2006年中国版权产业相关行业增加值、从业人数、海关商品出口总额构成图

（三）文化企业公司治理能力不高制约着集群价值链的升级

表 6-1　按行业分组的样本公司治理评价总指标

行　业	均　值	行　业	均　值
农林牧渔业	56.75	信息技术业	56.93
采掘业	57.95	批发零售和贸易	57.08
制造业	57.67	房地产业	57.53
电力、煤气及水的生产和供应	58.49	社会服务业	58.29
建筑业	57.58	传播与文化产业	56.78
交通运输仓储业	59.03	综合类	56.27
合计	57.59		

公司治理指数是运用统计学及运筹学原理，根据一定的指标体系，对照一定的标准，按照科学的程序，通过定量分析与定性分析，以指数形式对上市公司治理状况做出的系统、客观和准确的评价。公司治理指数越高代表

治理水平约高。2008年，中国上市公司治理指数的均值为57.59，最大值为70.26，最小值为47.10。从行业治理指数均值看，除了交通运输仓储业之外，电力、煤气及水的生产和供应业以及社会服务业的指数均值较高，同时采掘业、制造业、建筑业、房地产业、批发和零售贸易业的平均值均超过57.00。而传播与文化产业、综合类行业、信息技术业、农、林、牧、渔业等行业相对较低（如表6-1所示）。公司治理状况受到控股股东的性质、行业因素、地区等因素的影响。竞争性较强行业的治理状况相对较弱。

（四）文化产业从业人员的自律和维权意识较低使集群的市场环境未得到根本改善

根据本书写作过程中对文化产业集群的调研发现，集群中文化保护的缺失使文化产业集群在价值链分工中的层级提高困难重重。这一方面是由于“文化”的特性决定了其知识的隐性传播具有一定的不确定性和难以掌控性。文化产业的核心是在文化保护体系下，对原创性的“复制”，这种“复制”是一种特殊的文化繁衍方式，正是由于文化产业本身具有的诸如无形性、一定的公共性、不易控制性、易逝性等特点，所以该产业健康发展受制于利益冲突[①]。另一方面是由于文化产业集群中的从业人员自身观念难以同步于产业发展的变化和国际市场的变化。根据中国版权相关产业的经济贡献调研，核心版权产业中从事作品创作与传播的艺术家、传播者的版权认知程度较高，版权保护意识较强。但部分版权产业中，多数文化相关产业从业人员的版权认知度较低。从业人员的版权保护意识薄弱，对盗版现象较为漠然。这在一定程度上抑制了集群企业的自主创新能力，影响了文化相关产业的发

① 尹树东：《版权产业与版权保护——国外版权产业法律规制述评》，《大学出版》2009年第3期。

展[①]。在全球价值链分工日趋高端化的发展背景下，任何产业都有可能通过增加知识投入来提升其附加值，核心是产业布局形式要符合产业集群的要求[②]，作为一种充满活力的区域发展模式，提高价值链的层级才能够提升区域发展的层次、优化区域经济发展的结构，对于文化产业集群而言，升级是长久的战略。

五　集群市场失灵与政府失灵并存

从中国文化产业集群的演进规律和类型特征上看，政府的主导和主推在一定程度上有效解决了集群发展中的“市场失灵”，但因监管过度及管理不当，在一定程度上造成了“政府失灵”。“政府失灵”和“市场失灵”并存，权利意识和封闭心态并存，使文化产业集群难以释放生产力，提高国际竞争力。

（一）市场失灵：集群难以提高发展效能

“市场失灵”是政府干预的基本依据。集群的市场失灵问题具体表现为：集群内部出现市场垄断；存在大量的信息不对称和外部性，使企业之间互相恶性竞争，集群资源配置效率低下，资源基础薄弱；企业在相对封闭的环境下运作，不能使用战略性知识；企业在自利行为驱动下存在搭便车行为和“非合作博弈”，引起价格机制失灵，并使集群内知识共享和溢出功能失效；集群及企业缺乏发展的共同使命感和一致性目标；集群缺乏能够增加协同作用的关键性要素。集群作为一个组织系统，同样存在“系统失灵”的问题。系统失灵是在相互关联的机构、组织或交易规则之间出现不协调或不

① 柳斌杰：《中国版权相关产业的经济贡献》，中国书籍出版社2010年版，第102页。

② BRITTON JNH.High technology localization and extra- regionalnetworks[J].Entrep Region Dev.2004,16(5): 369 ~ 390.

一致时才会发生的，它是指在组织制度设计上的缺陷不能为技术创新提供有效的激励，或者系统的技术能力与需求不匹配，从而限制了创新潜力的发挥（Metcalfe，1995）[①]。而且，集群的发展由于遵循新制度经济学中的路径锁定（Lock in），集群内企业的创新性随着时间开始收敛（如通过模仿、合作、标准化的相似性），产生了竞争的“盲点”，由此限制了集群企业的创新潜力[②]。市场失灵和系统失灵问题所造成的致命创伤可能是集群的脆弱性（vulnerability）、锁定、僵化、竞争压力减弱、自满综合征（self-sufficiency syndrome）和内在衰退（inherent decline）等一系列陷阱和风险。构建一种适合集群持续创新的制度显得尤为必要[③]。

（二）政府失灵：集群难以参与全球化分工合作

从我国经济社会发展的宏观改革进程来看，以文化核心技术为引领，以文化产品和服务的自主品牌建设为重点的文化产业集群，是参与国际产业分工、转移和合作的重要载体。这一基本发展思路要求文化产业集群必须跳出单一属地管理的刻板模式，站在全球城市群角度进行管理创新和技术升级。当前制约文化产业集群发展的重要障碍便是以权利意识为导向的集群管理制度。这一具有中国特色的制度性障碍的本质成因是宏观文化管理体制的制度缺陷。我国原有的文化宏观管理体制习惯于用计划经济的手段管文化、办文化，政企不分、政事不分、管办不分，把经营性文化产业混同于公益性文化

① Metcalfe, S.. The Economic Foundations of Technology Policy: Equilibrium and Evolutionary Perspectives[M]. in Stoneman, P. (ed.), Handbook of the Economics of Innovation and Technological Change， Blackwell, Oxford, 1995；参见刘恒江、陈继祥：《国外产业集群政策研究综述》，《外国经济与管理》2004年第1期。

② Pouder, R. W. , John, C. H. S. Hot spots and blind spots: geographical clusters of firms and innovation [J]. Academy of Management Review. 1996, 21 (4):1192 ~ 1225.

③ 刘恒江、陈继祥：《国外产业集群政策研究综述》，《外国经济与管理》2004年第1期。

事业，由政府统包统揽[①]。在这种管理体制下，集群内企业的自觉性和自主性难以调动，文化产品的创造和生产缺乏活力，缺乏市场适应能力和竞争力。随着文化产业趋于成为国民经济的支柱产业，以文化产业集群为代表的文化产业聚落，开始成为区域发展的重要载体，以政府主导为背景的集群，成为集群迅速成长的主力军，国有资产背景的文化产业集群，成为政府主导下价值选择和权利意识导向的工具。从我国文化产业集群的类型特征看，在集群成立之初或初具规模之前，许多集群都是市场主导的企业自发集聚，当集群成长具备雏形或产生一定行业影响力后，地方政府开始“积极热情”地参与集群管理。但对于面向全产业链、与国民经济与社会多元行业相融合的文化产业集群而言，往往需要跨区域、跨行业、跨所有制进行资源整合和战略扩张，政府主导下的区域属地管理使集群发展呈现出行政分割、各自为政、重复建设等具有中国特色的制度障碍，制约了集群成长。集群的属地管理制度和万能政府的包揽式管理制度，使文化产业集群面对多种所有制共同发展、国外文化不断涌入、文化市场空前繁荣的新形势，难以应对市场，生产力与生产规模无从拓展。

六　集群政策针对性和执行力不强

集群政策的意图是使文化产业能够在日益激烈的市场竞争中生存和发展，推进文化经济自主发展，提高文化创新创造能力，加强文化产业的集聚集约能力，推动全国各区域利用本区域文化产业资源和要素形成具有经济和文化竞争力的功能组团。西方国家政府往往把集群当做一种政策工具，取代传统产业政策来刺激集群所在地区的技术创新和提升区域竞争力，使之成为繁荣区域乃至国家经济的新动力。

① 范建华：《中国文化宏观管理体制改革建议》，《行政管理改革》2012年第5期。

（一）进入集群的遴选标准的不统一导致集群地理“扎堆”现象普遍

产业集群形成的自然地理条件主要是基于生产成本和物流成本的核算，而集群形成的必要性则是可以有效控制成本，实现生产资源从要素回报率低的地区流向要素回报率高的地区，以便适应激烈的市场竞争。而就当前文化产业集群的形成与演进而言，由于大多数处于发展周期的初级成长阶段，因此，空间载体大于内容载体，存在形式大于存在意义的现象仍然比较普遍，许多文化产业集群并没有因为集约的物理空间而在资源和平台共享方面拥有更多的便利，而是利用当前文化产业或文化产业发展中用地价格较低，税收优惠政策尚存以及政府的其他各种政策优惠条件等，使产业集群之间将竞争的核心放在低价格要素成本的竞争以及对企业入驻辖区的竞争上。而随着文化产业发展趋于成熟，以及大规模产业集群造成要素成本的提高，各种优惠政策期限的截止以及文化产业发展由政府主导走向政府调控与市场自发调节的阶段后，集群的综合优势将不复存在，集群内企业也将外迁或流失，从而对集群自身构成生存的挑战。

通常，在基于竞争优势的分析时， 发展中国家在产业发展的同时可能会面临两难选择：一是按照比较优势原则发展自己有比较优势的产业（一般是低技术、劳动密集型产业）；二是进入目前缺乏比较优势、但可通过潜在劳动生产率增长培育获得竞争优势的产业（比如高技术、资本密集型产业）①。我国文化产业对经济的贡献在全球竞争中的排位并不落后，但以内容为核心文化创意生产的海外出口总额对经济的贡献率偏低，以制作和制造为主的文化产品制造业的贡献率则远远领先。在全球价值链的国家竞争中，我国文化产业的比较优势仍为“中国制造”的劳动密集型产业，以创新和创造为主导

① 盛朝迅：《比较优势动态化与我国产业结构调整——兼论中国产业升级的方向与路径》，《当代经济研究》2012年第9期。

和文化产业内容创意的比较优势和竞争优势均不突出。

（二）文化产业保护政策执行力度低导致集群无法发挥资源特色和优势

改革开放以来，我国以著作权法为核心，以相关法规和国际公约为补充，建立起了一套符合中国国情和国际规则的现代版权法制度，同时，中国著作权的执法机制、服务体系日益健全，全社会的著作权意识逐渐提高，但是相对于以自主创新为命脉的文化产业集群发展而言，文化产业制度的应用和文化产业所体现的经济价值依然不尽完善。由于我国文化产业发展中存在“相关法律法规不完善、信用制度尚不健全、市场营销能力较差、代理机构不发达”[①]等相关问题，文化产业集群的发展同样因为产业本身制度建设和市场发育的问题，难以在自主创新和文化产业法律保护之间获得平衡，从而走向依靠文化创意提升经济效益的规范式生产，这一问题也将对集群的可持续发展构成严峻挑战。由于我国地域广阔、历史悠久，不同地区的文化产业各具特色，一些地区已经通过加强版权宣传与保护促进了当地特色经济的发展，如江苏南通的家纺产业、福建德化的陶瓷产业等。但多数地方还没有制定适合当地文化产业发展的文化政策，文化相关产业在发展特色经济、促进产业结构调整与优化的积极作用还未充分显现。

（三）区域统计和评价机制不完善影响文化产业集群的发展速度和质量

在当前文化产业集群的过程中，产业增加值以及增加值占GDP的比重成为衡量文化产业集群发展效果的重点指标。诚然这一指标体系反映了产业存量空间和增量空间的释放速度，反映了文化经济增长的水平和速度。但是GDP“虽然能够有效地反映一个国家或地区一定时期内的生产总量，便于人们监测和比较各国的经济发展状况，然而这一指标也存在着若干的缺陷。

① 李建伟、王志刚：《版权贸易基础》，河南大学出版社2004年版，第63～65页。

例如GDP忽略了一国在生产活动中对自然资源和环境的损耗，并不能真实地反映一国的财富增加和人民生活水平的提高等。各级地方政府在追求GDP增长的驱动下可能出现大量的无效投资和投资浪费，并且人为地加快了固定资产的损耗速度。虽然在统计上促进了GDP增长率的提高，但由于大量投资项目的失败和低效，生产能力未能相应提高，使得中国的投入产出比不断降低①。”文化产业作为以智力成果为核心资源的行业，对资源环境和能源的消耗较低，但其投资汇报周期较长，需要经过一定的培育期和孵化期。我国文化产业所处的发展阶段是产业集群生命周期的起步加速期，文化资源的规模化和集约化还需要进一步培植，但在发展过程中，仍存在文化产业集群在过分追求经济增速而导致盲目竞争、无序发展的问题。尤其是以加工制造业为重点产业的文化产业集群往往不以培育周期较长的文化创造力的提高实现价值增值为发展路径，而选择发展周期短、增值较快的资源依赖型产业为重点发展板块，其产业增加值中对能源的消耗和环境的破坏，则违背了文化产业的发展初衷。

第二节　文化产业集群发展的建议

一　解除集群治理障碍

（一）“有形之手”与“无形之手”结合

改革开放以来，我国加速推进城市化和工业化，在大规模兴建产业园区的过程中，产业和城市脱节的现象还比较普遍，产业园区与新城空间在功能上形成“两张皮”，制约了城市的整体发展和城镇化的优化选择。在文化

① 林民书、张志民：《GDP增长、投资低效与居民福利提高》，《福建论坛：人文社科版》2007年第4期。

产业集群的发展进程中，也存在同样的问题。从前文的分析中可以看出，政府主导或引导的文化产业集群，往往处于城市边缘区或城市群连接带，集群与社区缺少连接性配套，集群往往成为地方政府盲目追求GDP的城市建设载体，在一定程度上成为衡量产业效能、测度税收贡献的“生产机器”，产业集群变成了缺少人文生态的“区域孤岛”。在这一境况下的产业集群，改变“交界地带”的“真空作用”是第一要义，从集群治理的角度看，即以政府、企业、居民三类行为主体为核心，实施差异化的集群战略和发展策略，以“有形之手”破除“市场失灵”，以“无形之手”解决“政府失灵”。

我国城市化的进程是区域经济三类行为主体，即政府、企业、居民联合推动的过程，它们是城市建设和区域发展中空间组织的内生动力。文化产业集群的形成和变迁，同样受益并受制于三类行为主体的关联作用。从政府层面上看，产业集群与政府制度供给密切相关，政府往往通过强制性制度创新和诱致性制度创新促进产业集群形成和发展①，但政府为集群提供制度供给并非万能，以“服务型政府”的方式提供制度供给，通过产业集群的公共文化基础设施建设和配套服务的完善，通过以人为本的制度创新，可以避免因扭曲性的经济政策环境的塑造而出现“政府失灵”。从企业角度看，企业是集群的微观细胞，也是全球化产业分工中重要的节点。企业因为产业价值链整合而实现了地理的集聚，由此形成了全球范围内具有竞争力和辐射力的“经济马赛克”。随着全球经济文化一体化进程的加速和文化与科技融合的加速，“地理的终结”（End of Geography）或“距离的死亡”（Death of Distance）以及经济社会关系的“非地方化”（Delocalisation）等理论现象的出现，标志着全球化将转变原本单纯的地理集中为以核心文化技术为中心的虚拟集聚，但同时，国家和地区的经贸一体化，催生了本地创新。也就是在

① 霍丽、惠宁：《制度优势与产业集群的形成》，《经济学家》2007年第4期。

居民层面上看，创新可以源自集群中专业化的生产，但更源自居民个体的文化自觉与创新意识的积累与循环。因此，以社区为单元的集群，开始实现生产与居住功能的整合，一方面，依托社区文化网络本身的根植性，使集群发挥优厚的社会资本优势，另一方面，依托集群的经济外部性，广泛获取来自全球的域外信息、知识交流和知识创新。

（二）“长期性”与“动态性”结合

在实践中，经济活动的空间集聚并非是个体企业和消费者的理性区位决策所导致的，也不是政府投资所能打造的，而是自然发展的地方化过程，是企业互动和知识积累的结果[①]。产业集群的缘起因此带有很大的不确定性。在看似日趋一体化的全球经济体系之下，独特的地方因素在国家和区域经济社会发展中的作用不是减弱，而是增强了。跨国资本和其他经济要素的加速流动，以及全球和地方经济管制环境的变化，使经济活动的区位变动频繁而复杂。扎根于地方经济社会文化的产业集群也成为所在区域连接全球经济体系的载体。通过市场、技术和人员流动等途径，将不可捉摸的全球化与实实在在的本地人们的日常生活和工作联系在了一起。而这种开放的网络联系又加剧了地方产业集群的发展环境动荡，使集群的结构处于不断变动与重组之中[②]。外部环境的不确定性和多变性使集群发展充满了变化，而政策层面上，“产业政策”可能导致的有害竞争使集群更加难以按照既定方案实现“落地管理”。中国区域及产业规划的执行力度以及规划的人为变更因素进一步导致了集群发展偏离初衷。因此，建设与区域发展、城市建设、产业优化和企业成长空间高度契合的文化产业集群，应当制定动态和适时更新的影子规

① 王缉慈：《超越集群——中国产业集群的理论探索》，科学出版社2010年版，第91页。

② 王缉慈：《超越集群——中国产业集群的理论探索》，科学出版社2010年版，第168页。

划[①]，以应对全球价值链片段化对知识分解的加速和对创新速度的要求，通过长效的机制确保规划实施效果和产业发展的持续性，使文化产业集群的建设路径和方案因为产业发展规律和市场环境变化而做出修订，但不因决策群体的变更而发生改变。

二 加强集群规划设计

（一）选择适合产业发展的路径

基于对国内文化产业集群演进模式和形成机理的分析，以及对发达国家文化产业集群规划设计与治理的经验判断，笔者有如下两个基本判断。其一，文化产业集群的形成和发展与区域经济的发展基础和市场发育程度密切相关。不是世界上的每个地区都应该通过制定集群发展战略来实现区域经济发展；同时，集群发展战略也不是在任何地区都能催生新产业集群。同一个大都市区内也可能存在着相互重叠的多个集群[②]，但世界上大部分区域并不具备产业集群产生的前提条件，集群战略也不是实现区域快速发展的唯一途径。统一的集群政策未必符合各地实际情况[③]，根据区域资源禀赋和市场资源配置，因地制宜引导产业布局和空间布局，才能从根本上提高区域文化产业

① “影子规划”是在理查德·雷吉斯特思想的基础上提出的。1992年他在澳大利亚阿德莱德参加第二次生态城市会议的时候，惊奇地发现澳大利亚政府的部长和内阁被称为“影子部长”和“影子内阁”，于是提出了“影子规划”的设想。“影子规划”向我们展示了在具有非常清楚的城市生态规划和发展框架情况下，应该如何创建生态城市。澳大利亚阿德莱德市是“影子规划”一个成功的实践案例，它的时间跨度为300年，从1836年早期的欧洲移民来到澳大利亚，到2136年的生态城市建成，描述了300年来澳大利亚阿德莱德地区的变化过程。

② Bathelt, H.and Boggs, J.S.(2003):Towards a Reconceptualization of Regional Development Paths: Is Leipzig's Media Cluster a Continuation of or a Rupture with the Past?In: Economic Geography 79: 265 ~ 293.

③ Bramwell, A., Nelles, J.and Wolfe, D.A.(2004): Knowledge,Innovation and Regional Culture in Waterloo's ICT Cluster.Paper Presented at the Innovation Systems Research Network(ISRN) National Meeting in Vancouver, 12 ~ 15.

的竞争力。第二，并非地理的集聚才能延伸产业链或形成价值链，虚拟集群将成为未来集聚的关键。依托虚拟空间进行集聚，以核心为集聚中心形成基于文化价值链的分工合作网络，以文化产品构建网络节点的发展模式，成为文化产业集群发展的一种重要趋势。发达国家的经验同样表明，“产业创新往往存在于产业集聚的区域，然而逆定理却不一定正确——产业集聚的区域不一定能抚育产业创新[①]。”产业创新是文化产业竞争要素的关键，集群的形成是为了基于知识的宽度、深度和强度推进文化创新，激发全民创造力，使每一个市民成为创作者是创新城市发展的使命，以多元化的方式布局的文化创意者同样可在不同的空间中抚育创新。选择适合文化产业发展的路径推动文化产业实现集约化、规模化和专业化发展，是文化产业发展的核心要义。

（二）构建适应集群成长的标准

霍华德1898年提出的“田园都市（Garden city）”规划理念阐述了“一种近似于理想化的城市建设模式”，其基本构思立足于建设城乡结合、环境优美的新型城市，即“把积极的城市生活的一切优点同乡村的美丽和一切福利结合在一起”。田园都市是兼具城乡优点，并力避二者缺点的结合体，既能体现城市的近便性和紧凑性，又涵括乡村的宽裕性和自然性，展示了城市与自然的平衡[②]。寻求城市与自然的平衡、产业与生态的平衡、城乡发展的统筹与经济效益和文化效益的平衡，是文化产业集群建设的前提。产业集群长期以来关注集群的经济效益和市场竞争力，较少考虑环境效益。文化产业的发展中，以生产制造为主业的文化相关产业集群目前所处的发展阶段均以劳动密集型和资源依托型为主，因此，在集群评价上，耗能和对生态环境存在

---

① 王缉慈：《超越集群——中国产业集群的理论探索》，科学出版社2010年版，第217页。

② 彼得·霍尔：《明日之城——一部关于20世纪城市规划与设计的思想史》，童明译，同济大学出版社2009年版，第91～101页。

的影响应当列入范畴。即，把以城市发展与生态平衡为基本出发点的集群建设“环境评价”指标纳入集群竞争力评价体系。目前在区域开发和项目建设中，已经明确了开发的前提是对规划和建设项目实施后可能造成的环境影响进行分析、预测和评估，提出预防或者减轻不良环境影响的对策和措施，进行跟踪监测的方法与制度的“环评”。文化产业集群的评价体系可参照这一标准，针对文化产业的特性，集群发展的机理、不同行业和文化产业主导业态之间的特点，制定有针对性的“环评”指标。

（三）加强文化相关产业的统计调查

从宏观上看，我国已经建立起比较完善的版权保护制度和文化管理体制，文化产业的个行业增加值不断提高，在推动经济增长方面发挥了越来越重要的作用。以集群形态呈现的文化产业发展空间，是文化产业发展密集度最高、区域竞争力贡献最为突出的载体。

随着文化产业发展进入深水区，转变文化产业发展方式，优化文化产业各行业的产业结构，建立科学可行的文化产业统计，规范文化及相关产业的范围，成为文化产业发展的必然需求。基于此，2012年8月，国家统计局在与中宣部及国务院有关部门共同研究的基础上，依据《国民经济行业分类》（GB/T 4754—2002），制定了《文化及相关产业分类》，并作为国家统计标准颁布实施。分类标准的实施为从统计上解决上述问题提供可能，也为政府有关部门对文化产业实行规范化管理提供了参考。《文化及相关产业分类（2012）》是以新的《国民经济行业分类》为基础制定的，兼顾部门管理需要和可操作性，并与联合国教科文组织《文化统计框架—2009》相衔接。在修订中，延续了原有的分类方法，调整了类别结构，增加了与文化生产活动相关的创意、新业态、软件设计服务等内容和部分行业小类，减少了少量不符合文化及相关产业定义的活动类别，其中，文化产品的生产在数量和质量方面都取得了突飞猛进的发展，不断衍生出新的产业形态，并更加注重与新的技术手段和传播渠道的嫁接，不断创造新的经济增长点。

文化产业作为低耗能、高附加值的朝阳产业，是我国经济发展中具有战略意义的产业。对文化产业发展的评价不仅仅体现在对国民经济的贡献上，其对就业的拉动和对平均薪酬的提升，对区域生态的改观及对城市品牌的塑造，对人民群众生活方式和消费习惯的优化与引导，都体现了文化产业的文化功能。因此，除了在统计指标中体现文化产业各部门为社会提供的全部产品和服务的增加价值、一年内从事文化产业生产、销售、管理的各类人员反映了文化产业工作人员的总体规模以及素质状况等指标之外，还应更加强调对软环境的重塑和软实力的提升。

从当前文化产业分类标准及统计指标的变化与发展中，可以看出，文化及相关产业分类的发展趋向正在经历以下三个方面的变化。

第一，适应国民经济与社会发展新要求。文化产业是适应科学发展观、契合国家经济转型和产业结构调整的新型产业，是无污染、低耗能、高附加值的低碳型产业。研究文化及相关产业的分类首先是基于其在国民经济与社会发展中的重要作用。因此，对其发展的综合测度前提是充分考虑经济发展中的成本和代价，发展文化产业是实现发展方式转变、调整产业结构的重要路径。由于目前我国文化体制改革已取得新突破，文化业态不断融合，文化新业态不断涌现，许多文化生产活动很难区分是核心层还是外围层，因此本次修订不再保留三个层次的划分。新分类用文化产品的生产活动、文化产品生产的辅助生产活动、文化用品的生产活动和文化专用设备的生产活动等四个方面来替代三个层次。其中文化产品的生产活动构成文化及相关产业的主体，其他三个方面是文化及相关产业的补充。

在文化产业的统计指标设定中，要充分考虑到文化产业自身结构优化和转型的需要，要充分考虑到文化产业发展的成本和代价。因此，在文化产业统计指标的分析和测度中，要参照经济运行中的经济增长代价系数，即指标指综合物价涨幅与国内生产总值的增幅之比。此外，文化消费价格指数和文化产品供需差率也是文化产业发展中的关键性因素。文化产业的发展是一个文化产品和服务生产、消费、交换和流通的过程。文化产业离不开文化消费这一源泉，创造出广大人民群众需要的文化产品和服务是文化产业繁荣的根本。文化产业统计指标的设定要充分考虑到文化消费的价格指数。这一指数的变化收到国民经济物价指数、社会消费价值指数、通货膨胀弹性系数等因素的共同作用。因此，对文化产业健康科学发展的测度和诊断，要充分考虑到上述因素对产业产值的影响，而不应当以单纯的文化产业增长速率进行衡量。文化产品的供需平衡是文化产业科学发展的基础。社会总供给与社会总需求的基本平衡是国民经济平衡运行的前提，供需差率反映了从宏观角度反映经济运行质量。因此，对文化产业发展系数的综合评判，还应当站在供需的角度，以群众的需求为出发点，以创造和引领文化消费的形式和手段为诉求点，从而保证文化产业的平衡运行。值得注意的是，对文化产业的经济贡献从多元角度进行评判，还要摒弃文化产业发展中的“唯GDP论”，加大文化产业统计指标对拉动就业等方面的测评，加强文化产业在城市建设和文化硬件建设中的评价，建立“文评”标准。

第二，适应全球经济文化一体化新要求。党的十七大以来，中国的经济社会发生巨大变化，国际地位逐步提升，对世界经济的贡献越来越大，不仅成为世界经济引擎之一，而且成为新兴经济体的典型代表，经济的全球化催生了全球化视野下的世界性文化，在这一文化的作用下，本土化产品与世界性文化的接轨将直接决定文化产品在国际市场上的消费状况。因此着力打造与世界主流文化接轨的民族文化产品，是发展具有中国特色文化产业的必然要求。受传统意识形态观念的束缚，在内容生产上缺乏真正意义上与国际接轨的产品，片面强调宣传功能而忽视文化产品作为文化商品自身的属性，使我们生产的文化产品难以在国内市场引领消费，更难进入国际文化消费市场，文化服务亦没有真正形成按市场规律而形成的产业形态，以致文化产品的生产与消费严重脱节。此外，中国文化产业不管是在统计指标和学理研究上，还是在文化产品的生产、消费和经营模式上，都没有按照国际准则进行全球化的发展轨道，这也使中国文化产业缺少具有世界影响力的国际化品牌，而塑造国际知名文化品牌，利用品牌的无形价值创造丰厚利润，才是文化产业实现可持续发展的动力源，因此，文化及相关产业的分类及对应统计指标框架的完善，应当建立在适应全球经济文化一体化的基本要求下，逐步建立契合国际市场竞争规则、符合国际文化产业评价标准，并具有中国特色和区域特点的文化产业标准体系。

第三，适应并突出区域文化经济的特色。相对于我国文化的快速发展，统计工作还存在着基础薄弱、部门间的统计协调机制不健全等问题。新分类标准的实施，在一定程度上对综合评价文化产业发展基础、衡量区域文化产业发展水平、测度文化产业发展状况，起到了重要的作用。但是，毋庸置疑，任何评价标准的设立，均是动态平衡的，随着产业发展的深入，文化与相关产业融合的推进，必定会不断衍生出新的产业形态。同时，由于我国文化资源分布的不均衡性，区域文化产业发展的方式和对资源的开发状况不尽相同，因此，现行文化产业分类仍然难以全部兼顾具有地方特色的文化相关产业。鉴于中国文化产业分布的不均衡性以及区域文化特色资源的多样性，建议文化及相关产业分类修订中采用1+X的统计方式。“1”即在全国各区域内采用统一的分类标准和指标体系，通过统计口径的统一进一步规范文化产业统计指标，使全国文化行业信息在统一的维度上建立相同的框架指标，便于横向对比和操作；“X”即允许地方在整体统计指标的框架体现内设立1～2项国民经济行业代码框架下的特色产业进行重点核算，将原本隶属于代码框架下的“其他”进行更加明确的划分和更为专属的指向，从而有效实现与区域文化产业发展的对接和与区域特色文化产品集群的对接。而对于前文所提及的具有区域特色的文化发展形态，如云南的珠宝玉石文化产业、茶文化产业等，可采用试点的方式进行统计，从试点省市中获得经验和教训后，制定科学的统计规制，向全国推广。而在具体操作模式上，则可建立长效的动态评价机制，来确保文化产业的分类及统计的科学性和前瞻性。

值得注意的是，随着知识经济时代创新的加速和技术应用的愈加广泛，以原创为核心的文化相关产业的业态和产业范畴也将不断发生变化，创新与文化产业将存在动态更新驱动的关系。因此在文化产业统计指标的设置上也应当保持动态性，以期以更加真实、全面的量化指标对产业发展作出综合测度。

（四）完善文化产业集群的竞争力框架

科学合理的统计指标体系可以综合、全面地测度文化产业的发展情况，判断文化产业集群的集聚程度和文化产业链条和结构中存在的问题，从而有针对性地指导实践有序发展。文化产业集群的竞争力评价是依托文化产业统计指标、以文化产业集群在宏观层面中城市群点网结构中的吸纳力与连接性、中观层面区域内圈层结构的辐射力和驱动力、微观层面集群之间节点的产业链与价值链引导力等为核心，展开的系统、全面的模型设计。在相关的竞争力测度和指数设计上，佛罗里达在《创意时代的欧洲》报告中提出了以“3T”——即技术（Technology）、人才（Talent）和包容性（Tolerance）为设计框架的“欧洲创意指数”，以此评价欧洲城市文化的发展。与之类似，香港特区政府为了更好地推进创意经济的发展，设立了创意指数评价方式，以“创意的成本、结果及制度资本、人力资本、社会资本、文化资本”进行综合衡量，并以“经济贡献、经济部门中富有创造力的活动、经济回报的创造力”等划定为衡量范围。上述指标体系的竞争力框架，对文化产业集群的综合竞争力测度具有一定的借鉴和启发意义。例如两者共同强调了“创意”的重要性，前者以“创意”的源头——“人才”作为测度指标，后者以“创意的成本”衡量产业试试效果，并将文化与经济结合，强调“创造”在经济发展中的作用。但毋庸置疑，它们对文化产业集群竞争力框架的建立而言，还存在一定的局限和缺少明确的针对性。在产业集群的研究模型上，波特的“钻石模型”、帕德莫尔的“GEM模型”、库克的“二系统模型”和拉多塞维克的“四要素模型”提供了关于产业集聚、要素流动、资源配置以及环境、联盟等多个维度的评价视角，但充分契合集群评价标准又兼全面应用文化产业特殊性的竞争力模型仍有待建立，并在国家立法和统计框架中进行全面应用。

三 提高集群产业效能

（一）跳出“世界车间”

从整体上而言，在我国文化产业的国际分工中，中国文化产业仍扮演着“世界车间”的角色。知识经济发展和经济全球一体化使世界制造业面临着战略重组。在全球文化贸易中，发达国家以核心文化内容为主导，在全球范围内进行着文化相关产业的转移，具体表现在产业价值链的中下游环节由经济发达地区不断向劳动力密集和劳动成本低廉的地区进行外迁，从而形成了由发达国家掌控核心技术和知识产权，由中国进行加工生产的被动格局。目前，发达国家在核心文化产业的全球竞争中仍处于有利地位，在控制核心技术和核心文化产品方面保持着领先优势，并以多种方式向发展中国家进行产权转移、技术转移及过剩生产能力的转移。而当今时代，自主创新已经成为经济社会发展的主要驱动力，是一个国家综合竞争力的核心要素，只有不断提高文化产业的自主创新能力，并通过参与国际分工加快技术升级实现比较优势，从劳动密集型产业向资本、技术和知识产权密集型产业发展，以特色文化产业集群形成全球市场中的“经济马赛克”。

（二）提高“集群效能”

产业集群的竞争优势是集群效能的耦合。集群效能的提高表现在通过构建知识共享的创新网络提高集群创新速度和创新效率。例如在文化产业集群模块化网络组织系统内部由于规模和地位相当的中小企业数量众多，搜寻成本减少，便于在价格、质量和产品差异化程度上形成一定的评价尺度，因而在各模块供应商、中间商和产品制造商间存在着一定程度上的竞争。而企业集聚面临的竞争压力迫使企业必须不断加大研发投入，在产品质量和产品差异化上增加技术优势，通过持续创新不断提高技术水平，不断满足消费者个性化、多样化的产品需求，从而形成整个集群的核心竞争力，共同对抗集群外部更加激烈的竞争，也进一步促使了整个网络的创新速度加快。此外，集群内部形成的创意模块使得各模块企业通过正式或非正式的契约在设计、技术开发、生产、市场营销等创造价值的活动中选择性地与其他模块企业结成长期稳定的合作关系。合作形式包括基于专业化分工的合作、基于资源使用上的合作、基于知识关系方面的合作以及基于市场需求的合作等。通过这些合作形式，集群中的模块企业可以利用地理位置的毗邻和产业的关联，通过知识资源共享、优势互补、共同投入、风险共担方式进行合作创新，这样既可以克服创新资源不足的困难，又可以分散风险，提高创新能力和创新效率[1]，进而进一步提高文化产业集群本身的生产效率和创新能力，从而成为区域经济发展中富有活力和价值的经济实体。

集群效能的提高还表现在通过协同创新与区域合作形成互补，使比较优势转化为竞争优势。例如利用文化的关联、地缘的接近和旅游线路的串联，跨区域文化产业合作可以有效打破区域行政壁垒，进入以市场主体为主导的深入实施阶段。随着文化产业发展愈加趋于科学理性阶段，文化产业行业之间“无边界”的问题也将进一步凸显。不仅行业之间，文化产业的区域竞合也将呈现出愈加明显的趋势。因此，应当通过有效利用资源和平台的协作，形成突出优势、错位竞合的发展格局，提高文化产业的区域竞争力。跨区域的文化产业合作以文化产业集群的形成为核心，以跨地域的文化经济圈为载体，有效利用了资源和地缘的优势，以形成拳头的核心竞争力吸引更大的市场，获得更广的关注，在当前文化消费形态日趋多元化、文化消费市场不断扩张的时代背景中，必将有利于区域整体文化产业增加值的提升。

（三）完善要素结构

在当今全球价值链分工体系下，产业发展的比较优势已不再仅仅体现为一个具体的产业或行业及特定的产品，而更多的是在整个价值创造链条上的环节或工序上要素禀赋的投入[2]。优化文化产业的产能结构、转变文化产业集群的增长方式是完善文化产业要素结构、实现文化产业集群内涵式增长的重要路径。经济增长方式是指一国国民经济实现长期增长所依赖的基本源泉、机制与路径，以及由此表现出来的总体特征[3]。文化产业集群有效推动了传统

---

① 余晓泓：《创意产业集群模块化网络组织创新机制研究》，《产经评论》2010年第4期。

② 郭炳南、黄太洋：《比较优势、全球价值分工与中国产业升级》，《技术经济与管理研究》2010年第6期。

③ 周振华：《增长方式转变》，上海社会科学出版社1999年版。

产业的转型和升级。版权制度的完善，文化环境的优化，传统制造业中文化附加值的提升，以及以文化产业集群的形式实现文化资源的规模化、集约化和专业化，可进一步提高文化产业对经济的贡献率，推动传统产业在版权制度和版权环境下有序升级。完善文化产业的产业结构和消费结构，是扩大文化市场、提高集群竞争力的重要方向。产业结构升级的动力首先是消费需求升级拉动。不同产品的需求收入弹性不同，随着居民收入增加，需求弹性高的行业增长较快，从而带动产业结构升级[①]。随着恩格尔系数的降低，我国居民对消费品的需求种类日趋多元化，体现在核心文化产业的产品中，表现为对消费形式和内容要求的提高，体现在非核心文化产业的产品中，表现为经济与文化的融合促使一般性消费品中对文化附加值提高的要求更为强烈（例如在工业设计和建筑设计中对原创性与艺术性的要求直接影响了工业制造业产品的销售和地产业的销售业绩）。此外，技术创新对产业升级的拉动也十分明显。不同行业技术进步快慢不同，技术进步越快、劳动生产率越高的行业规模扩张越快，它们在经济中所占的比重和贡献度便不断提升，从而带动产业结构升级[②]。在产业结构完善的发展策略上，过去单纯地依靠原始的比较优势或者要素禀赋（如各种资源的丰裕程度）来定位一国对外贸易在世界经济中的角色[③]已经不存在绝对的比较优势。从我国产业分布和集群发展的现状来看，以劳动密集型和自然资源密集型产品为主仍是集群发展的主要方式，缺少具有自主知识产权的原创性文化产品和服务，使我国文化产业发展处于

① John Laitner. Structural Change and Economic Growth[J]. Review of Economic Studies, 2000, (67).

② Hansen Gary， Edward Prescott. Malthus to Solow[J]. American Economic Review, 2002, (92).Ngai L. Rachel, Christopher A. Passarides. Structural Change in a Multi-sector Model of Growth[J]. American Economic Review, 2007, (97).

③ 杨小凯、张永生：《新贸易理论、比较利益理论及其经验研究的新成果：文献综述》，《经济学（季刊）》2001年第1期。

价值链的中低端环节，因此，着力于“以知识溢出作为产业集群内企业技术创新和产业集群整体技术升级的源泉，能够降低集群内企业创新的门槛，并激励关联企业的协同创新”[①]，进而以全球视野谋划和推动创新，提高原始创新、集成创新和引进消化吸收再创新能力。

四　优化集群空间布局

（一）树立“低冲击”理念

“低冲击”是一种开发模式，最初的应用是指城市经规划建设之后不影响原有自然环境的地表径流，后将其延伸为一种城市开发的理念——以尽可能小的改变来建设城市，以求最大限度地保留自然的“元素”，使这些自然元素能够发挥其在生态系统中的功能[②]。从重物质空间规划转向物质与生态协调并重的规划逐渐被应用到区域空间的发展格局中。在我国市场经济转轨和对外开放的过程中，原有的经济活动空间分布的内在机制与外在环境都发生了极大的改变。地方产业集聚及其所形成的灵活而富于变化的跨部门、跨区域分工协作网络不断形成。体现在空间中，形形色色的产业集群散布于大小不同的地理尺度[③]，并因集聚产生了相对明显的比较优势，对经济发展增速起到了重要的推动作用。由此，政府干预在集群发展中的作用越来越明显。尤其是文化产业所具备的高成长性及诸多优势要素符合区域战略结构调整和产业布局优化的功能，文化产业集群开始如同“空降兵”一样分布在经济发展的版图上。这毋庸置疑对产业的成长起到了积极的推动力，但集群开发的盲目和速成所带来的消极作用也不断凸显出来。对文化生态和环境生态的改变

①②　徐元旦：《我国产业集群创新效能的形成机理与实现路径》，《国际技术经济研究》2007年第7期。

③　王缉慈：《超越集群——中国产业集群的理论探索》，科学出版社2010年版，第116～137页。

和破坏等问题此消彼长。基于此，借助“低冲击”理念来规划集群的空间，在充分吸纳区域资源禀赋与保持本土元素的基础上，进行集群空间的设计。在集群的空间选择上，选择旧厂房或工业遗址为发展空间，或在废弃遗址上进行土地整理和再开发，实现新旧建筑在现代城市中的交融，以创意人群的力量改变旧有空间的价值，已经成为国内外许多城市成功的实践。在集群的管理上，一方面，在集群设计的评价中引入“环评”标准，实现集群空间的生态与环保，另一方面，在集群的内部绩效评估中对企业的发展采用“绿色创新”为激励措施鼓励节约型生产方式，以减少集群的能耗和杜绝对生态的破坏。

（二）充分发展“社区集群”

社区是城市空间基本的构成单元。精明增长（Smart Growth）、新城市主义（New Urbanism）和绿色建筑运动（Green Building Movements）为核心的可持续城市理论进一步提出了“以现代需求改造城市空间的中心性，创造地方社会化空间，使之衍生出符合当代人日常生活需求的场所新功能”[①]的发展内涵。新城市主义所提倡的“解决并控制城市蔓延”以及“注重郊区紧凑式发展”的理念，反映了紧凑型空间扩展思路以及更加注重以人为本的规划思路。随着新型城镇化的推进，城镇化贪大求全，乱占滥用耕地；城镇化不讲质量但求数量，缺乏文化特色和产业支撑；城镇体系结构和布局不合理；城镇化与不合理的行政区划相矛盾等重重困难不断涌现，文化产业尤其是非核心文化产业集群的分布地区往往处于城市边缘地区或城乡接合区，其治理与优化的难度较大。而实现“价值最大化、社会公平、权利保护与生态

① 张侃侃、王兴中：《地理科学》2012年第7期。

可持续”[①]是城镇化的基本要求，也是集群发展的前提。在文化产业集群的发展中，以社区为单位，以城镇化为契机形成的集群越来越普遍，例如拉萨大北郊的手工艺品集群。作为生产和居住功能统一的空间结构，社区集群的优点在于可以尽可能多地不泯灭文化的特色和不消解文化的基因。“社区”形成的凝聚中心以地缘和亲缘为纽带，可以更好地在基于文化认同的前提下，以文化自觉为内在的精神力量，以文化创造活力激发人们探索集约高效、功能完善、环境友好、社会和谐、个性鲜明的新城市发展空间的主体行为。以文化自觉为驱动、以新型社区为载体的城镇化建设，有效避免了“空心城镇化”和“被城镇化”的城镇化弊病。同时，产业集群把产业发展与区域经济通过分工专业化与交易的便利性，有效地结合起来，从而形成一种有效的生产组织方式，又推动了城镇化建设。

（三）避免陷入“区域锁定”

产业集群概念是因为发达国家提高国际竞争力而生，依发达国家社会文化和技术发展背景而立的，其精髓是行为主体在本地建立在规范的知识产权制度和约定俗成的惯例基础上的合作创新、合作设计、合作创造、合作营销等[②]。在这一概念的成型过程中，产业集群的发展模式不断经过探索和磨合。集群的诞生使国家竞争力逐渐强大，集群营造的科技、文化、创业和教育的环境和氛围不断孕育具有创新精神的企业家和科学家，为集群发展提供源源不断的知识支持。可见，集群是开放的空间和接轨全球的平台，集群竞争力来自于对全球资源的链接能力、整合能力和对创新成果的驾驭能力。但是在我国文化产业集群的发展中，基于认知偏见、制度缺陷和“世界车间”的现

① 叶剑平、张有会：《一样的土地，不一样的生活》，中国人民大学出版社2010年版，115页。

② 王缉慈：《超越集群——中国产业集群的理论探索》，科学出版社2010年版，第56页。

实困境等问题，常常导致集群陷入“区域锁定”[①]，其中以功能锁定和政治锁定尤为突出。基于前文对文化产业形成机理的分析，主导企业往往是决定产业集聚的重点要素之一，围绕主导产业的价值链分工形成的产业集群中，集聚的大批中小企业往往会围绕主导企业的发展计划和产品计划来制订自己的生产计划，对主导企业产生基于信任的依赖性，从而导致其创新和研发的技术功能被锁定，大大削弱了企业的创新能力。而在政府主导力量下形成的集群中往往缺乏适应市场的应变能力和抗击风险能力，对市场资源配置的能力较低，行政捏合在一定空间范畴内的企业组成的集群行政资源往往形成“条块分割”的局面。因此，在文化产业集群的发展中，实施正确的文化产品差异化战略以避免陷入功能锁定，建立迅速的市场反馈机制和管住宏观和放活微观的管理体制以避免陷入政之所行，是文化产业集群健康有序发展的关键。

（四）融入城镇化进程

从生产方式来看，城乡之间的区别在于，农业、农民是以家庭经营为主，城市和工业则是以企业经营为主。新华村在城乡统筹实践中探索和形成了一镇一品、一村一品的产业布局思路，在家庭经营基础上形成了地区规模经济，而在大北郊城镇化的过程中，则更偏向于专业化的分工与合作形成特色手工艺品集群。作为产业集群，应当建立以现代企业制度为核心的市场运营机制。作为区域经济发展的驱动器，产业集群把产业发展与区域经济通

① 德国学者格拉伯赫用20世纪六七十年代的鲁尔区为例，提出了老工业的区域锁定（regional lock-ins）概念。区域锁定包括三方面的锁定效应。其一是功能锁定（functional lock-in），即在区域价值链中的企业之间经济相互信赖的锁定；其二是认知锁定（cognitive lock-in），即对应用中的技术共同感知的锁定；其三是政治锁定（political lock-in），即对于该区域发展的共有观念局限在一些社会、政治兴趣中。参见Bathelt, H.Malmberg, A1andMaskell, P1, 2002: / Clusters and Knowledge: Local Buzz, Global Pipelines and the Process of Knowledge Creation , Danish Research Unit for Industrial Dynamics(DRUID)Working Papers 02 ~ 121.

过分工专业化与交易的便利性，有效地结合起来，从而形成一种有效的生产组织方式，这一组织方式具有强的吸纳能力，能够吸引集群发展的必要条件在一定地理空间和区域内实现集聚，而集聚本身又会产生外部经济，从而成为更多外部经济体进入的动力。大北郊初步实现了同类型或相似形态产业的地理集中，形成城市经济发展中典型的专业市场，同时，大北郊还是白族工匠居住的集中地区，形成了城市经济发展中典型的居住社区。以社区主体建设为中心的民族文化产业发展，既是像大北郊这样的产业组团深化城镇化建设的重点所在，又折射出城镇化与文化建设协同发展的共同规律：以文化自觉为驱动、以新型社区为载体的城镇化建设，有效避免了“空心城镇化”和“被城镇化”的城镇化弊病，是一条基于“不离本土的城镇化”的科学发展之路。

从当前我国城镇化的现状来看，由于我国尚处于工业化中期阶段，第二产业产值比重整体上升且在三次产业中占绝对优势，但是其就业弹性低于产值比重仍然较低的第三产业。显然，这也使得中国目前的产业结构优化升级对于农村剩余劳动力的有效转移还缺乏真正的带动力，对城镇化的拉动作用还不是很大[①]。而在拉萨的三次产业中，第三产业占比高达70%，与其他城市工业化后实现服务业占主导地位所不同的是，拉萨并未经历过传统意义上的工业化。因此，拉萨城镇化是以第三产业为主导，以特色现代服务业为驱动的城镇化。大北郊作为以民族文化产业为主导产业的产业集群，实现了以传统工艺为纽带、以产业链条的分工与合作为基础，以民族亲缘为凝聚核心产业生态，对我国许多文化资源丰富、产业特点鲜明、市场基础良好的特色小镇走向科学、和谐、可持续的城镇化之路具有重要的启示：其一，以城镇化促进产业结构的优化，将农民从个体生产和经营体制中解放出来，以现

① 杨文举：《中国城镇化与产业结构关系的实证分析》，《经济经纬》2007年第1期。

代企业制度实现分工与合作，有效提高产业效率；其二，以城镇化促进要素结构的优化，充分发挥政府的宏观调控和市场的资源配置作用，加强城镇化的“软实力”建设，既要为农民提供生活安置和产业转移的地点，更要为农民提供安置的配套环境与配套政策，消除“离土不离乡”“进厂不进城”的现象，真正实现“人的城镇化”；其三，以城镇化加强需求结构的优化，以市场需求为出发点，提高资本、技术、人才的流通效率，以城镇化进程中提高人的生活质量和不断满足人民群众日益多元化的物质和精神文化需求为着眼点，以文化自觉为内在精神力量，走因地制宜、各具特色的城镇化发展道路，实现资源节约、环境友好、经济高效、社会和谐、城乡互促共进、大中小城市和小城镇协调发展的城镇化。

五　推进制度创新与试验

（一）从“产业政策”走向“集群政策”

文化产业集群政策的制定，首先建立在依据我国现行法律法规的基础之上。我国现代版权制度起步于20世纪70年代末。1986年通过的《中华人民共和国民法通则》首先从法律层面确认公民、法人对其作品享有版权。1990年9月，《中华人民共和国著作权法》颁布并于第二年实施。此后，《著作权法实施条例》《计算机软件保护条例》颁布，2002年8月，新的《著作权法实施条例》《著作权集体管理条例》《信息网络传播保护条例》等相继颁布并实施。在加强国内立法的同时，我国积极发展多变版权合作关系。先后加入《保护文学和艺术作品尼泊尔公约》《世界版权公约》《保护录音制品制作者防止未经许可复制其录音制品公约》《与贸易有关的知识产权协议》等重要的版权国际公约。2007年，中国又加入了世界知识产权组织两个重要的互联网条约《世界知识产权组织版权条约》和《世界知识产权组织表演和录音制品条约》。经过30多年不断努力，以著作权法为核心，以相关法规和国际公约为补充的符合中国国情和国际规则的现代版权法律制度基本建立，为文化相关产业的发展和版权产业集群政策的制定与管理的运行奠定了基础。然而版权产业的种类繁多，在国民经济中隶属于不同部门主管的不同行业门类，其复杂性对制度建设和管理提出了更高的要求。

毋庸置疑，“政策必须因地制宜，认真分析政府能做什么，如何进行公共干预，一方面提高现有的经济基础，另一方面把更多的相关企业和机构吸引到集群中发展”①，而产业政策在为重点发展产业提供更好的空间的同时，对市场的高度保护和资源配置上的倾斜可能有害于竞争②。以产业的规模扩张为直接目的的产业政策一方面容易造成产业发展的盲目性，另一方面其最大受益者是行业内的主导企业或龙头企业。我国文化产业正处于快速增长阶段，增加值增速远远超过统计国民经济与社会发展的平均增速，文化产业的发展以及文化产业集群的发展正处于快速规模化时期。因此，区域范围内，以产业集群政策代替或优化补充产业政策，不但可以促进区域文化产业竞争力的提高，而且可以有效规避因为过度关注规模化扩张而忽略了集约化和专业化的发展误区。文化产业集群的发展具有产业集群的共性规律，同时基于对智力成果创造、运用、保护、管理的格外强调，文化产业集群往往表现出不同于一般地区的发展落地和产业轨迹，在集群政策的设置旨在“以集群空间为载体，通过制度上的空间构建与突破，实现对经济要素的引导和吸纳，从而创造出不同于其他区域（非集群空间）的特殊的生产力提高与释放的过程”③。

---

① 王缉慈：《关于发展创新型产业集群的政策建议》，《经济地理》2007年第4期。

② 聂鸣：《培植竞争力：从产业政策到集群政策》，《“产业集群与中国区域创新发展研讨会”会议资料汇编》，中国软科学研究会2002年版，第82～85页。

③ 郝寿义：《国家综合配套改革试验区研究》，《科学出版社》2008年版，第146页。

（二）从“产城割裂”走向“产城融合”

在大规模集群建设中，基于区位理论和土地成本因素，政府往往以远离城市中心地的区域或城市边缘区为大面积集群建设发展空间。正是“资本的本性驱使着新建空间的安排遵循级差地租效益最大化的原则。也就是说，在假设单中心的城市空间里，土地和住房的价格大多随着与城市中心城区距离的增加而减少。这一变化与区位对应的便利性直接相关。越接近城市中心，各种便利条件越集中，土地的价格及房价也就越高，形成单中心圈层式空间地域布置格局。这一区位特征直接决定了城市中心区、城市边缘区、城市郊区的城市总体空间划分，形成了城市社会空间分异。”①尽管远离中心地的产业集群一定程度上实现了产业集聚，但功能的集约化进程却远远地滞后，缺少社区单元和公共服务配套，使集群缺少活跃的文化消费市场和流通要素。同时，因为集群距离中心城区和居住主体区尚有距离，集群与中心城区之间的连接带往往成为高峰时段的交通拥塞路段，造成了与现代化和城镇化相伴的城市病，在城市整体布局中形成了“产城割裂”的格局。而在当前的旧区改造动迁过程中，作为公权力的地方政府，其公共性明显异化，自利性越发加深。公权力已经逐渐为资本所侵蚀而资本化。表现在内城改造中，关切居民根本利益的城市规划“关门决策”，缺乏居民的公共参与和表达，以至于城市规划成为个别官员追求政绩而随意圈地进行“权力造城”的工具②，从而使产业与社区融合的功能实现化为泡影。

新城市发展观要求集群功能的集约化、企业的集聚化和服务的专业化，“产城融合”的集群发展模式，是文化产业集群破除发展定势、打破权利意

① 根特城市研究小组著，敬东译：《城市状态：当代大都市的空间、社区和本质》中国水利水电出版社2005年版，第15页。

② 左广兵：《“隐蔽的公理”：城市社区地域空间的性质及其塑造》，《北京行政学院学报》2012年第3期。

识的封闭心态，从功能集群走向文化集群的重要路径。事实上，产城融合从本质上反应的是一种城市建设与产业发展协调、可持续发展的理念。文化产业集群是复合型业态，集群兼具研发创意、生产制作和休闲娱乐多元功能，文化产业集群的生产主体是城市中最富有活力的创意阶层，其主体居民具备较强的知识更新、共享和社会消费能力。因此，产城融合的发展理念，可以在最大范围内实现产业依附于城市，城市服务于产业的功能融合，使文化产业集群与城市成为良性互动的有机整体。随着新型城镇化建设的推进，产城融合发展规划的实施，将推动文化产业集群成为城市重要的功能区。新的城市规划更加强调城市、产业和土地的“三规融合”。也更加注重生产、生活功能的协同与土地价值最大化的复合，因此，以“弹性规划”的发展理念设计未来集群发展框架，在旧城改造和新城建设中，为文化功能的拓展和文化价值的发挥，预留更多的公共空间，是集群规划和设计重要的前提。

（三）探索建立“文化产业试验区”[①]

制度提供了一种经济的激励结构，随着激励结构的演进，制度决定经济变化的走向是增长、停滞、还是衰退[②]。制度创新是文化产业集群创新的最高要求和顶层规划。文化产业集群建设有力地推动了国家文化产业发展，促进了文化产业集约化、集聚化和专业化发展的进程。但是文化产业更加强调对“智力成果创造、运用、保护、管理”，相对其他产业政策而言，对创新提出了更高的要求。制度创新是创新体系的核心，也是创新体系中执行难度最大的内容。“示范”在于为文化产业发展做出榜样或典范，而“试验”则具有“带动和示范”“先行先试”的作用，尤其是对制度的创新，以“立”

① 关于国家综合配套改革试验区的制度创新以及其积累循环制度创新两个方面的内容参见郝寿义：《国家综合配套改革试验区研究》，《科学出版社》2008年版，第189～215页。

② 李兴耕、李宗禹、荣敬本：《当代国外经济学家论市场经济》，中共中央党校出版社1994年版，第158页。

为主，以全面的制度建设推进集群创新发展。前文提到，文化产业的发展应当从“产业政策”走向“集群政策”，在这一制度和政策创新的进程中，以“试验区”的先行尝试，进而从试点到全面铺开，推动文化产业集群建立完善的商业模式。

“发挥市场主体和服务主体的作用，切实形成有利于文化创造源泉充分涌流、文化创造活力持续迸发的文化体制和机制”[①]是改革的意义和目的。国家综合配套改革试验区模式是一种制度变迁内生化的模式，形成一种“制度创新”增长极，进而对整个区域经济发展起到示范和带动作用。国家综合配套改革试验区积累循环制度创新机制表现在两个方面：一方面是积累制度创新机制，另一方面是循环制度创新机制。对于文化产业集群的建立建设具有较大的启示和借鉴作用。文化产业集群的演进模式是基于“知识”的集聚，即知识的宽度、深度和强度影响着集群的生长和发展。而“知识”作为文化产业集群的核心资本，是通过“学习”不断传播和反馈的（在干中学和在学中干）。

基于此，建议在文化产业集群发展具有较好基础和竞争力的城市中遴选试点，以区域内的文化产业集群为对象，探索建立以制度创新为核心的试验机制，试验集群发展中极化效应和辐射效应传导过程中积累的经验，周边地区和城市从试验区中学习试验区扩散和传来的制度及其变迁机制，进行持续的制度变迁，将成功的经验进行推广，并规避试验过程中的弯路和不足（在有约束的“试错权”范畴之内）。文化产业试验区的设立，旨在通过合理探索文化资源的配置方式，以破除区域界限和行业壁垒的综合配套尝试，为文化产业的发展提供新的范式。试验区的探索和尝试，也必将有利于坚持以人为本，缩小地区间文化产品和文化服务的差距，促进区域协调发展；有利

① 柳斌杰：《坚持深化改革 力促融合发展》，《人民日报》2013年3月8日版。

于引导文化产业宏观布局、文化资源与环境承载能力相适应，促进人口、经济、资源环境的空间均衡；更有利于打破行政区划，制定实施有针对性的政策措施和绩效考评体系，加强和改善区域文化产业调控。同时，周边地区和城市在学习的过程中将其以往学习的制度创新及变迁机制在区域内的运用情况传递给试验区，并对试验区制度创新产生进一步的催化和优化作用。从而形成积累制度创新机制和循环制度创新机制，形成试验区与周边文化产业集群之间的双向互动学习机制，以一种全新的方式构建区域文化产业的整体竞争力。

结 语

综观全球文化产业的发展，在美国，版权产业已经成为其经济中最大、增长最快、最具活力的行业，成为支撑美国经济增长的支柱， 而美国的版权产业又集中在主要的区域经济板块中，表现为以产业集群的组织形态和空间形式发展。例如美国经济总量的近60%由380个产业集群创造，其中，电影产业主要集中在好莱坞，而电子信息产业则聚集在南部硅谷，美国电影和电子信息产业的主要经济贡献均出自两大产业集群。在日本，动漫产业的经济贡献远远超过钢铁、汽车等传统支柱产业，成为经济发展的重要增长点。日本动漫产业的发展同样呈现出地理集中的趋向。在日本430家动画制作公司中，有359家集中在日本首都东京，特别是JR（日本铁道）中央线、西武新宿线及西武池袋线等各几条主要铁路沿线，其中练马区、杉并区就有近150家。产业集群的形成将使集群内的分工进一步细化，并促成专业化。一方面，通过这种分工可以对产品进行面向市场的深加工，延展产业链，从而形成高附加值产品。因此劳动力和企业通过对更高附加值产品形态的占有而提高了收入水平；另一方面，产业集群组织方式所具有的资源共享便捷、要素流通高效、地缘文脉相通等特点，为文化产业的发展提供了良好的空间，并有效节约了产业发展成本，提高了文化资源的产业化效率，拓展了文化产品贸易流通的市场。因为文化产业集群既具有一般产业集群演进机理和分布规律的共性，又因其具有因专注甚至依赖于“独创性”的特点，研究文化产业集群的发展兼具理论和实践意义。

在研究内容上，本书立足于对国内外近200个文化产业集群的调研分析以及对世界上具有一定产业规模和品牌影响力的经典集群分析，从文化产业集群类型的划分，对集群演进模式和分布规律等方面，对文化产业集群的形成和发展进行了动态分析，从文化产业集群的集群规划、设计和集群治理及管理制度角度，对文化产业集群可持续发展及优化升级的路径进行了总结归纳，并针对未来发展趋向做出了基于集群规划和管理维度的重点建议。从总体上而言，本书得出以下几个判断和认识。

第一，文化产业集群是城市群化和新型城镇化背景下，适合文化产业特点的一种优化的产业组织形式，对文化产业资源的整合、知识的共享、要素的配置和流通起到了积极的推动作用，有利于优化文化产业在区域发展中的布局，对拉动就业和推动新型城镇化起到重要作用。作为一种多元业态交融、多维特征并存的载体，在形式上，文化产业集群是与文化相关产业的企业以及该产业的相关产业的企业在地理位置上的集中，是文化相关产业高度集中于某个特定地区的一种产业成长现象；从组织结构上看，文化产业集群作为一种中间性体制组织，具有企业网络的性质。但由于文化产业本身涵盖的行业门类众多，各行业之间的特点和运行规律差别较大，因而文化产业集群不是一般的企业网络，而是具有互补性、共享性和排他性的密集型创新网络；从系统结构上看，文化产业集群是一个文化相关产业种群生态系统，是在一定区域内的各种生物群相互有规律结合在一起的结构单元。同样由于其行业的丰富性，所以文化产业的生态系统中，常常会诞生主导产业和与之相配套的关联性产业。与其他产业集群不同的是，文化产业集群内的主导产业和配套产业大多数来自其自身分类中的不同层次，这些产业在特定区域范围内，相互依存、竞合，并形成一个动态变化的有机整体。因此，在城市群、大都市连绵区和城镇化的主要区域，文化产业集群往往成为消弭城界、城乡统筹的重要节点，不但可以消解部分因为城市扩张、大城市建设而带来的“城市病”，而且可以消化大量因为城镇化而转变身份的城镇人口就业，进而实现城市与产业的“双向融合”，城市与乡村的“无边界融合”，功能城市与文化城市的“有机融合”。

第二，文化产业集群最突出的特点是将智力成果和知识资源作为集群凝聚的核心，将创新作为动力，建立受文化保护作品的创作、生产、传播、使用和消费基础之上的产业组织形态。因此，基于知识理论的文化产业集群分类是不同于其他集群特征的最为合理的分类方法之一。基于破解区域经济发展瓶颈或高度匹配区域行业特征的知识宽度型集群将着重于打破区域行政壁垒，以文化创意资源的开发整理与重塑为主题；基于知识产业链升级及契合或引领市场需求的消费升级是知识强度型文化产业集群的主要特征；而基于创意主体隐性知识创新或基于社会文化的隐性知识创新，不但以隐性知识为核心竞争力，以产业空气为集群吸引力，而且旨在通过规则或秩序化的集群建构，逐步实现隐性知识的显性化。当然，隐性知识是难以复制、传播的抽象构建，但随着经济技术进步和文化观念更新，隐性知识显性化的过程与新的隐性知识的产生保持同步并动态均衡。在全球价值链分工中，我国文化产业集群难以引领产业链上游的价值突围，正是因为缺少核心知识产权和隐性知识创新。在全球分工中的治理者或跨国企业形成的集群网络中，发达国家以知识为核心，通过外包非核心环节，利用发展中国家产业集群较低的生产成本优势，增强自身核心竞争力，构筑高端环节的进入壁垒，控制了文化产品利益格局和价值链分配，发展中国家因而在全球产业集群分工中处于被动位置。基于知识的文化产业集群分类，提出了基于知识理论的文化产业升级路径，是破除中国文化产业集群嵌入全球价值链分工中，低技术门槛和低知识因子带来低附加值困境的起点。

第三，在文化产业集群的形成机理中，地缘、资源和成本是主导集群区位选择、业态选择和商业模式选择或创造的主要因素，但单一因素无法主导文化产业的核心竞争力，以国民经济和社会发展规划、土地利用总体规划和城乡总体规划“三规融合”为导向的集群设计，是集群升级的制度原点。以地缘驱动为主要模式的文化产业集群，通过资源优化配置实现了产业集约化发展，促使其形成的关键，或许受到历史随机性的耦合作用，但更多取决于，或者在基于偶然性因素形成集群雏形后，也将取决于地理交通的通达情况及人文生态的文脉环境。而资源驱动因素下形成的产业集群主要以盘活文化资源的方式实现产业的专业化发展。这也是当前大多数行业集群生长的主要动力。以成本驱动为主要模式的文化产业集群，是集群降低成本实现规模化发展的基本出发点，也是所有集群发展中必须面临的共性问题，降低成本不仅可以度过集群成长初期的困境，或在集群遭遇金融危机等外部环境压力时的被动路径，也是大多数集群增加市场收益的主要方式。但应当明确的是，地缘、资源和成本作为三大文化产业集群演进发展中的主要驱动力，其共存并不矛盾，并且几乎所有的文化产业集群的形成和发展，都不是单一因素驱动下孕育出来的，在集群不同的生命周期中，不同的驱动因素主导或起到阶段性重点作用。

第四，在文化产业集群的分布规律中，从跨区域的宏观视角、区域内部的中观视角和集群内部的微观视角三个层面，可以有效厘清集群空间分布的特点，这也是文化产业集群在城市群化和城镇化背景下，最适合文化资源配置和跨界流通、最为全面的空间研究视角。当前中国区域经济发展进入城市群时代，文化产业集群的发展如果仍旧延续区域文化产业发展中以行政区划为中心的管制方式，其拓展空间将受到制约。因此，文化产业集群的发展必须跳出行政属地，以全球市场为资源配置和要素流通的半径，建立基于文化合作的城市群合作组织与相关制度安排，使集群成为区域文化产业发展中科学、合理的空间秩序。而从文化产业集群空间分布的特点来看，城市群中跨区域的文化产业集群围绕中心城市和区域经济中心形成点网结构，在区域间形成文化要素的协同创新和文化资源的统一配置，有效提高了文化产业效率。区域内的文化产业集群围绕主导企业形成圈层分布的空间格局。主导企业的文化因子较高，地理区位往往靠近中心区域，而关联企业则处于城市边缘区或城乡接合部，基于主导企业和关联企业之间的分工与合作，区域内的文化产业集群往往成为新型城镇化的有效载体。根据集群的演变规律，集群往往在基于向心力形成生产集中和居住集中后，达到一定的区域要素饱和状态，从而再进行基于离心力的分散，最终在区域内形成相对稳定合理的文化产业集群布局。从群居到群聚，从居住性集群到生产型集群的转变，使文化产业集群实现了集群单一围绕中心城市或中心区域集聚的转变，通过“离心力”的集聚方式，实现了城市功能组团的拓展，有效缓解了中心城区或城市核心区域用地紧张、资源稀缺、成本高昂等现实问题。随着城镇化的加速推进，以社区为单元，实现生产功能与休闲观光、休憩居住功能的结合，将成为文化产业集群发展的重要趋势；从微观视角上看，集群内部的企业之间，则有条不紊地基于产业链和价值链展开合作，“文化”则成为集群内部合作的节点。同一行业或相似行业的主导企业按照产业链的上下游进行分工与合作，间或通过并购整合的方式组合成产业集团，形成了串联式的集群分布，而不同行业的主导企业则在统一的“文化”授权或代理模式下生产文化产品，并行不悖地在各个环节相对独立地生产和经营。

第五，文化产业并非必须以集群形态发展才能够实现集约化、规模化和专业化。随着我国“产业集群热”现象的升温，依赖出让土地稀缺资源的区

域发展模式缺少有效调控手段，在区域发展中，名义集聚、实则分散的现象普遍，集群规模化扩张进程中，缺少真正有利于文化产业成长的商业模式和市场路径。集群发展模式的成功与否是基于创新的引发或变革、知识的积聚和基于竞争的淘汰机制，本书通过大量的实证研究表明，仅仅靠企业之间的地理集中只能形成松散型空间布局，地理集聚固然降低了交通运输和能源成本，获得了文化产业集群发展的外部经济，但依靠压低成本的竞争模式难以无限制降低，并终将是面临淘汰的地段道路。因此，文化产业集群必将适合文化产业发展的逻辑并非万能。显然，作为依靠智力要素为主体，以原创为核心的文化产业集群，具有天然超越地理界线的优势，这也进一步表明，文化产业集群并非必须以地理集中为空间组织方式，随着文化与科技融合的推进，虚拟集群将成为新的产业集成模式。本书也以具体案例印证了“集群是创新的空间，但创新并非产生自集群”这一“超越集群”的发展逻辑。随着文化产业集群发展进入成熟阶段，集群内企业不可避免的因为集群存在路径依赖和路径锁定等一成不变的合作模式带来的弊病制约产业发展，集群的万能模式再一次受到挑战。

第六，文化产业集群作为一种产业组织形态，其目的是促进相关市场主体之间基于文化资源或价值最大化而展开合作，从而推动文化产业科学、健康的发展，合作的机缘和成效取决于合作的体制机制，因此，实实在在的制度创新是文化产业集群发展的关键所在。本书针对当前集群发展中存在的问题，诸如文化产业集群空间的集聚黏度不强，集群创新性与互动性不强，集群价值链层级不高和集群竞争力释放不足等，很大程度上源自集群制度及政策的针对性与执行性不强，前者造成集群内的企业主体缺少协同创新的积极性，难以激发文化创新的动力，后者造成集群内部及集群之间的企业之间形成松散合作体，但由于政策限制，集群往往在一定范围内单兵作战，成为封闭的容器。本地网络的僵化及地方保护主义等，使集群失去了面向全球的市场竞争力。因此，研究针对文化产业集群发展阶段和发展特点、适合文化产业集群演进模式和分布规律的政策，研究制定与区域经济社会发展契合度高的政策，充分利用和发掘文化资源及区域禀赋并以此为基准，制定空间布局和产业布局的集群控制性详细规划，成为当前文化产业集群发展中亟需解决的问题。

从整体上而言，本书对文化产业集群的研究和分析，是基于笔者多年来在文化产业规划研究和运营等多方面进行的实践和探索，因此本书从研究内容和研究方法上有如下几个方面的突破：

1.在研究内容上是对以往产业集群研究对象的突破。目前国内尚没有学者专门以“文化产业集群”为研究对象进行学术研究。但文化产业的经济贡献越来越突出，文化产业的集群化趋势也越来越成为一种新的经济地理现象，文化产业集群的实践经验及这一产业空间组织的升级和发展，对系统的理论研究和专业的对策研究的需要，越来越迫切。笔者对文化产业及文化产业集群进行了长时间的跟踪和调研，在此基础上将“文化产业集群”作为研究对象，以期通过对其全面、概观的研究，梳理和归纳出文化产业集群的演进模式、形成机理及分布规律，进而探讨适合文化产业成长的产业和空间组织方式。

2.在研究方法上是基于集群实地调研和规划研究的实证分析。以实证考察和调研为依托进行定量和定性分析是最常见的研究方法之一，笔者在多年的研究和工作中采用了走访、重点访谈、重点调查等方式，对研究对象进行了调研和分析；但本书的创新之处在于，除了对200个国内外文化产业集群进行系统实证调研之外，笔者还参与制定了国内13个省、自治区和直辖市（包括北京、浙江、江苏、云南、贵州、西藏、湖北、山东、河北、福建、辽宁、四川和安徽）20多个地区（12个地级市、10个区/县、4个乡/镇）文化产业发展规划，大多数地区又专门针对产业集群/园区制定了专项规划，因此，本书的创新之处在于，将调研成果和对策研究直接应用到区域发展规划中，同时对规划路径的实施效果持续进行跟踪和及时进行动态反馈，进而修订规划并验证理论分析的对策研究成果。

3.在理论体系上系统归纳提炼了集群形成和发展的模型。本书从生命周期和知识理论的角度，对文化产业集群的演进模式进行了分析，即以知识的宽度、深度和强度为纵向坐标，以区域、产业和企业为横向坐标，建立起基于文化产业集群演进的立体模型；同时，本书跳出了“区域锁定”，对文化产业的分布规律进行了分析，以宏观、中观和微观为圈层结构，以城市群、区域内和集群间为测度点，建立起基于文化产业集群空间布局的立体模型，提供了分析文化产业集群的理论框架。

4.在制度创新上提出了基于规划考量的集群发展策略。以往制度创新的研究成果体现在政策研究上，本书的创新之处在于，从规划的角度，提出了文化产业集群制度建设应当遵循的基本原则、改进的具体路径。一个完整的集群规划至少应当包括发展战略（思路）、发展目标、产业布局、空间布局和保障措施等几个方面，本书从集群认知和标准角度，对文化产业集群发展应树立的基本理念、选择的整体战略和定位与目标等角度提出了具体的建议；从产业布局的角度，提出了提高集群效能和完善要素结构方面更为务实的建议；从空间布局的原则和全球文化贸易的角度，提出了进一步破除区域锁定的发展建议，并从新型城镇化建设的角度，提出了建立社区集群的主体功能区概念；从保障政策的角度，本书提出了从“产业政策”走向“集群政策”的阶段性建议以及探索建立“文化产业试验区”的制度变迁内生化的模式。

参考文献

著作类：

[1]世界知识产权组织.版权相关产业的经济贡献调研指南.北京：法律出版社，2006.

[2]柳斌杰.中国版权相关产业的经济贡献.北京：中国书籍出版社，2010、2012.

[3]UNESCO.Study on International Flows of CulturalGoods, UNESCO Publishing,2000.

[4]Peter Knorringa/Jo..rg Meyer–Stamer. New Dimensions in Enterprise Co-operation and Development: FromClusters to Industrial Districts. 1998.

[5]Porter M E. The Competitiveness Advantage of Nation[M]. New York: Free Press, 1990.

[6]BAUMGARDNER J R. The division on labor, local markets and worker organization [J]. Journal of Political Economy, 1988.

[7]Zhao Qiang. Analysis in hierarchy and game theory of the highly credible advantages of the industrial cluster[J]. Industrial Engineering and Management,2005.

[8]**Marjolein C J Caniels, Bart Verspagen**. Barriers to Knowledge and Regional Convergence in An Evolutionary Modal [J].Journal of Evolutionary Economics, 2001.

[9]**Schon DA**. The reflective practitioner [M]. NY: Basic Books, 1983.

[10]**Edward Relph**. Place and Placelessness[M]. London: Pion Limited, 1976.

[11]**Wolff, M.F. Japan's.** "New " Industrial Policy Revives Old Successful Ways[J].Research Technology Management, 2004.

[12]**Renaud B, 1981**. National Urbanization Policy in Developing Countries. Oxford University Press.

[13]**Honderson V**. How Urban Concentration Affects Economic Growth. The World Bank Policy Research working Paper 2326, Washing ton D.C.

[14]**Myrdal, G, 1957**. Economic Theory and Underdeveloped Regions. London: Duckworth.

[15]**Schultz, T.W, 1961**. Investment in Human Capital, The American Economic Review.Vol.2, No.1,March .

[16]**Schultz, T.W,1979**. Investment in Population Quality throughout Low-Income Countries, in World Population and Development.edited by P.M.Hauser, Syracuse University Press.

[17]**Hansen NM,ed, 1972**. Growth Centers in Regional Economic Development. New York: Free Press.

[18]**Young S,Hood N,Peters E**. Multinational Enterprises and Regional Economic Development. Regional studies, 289(7),1993.

[19]**【美】乔治·J·施蒂格勒**.产业组织和政府管制（潘振民译）.上海：上

海三联书店，1998.

[20]【美】**肯尼斯·W·克拉克森，罗杰·勒鲁瓦·米勒**.产业组织：理论、证据和公共政策（华东华工学院经济发展研究所译）.上海：上海三联书店，1989.

[21]【英】**劳杰·克拉克**.工业经济学（原毅军译）.北京：经济管理出版社，1990.

[22]【日】**植草益**.微观规制经济学（朱绍文等译）.北京：中国发展出版社，1992.

[23]【法】**泰勒尔**.产业组织理论（张维迎译）.北京：中国人民大学出版社，1997.

[24]【美】**丹尼斯·卡尔顿，杰弗里·佩罗夫**.现代产业组织（黄亚钧等译）.上海：上海三联书店、上海人民出版社，1997.

[25]【英】**卡布尔**.产业经济学前沿问题（于立等译）.北京：中国税务出版社，2000.

[26]【美】**哈贝马斯**.公共领域的结构转型（曹卫东等译）.上海：学林出版社，1999.

[27]【美】**凯文·林奇**.城市形态（林庆怡、陈朝晖、邓华译）.香港：华夏出版社，2001.

[28]【日】**中野晴行**.动漫创意产业论（甄西译）.北京：中国传媒大学出版社，2007.

[29]【美】**亚当·斯密**.国富论.香港：华夏出版，2005.

[30]【美】**彼得·霍尔**.明日之城——一部关于20世纪城市规划与设计的思想史（童明译）.上海：同济大学出版社，2009.

[31]【美】**曼昆**.经济学原理（第二版）.上海：生活·读书·新知三联书店、

北京：北京大学出版社，2001.

[32]【美】阿弗里德·马歇尔.经济学原理.上海：商务印书，1997.

[33]【英】麦卡恩，李寿德.城市与区域经济学（蒋录全译）.上海：格致出版社，2010.

[34]【英】芬彻等.城市规划与城市多样性（叶齐茂等译）.北京：中国建筑工业出版社，2012.

[35]【法】阿兰·博里，皮埃尔·米克洛尼，皮埃尔·皮农.建筑与城市规划：形态与变形（李婵译）.沈阳：辽宁科学技术出版社，2011.

[36]【日】海道清作.紧凑型城市的规划与设计（苏利英译）.北京：中国建筑工业出版社，2011.

[37]【法】柯布西耶.精确性——建筑与城市规划状态报告（陈洁译）.北京：中国建筑工业出版社，2009.

[38]【澳】乔恩·兰.城市设计（黄阿宁译）.沈阳：辽宁科学技术出版社，2008.

[39]【英】约翰斯顿.哲学与人文地理学（江涛译）.上海：商务印书馆，2001.

[40]【德】阿尔弗雷德.韦伯.工业区位论(李刚剑、陈志人、张英保译).上海：商务印书馆，1997.

[41]【美】简·雅各布斯.美国大城市的死与生（纪念版）（金衡山译）.南京：译林出版社，2006.

[42]【英】哈·麦金德.历史的地理枢纽（林尔蔚、陈江译）.上海：商务印书馆，1985.

[43]【德】哈特.版权贸易实务指南（宋含露等译）.上海：上海人民出版社，2009.

[44]【荷】斯密尔斯，斯海恩德尔.抛弃版权——文化产业的未来（刘金海译）.北京：人民出版社，2010.

[45]【美】加里·S·贝克尔.人类行为的经济分析.上海：上海三联书店、上海人民出版社，1995.

[46]【美】托马斯·R·戴伊.理解公共政策.香港：华夏出版社，2004.

[47]【美】保罗·切希尔，埃德温·S·米尔斯.区域和城市经济学手册.北京：经济科学出版社，2003.

[48]【英】拉什，卢瑞.全球文化工业（要新乐译）.北京：社会科学文献出版社，2010.

[49]【澳】约翰·哈特利.文化研究简史（季广茂译）.北京：金城出版社，2008.

[50]Pricewaterhouse Coopers（PWC）.澳大利亚版权产业的经济贡献.2008.

[54]国务院发展研究中心课题组.中国跨世纪区域协调发展战略，北京：经济科学出版社，1997.

[56]中国城市科学研究会.中国城市规划发展报告2011-2012.北京：中国建筑工业出版社，2012.

[57]美国国家研究院地学、环境与资源委员会，地球科学与资源局重新发现地理学委员会编.重新发现地理学与科学和社会的新关联.北京：学苑出版社，2002.

[60]张晓明，胡惠林，章建刚.2009年中国文化产业蓝皮书.北京：社会科学文献出版社，2009.

[61]张晓明，胡惠林，章建刚.2010年中国文化产业蓝皮书.北京：社会科学文献出版社，2010.

[62]张晓明，胡惠林，章建刚.2011年中国文化产业蓝皮书.北京：社会科学文

献出版社，2011.

[63]张晓明，胡惠林，章建刚.2012年中国文化产业蓝皮书.北京：社会科学文献出版社，2012.

[64]裴长洪主编.中国服务业发展报告.北京：社科文献出版社，2010.

[65]荆林波等主编.中国服务业发展报告.北京：社科文献出版社，2011.

[66]顾朝林.中国城市地理.上海：商务印书馆，1999.

[67]孙久文.区域经济规划.上海：商务印书馆，2004.

[68]陈秀山.区域经济理论.上海：商务印书馆，2003.

[69]张可云.区域经济政策.上海：商务印书馆，2005.

[70]侯景新，尹卫红.区域经济分析方法.上海：商务印书馆，2004.

[71]朱勇.新增长理论.上海：商务印书馆，1999.

[72]张文彬.中国区域经济周期的经验研究.上海：商务印书馆，2012.

[73]王缉慈.超越集群——中国产业集群的理论探索.北京：科学出版社，2010.

[74]郝寿义.国家综合配套改革试验区研究.北京：科学出版社，2008.

[75]方创琳.区域发展战略论.北京：科学出版社，2002.

[76]吕拉昌.区域整合与发展.北京：科学出版社，2003.

[77]郝寿义，安虎森.区域经济学（第二版）.北京：经济科学出版社，2004.

[78]王兴中.中国城市空间结构研究.北京：科学出版社，2000.

[79]陈才.区域经济地理学（第二版）.北京：科学出版社，2009.

[80]费瑟斯通.消费文化与后现代主义（刘精明译）.北京：译林出版社，2000.

[81]郝寿义.区域经济学原理.上海：上海人民出版社，2007.

[82]魏后凯.中国产业集聚与集群发展战略.北京：经济管理出版社，2008.

[83]魏后凯.现代区域经济学（修订版）.北京：经济管理出版社，2011.

[84]魏后凯，白玫，王业强等.中国区域经济的微观透析.北京：经济管理出版社，2010.

[85]杜肯堂，戴士根.区域经济管理学.北京：高等教育出版社，2004.

[86]王珺.产业集聚与区域经济协调发展研究.北京：经济科学出版社，2012.

[87]黄继忠.区域内经济不平衡增长论.北京：经济管理出版社，2001.

[88]金碚.产业组织经济学.北京：经济管理出版社，1999.

[89]史忠良等.产业经济学.北京：经济管理出版社，1998.

[90]李靖宇.区域经济协调发展观.北京：中国城市出版社，2004.

[91]王俊豪.政府管制经济学导论：基本理论及其在政府管制实践中的应用.上海：商务印书馆，2006.

[92]郭仁忠.空间分析.北京：高等教育出版社，2004.

[93]李小建.经济地理学.北京：高等教育出版社，1999.

[94]陆玉麒.区域发展中的空间结构研究.南京：南京师范大学出版社，1998.

[95]钱运春.亚中心结构与区域发展平衡.上海：上海远东出版社，2003.

[96] 柴彦威等.中国城市的时空结构研究.北京：北京大学出版社，2002.

[97]谢文蕙，邓卫.城市经济学.北京：清华大学出版社，1996.

[98]唐宇文.区域经济互动发展论.长沙：湖南人民出版社，2004.

[99]费孝通.乡土中国.北京：人民出版社，2008.

[100]费孝通.江村经济.上海：上海人民出版社，2007.

[101]费孝通.文化与文化自觉.北京：群言出版社，2010.

[102]费孝通.中国城镇化道路.呼和浩特：内蒙古人民出版社，2010.

[103]住房和城乡建设部课题组.“十二五”中国城镇化发展战略研究报告.北京：中国建筑工业出版社，2011.

[104]仇保兴.城镇化与城乡统筹发展.北京：中国城市出版社，2012.

[105]新玉言.国外城镇化——比较研究与经验启示.北京：国家行政学院出版社，2013.

[106]新玉言.新型城镇化——模式分析与经验路径.北京：国家行政学院出版社，2013.

[107]新玉言.新型城镇化——格局规划与资源配置.北京：国家行政学院出版社，2013.

[108]易善策.产业结构演进与城镇化.北京：社会科学文献出版社，2013.

[109]曾博伟.旅游小城镇：城镇化新选择——旅游小城镇建设理论与实践.北京：中国旅游出版社，2010.

[110]许才山.科学发展观指导下的中国城镇化进程——人本理念与实践模式.北京：人民出版社，2009.

[111]施岳群，庄金锋.城镇化中的都市圈发展战略研究.上海：上海财经大学出版社，2007.

[112]姜爱林.城镇化、工业化与信息化协调发展研究.北京：中国大地出版社，2004.

[113]陆立军等.区域经济发展与欠发达地区现代化.北京：中国经济出版社，2002.

[114]邓翔.经济趋同理论与中国地区经济差距的实证研究.成都：西南财经大学出版社，2003.

[115]谭崇台.发展经济学概论.武汉：武汉大学出版社，2001.

[116]姚士谋，汤茂林等.区域与城市发展论.北京：中国科学技术大学出版社，2004.

[117]张小林.乡村空间系统及其演变研究.南京：南京师范大学出版社，1999.

[118]周振华.增长方式转变.上海：上海社会科学出版社，1999.

[119]**马建堂**.结构与行为——中国产业组织研究.北京：中国人民大学出版社，1993.

[120]**王俊豪**.英国政府管制体制改革研究.上海：上海三联书店，1998.

[121]**李悦**.产业经济学.北京：中国人民大学出版社，1998.

[122]**国家标准化管理委员会，中国标准化研究院编**.国内外标准版权保护政策文件选编（第二版）.北京：中国标准出版社，2012.

[123]**《中国版权年鉴》编委会编**.中国版权年鉴.北京：中国人民大学出版社，2012.

[124]**陈凤兰**.版权许可基础.北京：中央编译出版社，2011.

[125]**黄虚峰**.美国版权法与音乐产业.北京：法律出版社，2012.

[126]**彭辉**.版权保护制度理论与实证研究.上海：上海社会科学院出版社，2012.

[127]**卢海君**.版权客体论.北京：知识产权出版社，2011.

[128]**来小鹏**.版权交易制度研究.北京：中国政法大学出版社，2009.

[129]**沈壮海**.软实力真文化.北京：人民出版社，2008.

[130]**上海世博局主题演绎部编著**.园区漫步——上海世博会主题项目介绍.北京：东方出版中心，2010.

[131]**蒋同明**.科技园区创新网络演化与应用.北京：知识产权出版社，2012.

[132]**陈家祥**.创新型科技园区规划研究.南京：东南大学出版社，2012.

[133]**雷鹏**.产业集聚与工业园区发展研究.南京：东南大学出版社，2009.

[134]**吴晓军**.产业集群与工业园区建设.南昌：江西人民出版社，2005.

[135]**陈才**.区域经济地理学.北京：科学出版社，2001.

[136]**张凤超**.金融地域系统研究.北京：人民出版社，2006.

[137]**刘世锦编**.中国产业集群发展报告（2007-2008）.北京：中国发展出版

社，2008.

[138]臧新.产业集聚的行业特性研究——基于中国行业的实证分析.北京：经济科学出版社，2011.

[139]李君华.产业集聚与布局理论.北京：经济科学出版社，2010.

[140]殷广卫.新经济地理学视角下的产业集聚机制研究.上海：上海人民出版社，2011.

[141]厉无畏，王振.转播间经济增长方式研究.北京：学林出版社，2006.

[142]欧阳坚.文化产业政策与文化产业发展研究.北京：中国经济出版社，2011.

[143]姜锡一.韩国文化产业.北京：外语教学与研究出版社，2009.

[144]孙有中.美国文化产业.北京：外语教学与研究出版社，2007.

[145]毕佳，龙志超.英国文化产业.北京：外语教学与研究出版社，2007.

[146]李庆本.欧盟各国文化产业政策咨询报告.郑州：大象出版社，2008.

[147]张生祥.欧盟的文化政策：多样性与同一性的地区统一.北京：中国社会科学出版社，2008.

[148]潘嘉玮.加入世界贸易组织后中国文化产业政策与立法研究.北京：人民出版社，2006.

[149]牛维麟.国际文化创意产业园区发展研究报告.北京：中国人民大学出版社，2007.

[150]蒋三庚，张杰，王晓红.文化创意产业集群研究.北京：首都经济贸易大学出版社，2010.

[151]张京成，李岱松，刘利永.文化创意产业集群发展理论与实践.北京：科学出版社，2011.

[152]【美】培根，黄富厢.城市设计（修订版）（朱琪译）.北京：中国建筑

工业出版社，2003.

[153]**卫龙宝**.产业集群升级、区域经济转型与中小企业成长.杭州：浙江大学出版社，2011.

[154]**李晓蕙**.中国区域经济协调发展研究.北京：知识产权出版社，2009.

[155]**陈钊，陆铭**.在集聚中走向平衡——中国城乡与区域经济协调发展的实证研究.北京：北京大学出版社，2009.

[156]**王成勇**.基于产业集群的区域经济发展战略.北京：中国社会科学出版社，2011.

[157]**郭强，李伟、管育鹰**.知识产权与区域经济发展.北京：知识产权出版社，2011.

[158]**王珺**.集群成长与区域发展.北京：经济科学出版社，2004.

[159]**夏维力，李博**.群效应——从产业群到城市群.西安：西北工业大学出版社，2007.

[160]**张克**.园区规模经济.大连：大连理工大学出版社，2004.

[161]**宋彦**.城市规划评估指引.北京：中国建筑工业出版社，2012.

[162]**孙施文**.现代城市规划理论.北京：中国建筑工业出版社，2007.

[163]**赵和生**.城市规划与城市发展（第三版）.南京：东南大学出版社，2011.

[164]**王建国**.城市设计.北京：中国建筑工业出版社，2009.

[165]**李建伟，王志刚**.版权贸易基础.郑州：河南大学出版社，2004.

报告类:

[1]International Intellectual Property Alliance（美国国际知识产权联盟）发布的《美国经济中的版权产业（2003-2007）》.

[2]日本经济产业省：《产业集群研究会（2005年）研究报告》.

[3]加拿大文化遗产部:《加拿大版权产业对经济的贡献》.

[4]中国国家科技领导小组办公室：《关于知识经济与国家知识基础设施的研究报告》，1998年3月颁布.

[5]《2010创意经济报告》，三辰影库音像出版社，2010.

[6]《2011创意经济报告》，三辰影库音像出版社，2011.

后 记

城市是一本打开的书，从中可以看到她的抱负。

——E.沙里宁

产业集群是一种经济社会现象，而集群概念的提出源于生物学概念，这也决定了以跨学科的视角介入产业集群研究不可回避。产业集群所具有的类似于生命有机体的诸多生命现象，让我对待集群犹如对待生命一般尊重和敬畏。

过去半个世纪中对美国乃至世界城市规划影响最大的人士之一简·雅各布斯，以灵动的笔触、鲜活的案例，为美国大城市发展、城市化进程勾勒了一幅娓娓道来却翔实、严肃的城市规划图。雅各布斯敏锐地看到城市规划背后的社会精神，并将人文主义精神灌输在城市规划和建筑中，使城市有了生命，有了感情。带着对自然的尊崇、对城市的眷恋、对生命的敬仰，研究星罗棋布在中国大城市群和城市圈中充满创意和生长力的产业集群，无疑是一件难以遏制住激情与兴奋的事情。

雅各布斯在《美国大城市的死与生》结语中诚恳地写道："生命科学和城市遇到了相同的问题，细胞质的活动与活生生的任何企业的活动并不能放在同一个显微镜下观察，但理解这些活动的方法是相似的——都需要通过显微镜似的细致观察方式，才能对这些活动有所理解。这种观察方式既不同于适用观察简单性问题的那种粗糙的、肉眼似的方法，也不同于用对待无序复杂性问题的那种鸟瞰似的观察方法。在生命科学里，对待有序复杂性问题的方式是先确定一个具体的因素和变数——如酶——然后再想方设法弄懂这个因素或变数与其他因素或变数之间的紧密关系。”

对于产业集群研究而言，“文化”就是这个神秘而富有吸引力的因素和变数，它如同“酶”一般充满了活力和能动力，它的依赖“智慧”和“创意”为财富源泉的特性，使其有序而复杂，既具有可探索的规律，也具有不同行业、不同区域之间永恒而微妙的差异。而雅各布斯所提供的方法——显微镜式观察，正是笔者一直秉承和恪守的学术准则——肉眼似的粗糙观察和鸟瞰似的、宏观的打量，不足以刻画每一个富有特色、竞争力或充满典型性的集群。唯有以地毯式调研、显微镜式观察方式，以悉心的倾听、领悟、真诚对话的手法，才能够记录与诠释中国文化产业集群的类型特征、演进模式、分布规律及发展中存在的种种瑕疵。

回忆是对时间的敬仰和历史的尊重。

2006年起，笔者开始关注城市群化和城市化进程中，城市的人文生态和产业生态之间的关联，在诸多城市中穿梭、调研、思考，在飞机狭窄的机舱内记录、整理，享受对城市思如泉涌的理解和对城市蓝图淋漓尽致的勾勒。彼时，笔者将城市作为知己，爱并敬畏。

2008年起，笔者开始关注文化及文化产业的空间组织形态和产业构成形态，如许多产业集群对未来充满了成长的期许，却又大多数落寂的矗立在城市边缘。大多数产业集群的形成、发展和变迁，犹如中国城市成长史，具有作为一个生命机体的诸多特性和规律，又充满了性格、躁动和不安。彼时，笔者将集群视为孩子，爱却不纵容。

几年的时间里，笔者对国内20个省的155个文化（相关）产业集群和海外的17个典型集群进行了系统调研，并利用工作便利，参与制定了国内13个省、自治区和直辖市20多个地区的文化产业发展规划及近百个配套产业集群/园区专项规划。五年间，多半时间“在路上”，记录、思索、规划、博弈、路演，紧张而又兴奋；五年间，踏足高原丘陵、平原盆地、山川森林，“集群现象”却愈发的令人着迷。

犹记得2009年冬天我在云南省委宣传部挂职期间，负责怒江傈僳族自治州文化产业发展规划编制工作。为了探寻独龙族少数民族生态聚落，前往贡山独龙族怒族自治县独龙江流域调研，这是云南西北部与缅甸交界的边境上一个鲜为人知的角落，雪山连绵，峡谷陡峻，东岸的高黎贡山屏蔽着通往外间世界的通道，西岸的担当力卡山是中缅国境线上的天然屏障。沿途，高黎贡山的孩子们赤着脚滑过怒吼奔涌怒江上的溜索，步行20里路上学，独龙江的孩子们唱着民歌放牧高原的羊群，原始、艰辛的生存境况、时而遭遇泥石流和塌方的行程，让我对区域规划和集群设计更加客观审慎、诚惶诚恐，也让我更加坦诚地直面学术责任和担当。于是提笔给柳斌杰老师写信，表达了渴望继续深造、加强理论研究更好地服务实践的质朴想法，老师诚挚回信并一直鼓励和记挂。2010年，我有幸师从柳斌杰老师攻读博士学位，本书便是在我博士论文基础上修改而成，在此诚挚感谢导师三年来的悉心指导。三年的时间，老师给予我的不仅仅是文化产业理论与实践结合的应用型知识，更多的是一种诚恳、扎实的学术态度和一种坦诚、务实的做人准则。

城市总是富有雄心和远见，城市又总是充满抱负与理想，她一如年轻的我真诚求知的脚步，匆忙却也遗憾——匆匆地赶路，调研、思考、记录和叙写，匆匆地成长，勘误、反思、颠覆和涅槃，一路走来却也错过诸多风景，难得闲暇时光如儿时那般，陪妈妈爸爸午后时光谈谈天；如儿时那般，爸爸自行车载着我和妈妈去踏青；如儿时那般，昏暗台灯下妈妈爸爸和我围在桌前一同习画，亮亮的星星相随，宁和、幸福。学术道路的艰辛，难免让生活充满遗憾，但在阅读和研究中如海绵般吸水而葳蕤成长，又总是充满惊喜和振奋。妈妈爸爸的爱与理解是我人生最大幸事。

齐　骥

2014年4月17日

图书在版编目（CIP）数据

中国文化产业集群研究 / 齐骥著. -- 昆明：云南人民出版社，2013.12

（中国文化产业学术研究大系 / 范建华主编）

ISBN 978-7-222-11544-6

Ⅰ. ①中… Ⅱ. ①齐… Ⅲ. ①文化产业–研究–中国 Ⅳ. ①G124

中国版本图书馆CIP数据核字(2013)第315426号

出 版 人：李 维
刘大伟
责任编辑：段兴民
赵 红
装帧设计：刘光火
责任校对：陶汝昌
责任印制：杨 立

书名 **中国文化产业集群研究**
作者 齐 骥 著
出版 云南出版集团 云南人民出版社
发行 云南人民出版社
社址 昆明市环城西路609号
邮编 650034
网址 http://ynpress.yunshow.com
E-mail ynrms@sina.com
开本 787mm×1092mm 1/16
印张 22.125
字数 270千
版次 2014年4月第1版第1次印刷
印刷 昆明卓林包装印刷有限公司
书号 ISBN 978-7-222-11544-6
定价 58.00元

如有图书质量与相关问题请与我社联系
审校部电话 0871-64164626 印制科电话 0871-64191534